真情推薦

「泰瑞．瑞爾（Terry Real）過去所寫的書點醒了我們，其實男性大多不擅處理關係，比較習慣用腦思考，而不是用心感受。在這本新書，瑞爾不只仔細探討這個議題，還發揮優異的小說筆法，讓大家看到他是如何協助男性與伴侶改變人生。這本書會拉著讀者去檢視創傷經驗與內化的個人主義是如何左右人際關係，大家可以和另一半分享自己的發現，聊聊彼此有什麼想法，這可能會是你們這輩子相當艱難但也相當重要的一場對話。」

——理查．施瓦茲（Richard Schwartz）博士

「內在家庭系統」心理治療（Internal Family Systems，IFS）開發者

我們，一起練愛

Getting Past You and Me to Build a More Loving Relationship

泰倫斯・瑞爾——著
陳映廷——譯

Terrence Real

獻給我最愛的家人：貝琳達、賈斯汀、亞歷山大。
你們是我天幕中的光。
紀念里奇·西蒙（Rich Simon），值得結交的朋友。

目錄

第一章　關係中的你是什麼樣子

有沒有曾經覺得，那個與人互動的自己，只是個不經意闖入的過客呢？明明已經跟自己說過很多次，這一次絕對不能又在同事、家人、孩子、另一半面前理智斷線，可是——糟糕，情緒一上來，卻還是會不小心拉高音量，脫口講出傷人的話……

或者，你不是會爆炸的那種類型，你不會對別人猛烈開砲，而是會整個人當機，因為覺得很討厭（「我不需要這個」）、壓力很大（「我受不了了」），甚至厭惡與壓力兩種感覺會同時出現。

又或者，你既不會咄咄逼人，也不會縮起來耍孤僻。平時為人溫和理智，性情平穩——其實另一半才是激動的那一位。

我只能說，歡迎體驗人性。

其實，大家最渴望的還是另一半能與自己好好溝通，不然就會希望另一半乾脆都不要來煩自己。問題是，當情緒像脫韁野馬那樣爆發時，我們可能只能眼睜睜看著溝通場面被情緒帶著衝向懸崖。有時，我們心裡明知不應該情緒失控，而且也不想搞成這樣，但卻還是放任溝通場面變得難以收拾；有時，我們會直接把良善拋到腦後，只知道先跳上馬背收緊韁繩再說，卻忘記去思考還有沒有其他更好的處理方式，結果自己語氣反而愈來愈不客氣，顯得愈來愈沒有溝通意願。

不過，不管是需要幾分鐘、幾小時，還是幾天，甚至是幾個星期，人早晚都會恢復理智。接著，就該收拾殘局了。當然兩個人也可能會假裝什麼事都沒發生，馬照跑、舞照跳，但是這樣問題還是沒有解決，只是延到下次面對而已。

這樣不累嗎？不後悔嗎？這不是我們想要的人生啊！但是我們也只會不斷跟自己保證，說下次自己不會再這樣了，或是下次「對方」不會再這樣了。接著，大家可能可以過上一段風平浪靜的日子，這段美好甚至有機會維持很久，只是有天她還是可能會不帶一絲愛意、冷漠地撇過頭去；他也可能會故態復萌，又開始不尊重你、對你很隨便。其實你只是希望那個混蛋可以把你的話聽進去，你有權利也「需要」對方聽見你的聲音；然而，你也可能只是想要靜靜過日子而已，不希望對方再來煩你，為什麼她就是不能接受我本來的樣子呢？當初簽的是婚約，才不是什麼終身自我進修的課程報名表！

有人把世界上的伴侶互動分成兩種，一種熱吵、一種冷戰。我想加上第三種：以上皆是——也就是一方在發飆，一方在停擺。「冰雹風暴與烏龜」的戀愛寓言*正是在形容這樣的關係。

我以關係專家的身分，到世界各地分享如何建立高品質的人際關係，並針對企業、大眾、心理治療師舉辦過工作坊。三十多年來，有上千名企業教練與心理衛生專業人員學習我所創建的治療模型「關係生活伴侶治療」（Relational Life Therapy,RLT），許多人、許多伴侶都因此受惠。

假如老是在和另一半爭吵；假如覺得對方沒有聽到自己的聲音，很是挫敗；假如常常覺得不受重視、受到嚴重控制、對方過度疏離、雙方築起高牆留下孤單的自己，或只是覺得沒有被善待，都可以參考書中提供的方法，幫忙搭起兩人的情感橋樑。秘訣就是要改變看待感情關係的方式，如此一來，生活才不會只能在沙漠與戰場中二選一。我透過這本書邀請大家做的是非常具有革命精神的事情，會需要顛覆自我認知的基礎，對許多人來說，甚至會需要從改變對自己的看法開始。

不過我可以保證，這些全都值得一試，而且也只有這個辦法才能讓人不再糾結。

許多伴侶吵來吵去都是同樣的那幾件事，但是並沒有解決什麼實質的問題，最後可能其中一方或是雙方都不想吵了，於是兩人開始「在一起孤獨」。

我會教大家如何重新建立連結，第一步是要找回與自己的連結，包含感受、需求、渴望，因為所有美好的情感交流都是始於自己與自己的關係。接著，會說明如何掌握成熟務實的「關係科技」，討論怎麼做才能從情感互動中得到自己想要的東西，並帶著大家走出過去的幽暗林蔭，踏入流動不息的生命之川。

不過，這趟路可不輕鬆，而且我想你應該早就知道了。如果你現在正在讀這本書，那麼可能代表你已經體認到血淋淋的事實：感情可以很折磨人。緊密關係裡面會有心與心的短兵相接，因為我們或多或少都會有失控的時候，而且往往會一而再、再而三地發生。這時，很容易會忘記眼前這個正在被自己痛罵、正在被自己一直往外推的對象，其實是生命中那個自己最在乎的人，那是因為我們把望遠鏡拿反了，從不

＊譯註：冰雹風暴狂野熱情，烏龜穩重安定，是對性格互補的伴侶。感情出現衝突的時候，烏龜會縮進殼裡，冰雹風暴會在外面焦急地想叫烏龜出來講清楚，可是外面愈是激烈，烏龜就愈是不肯出來。

對的那一端看待自己的另一半，所以人家才會看起來那麼可悲、那麼可怕，或是又可悲又可怕。因此，會需要像我這樣的人來介入協助。我是伴侶治療師，擅長的領域是男性心理學、性別議題、創傷課題、權力關係。找我諮詢的客戶大多是親密關係的伴侶、工作上的同事、企業與社會上的領導人士，來到我這邊時通常已經走投無路，災難一觸即發。我會幫大家扭轉情勢。

不管是個人自己，還是感情關係，關係生活伴侶治療都可以在短時間內帶來持久的深層改變，男女與非二元性別的人都可以從中學到如何有技巧的經營感情，對自己與所愛的人完全坦誠、無懼堅定、熱情連結。關係生活伴侶治療師會打破許多學校教導的觀念，譬如說，治療師不會是絕對中立的角色，像是在討論責任歸屬時，並不是所有問題都可以直接除以二，所以還是會有立場。另外，我們不會躲在專業人士的面具背後，而是會展現多一點真實的人性，適時分享自己走向完整與親密的心路歷程。

這本書就是一封邀請信，我們關係生活伴侶治療師每天都是這樣邀請客戶。想邀請大家一同熟習這套細緻的技能、這套發展成熟的科技。老實說，你需要非常努力才行，可是學會之後，你和另一半的緊密感、信任感、堅定感、喜悅感都會大幅躍升，還能超脫社會既有的文化常規。希望對方聽見你的心聲嗎？那你能不能也讓對方覺得你有把他的話聽進去呢？即使正吵得臉紅脖子粗，即使正處於相敬如「冰」的階段，你還願不願意提醒自己兩個人是風雨同舟的關係呢？

記得愛

在那張刀子嘴打開血盆大口之前，在幫自己武裝升級隔絕外界之前，我想提醒各位，眼前這位可是你的愛人啊！但是親愛的朋友，難就難在這裡。當你情緒沸騰、恐懼爬滿全身、覺得他錯我對而激憤不已的時候，你真的還記得自己愛著這個人嗎？當你渾身難以動彈，怎麼努力也擠不出幾個字的時候，你真的還記得自己愛著這個人嗎？如果大家都夠誠實，那麼答案會猶如一記棒喝，因為在那個當下你根本不記得。實際上，在那情緒風暴的當口，兩人之間的甜蜜、兩人攜手面對世界的決心、「我們」的兩人思維可以說幾乎蕩然無存。

好消息是，愛沒有消失。壞消息是，雖然那份愛還存放在大腦、身體、神經系統的某些角落，但是在某些瞬間我們的心神就是會飄走。於是，內分泌系統會維持高度戒備，忙著將興奮劑灌入血液；不受意識控制的自律神經系統會進入戰逃模式，因此身體可能會大爆發，也可能會大當機。大腦的高階機能（掌握韁繩的前額葉皮質）會完全離線，由相對原始的區域（尤其是邊緣系統中的杏仁核）迅速接管。這時，大腦的前額葉皮質不僅會失去與皮質下系統的連結，更無法好好安撫皮質下系統。一旦失去安撫與連結的支持，感受與行為之間的停頓緩衝將不復存在。大腦與身體比較原始的區塊只會關心個人的生存問題，沒有心思關照親密關係裡的脆弱課題。於是，「我們思維」消散，分裂成為「你我意識」，陷入「我贏你輸」冷冰冰的對手關係。

「我們思維」代表的是盛裝緊密感的空間，「你我意識」代表的是對立感的擂臺。遇到老虎時，拿出「你我意識」的架式確實很適合，但換作是面對另一半、孩子、老闆，這樣的態度比較無用武之地。百萬年的演化本來就讓人很難在緊繃不安的時候保持冷靜，更何況還有「創傷」這股強大的阻力。創傷會啟動生存模式，於是會想要握緊拳頭準備戰鬥，或是咬緊牙關堅守堡壘。小時候遭遇愈多創傷，就愈容易靠向「你我意識」。

如果你現在想的是：「是喔，我長大的過程中沒有什麼創傷啊。」我會說也許吧。（這個晚點再回來談。）不過，在確定自己到底有沒有創傷之前，要不要先聽聽我對童年創傷的想法呢？有時候不見得要多重大的事件才會造成傷害，這取決於每個人的狀況以及諸多因素，因為即使是輕輕對著蛋殼敲上一下，還是有可能會造成永久的裂痕。

你有什麼創傷？

在做伴侶治療的時候，我都會思考一個很重要的問題，這問題並不是「壓力源是什麼？」雖然全球疫情、財務問題、性事不合、孩子、另一半的家人等都可能是壓力源，不過只要良好的伴侶互動就足以應付適度的壓力。我心中關鍵的問題也不是「你們兩人之間的關係動力、共舞節奏是什麼？」當然這也很重要，但還不是最根本的問題。治療時，我會問自己的核心問題就是：「跟我說話的是哪個『你』呢？」

在跟我對話的是那個處在當下、成熟的你嗎？我把這塊稱為「明智型大人」，明智型大人會把「我們思維」放在心上。還是說，在我眼前的是被觸發的你呢？就是進入「你我意識」充滿對立的那一個呢？我覺得沒有所謂的反應過度，只能說讓人有強烈反應的刺激可能已經不是眼前所見的事物，因為人被觸發後會透過舊經驗的棱鏡去看待世界。而關係親密的伴侶能為彼此帶來美好的祝福，光是他們的存在就是禮物，簡單而療癒。不過，想好好陪伴另一半，自己必須先做到真正地活在當下，不要困在過去的陰影裡。

「創傷記憶」這個講法其實不夠貼切。因為人不是記得創傷，而是不斷重新經歷創傷。退伍軍人在街上聽到汽車回火的碰碰聲響時，會猛然轉身，一副緊握步槍的樣子，此時他想的不是「我人在大街上走路，想起戰場上的畫面」，在那一瞬間，他恍如真的重回戰場。過去的經歷會覆蓋現在的場景，從底層混淆大腦。一旦創傷被觸發，身體可能會立刻切換到戰逃模式，像是發現另一半不忠這類極度震驚的事件便是如此，我曾看過客戶是喘著氣走進門，後來才在我諮商室的走廊回過神。

不過，我們大多不會重演創傷原本的情節，而是會表現出創傷後發展出來的因應策略。可能是童年時長期遭到情感遺棄，於是長大後成為渾身散發魅力的人，最會誘惑並抓住別人的目光；可能是小時候曾經被侵犯，進而現在築起高牆，善於把人拒之門外。我把人類補償表現的那一面稱為「適應型小孩」。

派雅．梅樂蒂（Pia Mellody）這位對我影響深遠的導師用「穿著大人外衣的小孩」來形容適應型小孩，他們就是兒童眼中大人的樣子，是在缺乏家長健康養育之下拼湊出來的自己。下面用表格詳細列出適應型小孩與明智型大人的特質差異。

希望大家在看表格的時候可以留意幾個地方。首先，有沒有看到適應型小孩有多緊繃、多執拗、多絕對？曾經有客戶說體內的適應型小孩就像是個迷你的基本教義派。適應型小孩與明智型大人的形象是一組鮮明的對比，後者比較彈性、比較謙遜，能夠擁抱人事物的幽微差異，而從有關成人發展的文獻中可以看到，這些大多是情緒成熟的人會具備的

適應型小孩	明智型大人
黑白分明	細膩入微
完美主義	務實導向
殘酷無情	寬宏大量
頑固死板	彈性靈活
尖銳嚴厲	溫暖親和
死硬不屈	身段柔軟
堅持篤信	謙和虛懷
全身緊繃	通體放鬆

特質。

嚴厲的態度毫無價值可言

我們來仔細看看適應型小孩普遍會有的不成熟特質：嚴厲。我都告訴客戶，假如他們能帶著一個重點離開諮商室，那麼花在治療上的錢就值得了。這個重點就是：「嚴厲一無可取。」因為態度嚴厲完全不會比堅定去愛還要有幫助。

以前有位七十歲左右的客戶，長得和演員克林・伊斯威特（Clint Eastwood）十分神似，都是牛仔硬漢的形象，當然，客戶自己在懷俄明州就有座牧場。我跟他解釋，老兄，如果你不學著哭出來，那麼當個嚴苛的傢伙其實毫無可取之處。最後，我看到他落下了幾滴淚，那是伊斯威特式的大丈夫哭法，不過眼淚終究還是眼淚。

我對他說：「是不是因為想到這些年來對自己有多嚴格才哭。」

他糾正我，說：「不是，我想的是對幾個兒子造成的傷害。」

認識內在的適應型小孩

雖然你內在的適應型小孩僵化死板，但不代表外顯的你就一定非常具有侵略性。適應型小孩可能會過度改變自己，去迎合、討好別人；可能會偏向優越感，偏向自卑感，或是在兩端來回擺盪。只是不論內在的適應型小孩屬於控制型還是退縮型，被觸發後的反應幾乎都會差不多，這種在人際互動中一貫的預設反應，代表的是一個人在「關係中的姿態」，是在壓力下會一再重複的行為。

來聽聽丹的故事。丹的關係姿態非常明確，內在的適應型小孩早就將這條老路踏得寸草不生，婚姻也快要走不下去。

丹與茱莉亞的故事：慢慢學著說實話

第一次諮詢才開始幾分鐘，丹就面無表情地告訴我：「我會說謊。」

老婆茱莉亞補充說：「大事小事都要撒謊，問他腳上穿的是什麼，他會說運動鞋。」我心裡覺得「還滿有限的」，但她沒有在開玩笑。

他們來這邊接受為期兩天的關係治療，整整兩天我們都會待在一起，最後會決定是要回到正常的婚姻生活，還是要簽字離婚。伴侶關係崩潰前的最後一站，就是我這裡。

丹人很好、很貼心，只是不能期待從他口中得到直截了當的答案。他很愛老婆，基本上也算善良。那麼既然他神智清楚，為什麼就不能好好講實話呢？根據我的推測，那是因為丹的腦袋其實沒有那麼清楚，意思不是說他瘋了，而是他可能是處於適應型小孩的「你我意識」，但誤以為自己是帶著「我們思維」的明智型大人。另外，我們的文化非常肯定丹展現出來的適應型小孩。雖然他知道工作上最好不要騙人，卻還是會勉強自己去取悅上司。在資訊科技業一週工作八十小時的他，已經一步一步爬到公司高層的位置了。

我有很多客戶也和丹一樣，適應型小孩幫助他們成為社會上的成功人士，可是這一面卻對生活造成極大的傷害。普遍來說，當今的社會文化因適應型小孩而壯大，所以反而會覺得成熟大人的心態是種威脅。社會顯現出的是適應型小孩的特質，要絕對黑白、一板一眼、追求完美、不要向現實低頭、不要輕易饒恕。關於這種個人主義的文化，第二章我還有很多話要說。

丹是白人，三十五歲上下，告訴我說謊是為了「不要惹麻煩」。他一邊說一邊瞥了一眼旁邊的茱莉亞，她年紀差不多，是黑人。

我想：「可能是吧，但應該不只這樣。」這個等等我們會再一起往下挖，而丹會讓我看到他習慣的行為，也就是他的關係姿態。

中間我問丹：「茱莉亞有帶你去接受治療嗎？」

他回答：「準確來說不是『帶』，只能說她確實有強烈建議要這樣做。」

「有沒有試著叫自己不要再說謊了呢？」

「好吧，我當然有『試著』不要說謊，但是我要先確認一下，你講的『試著』準確來說是什麼意思？」

「你有糾結很久嗎？」

「不能說『糾結』啦……」

就這樣進行了三四個回合，我開始覺得假如我說天空是藍色的，丹就會回說天空是海藍色。他就是那種會在雨季中打開窗戶，把手伸出去看看，最後盯著濕漉漉的手說「好像降水囉」的人。

身為伴侶治療師的我有三種資訊來源：伴侶對自己和對方的描述、他們在我面前的表現、我觀察他們行為後的感受。

當客戶告訴我他們的行為（像是說謊），接著在我面前表現出那個行為的某種版本（閃避），我就能理解事情確實如他們所述。也就是說，丹確實是逃避之王。一直以來，他都是靠著適應型小孩在生活，因為明智型大人是不會慣性說謊的。意識到這點後，接下來我想知道「丹的適應型小孩究竟適應了什麼？」丹是如何扭曲自己，形成現在這樣東閃西躲的關係姿態呢？

我都跟學生說：「把拇指的指紋給我看，我就能說出拇指的故事。」所以我推測如果丹的迴避技能已經達到黑帶等級，那麼一定是從哪裡學來的。可能是小時候身邊有比較滑頭的人讓他仿效，不過也可能完全相反，是因為照顧他的人喜歡行控制之術，所以丹才學會了閃躲之術。

依照專業經驗判斷，我試著問：「丹，小時候有誰在控制你呢？」

他思考著問題，說：「不是我爸，他滿被動的，幾乎可以說是都不在。」

我試探道：「所以是媽媽當家作主囉？」

他笑了：「很鐵腕的那種管教。」

「也有管到你……？」

他說：「好吧，你知道的，我很會演。」

「什麼意思？」

他笑了，覺得被逗樂，開始說明：「我很乖，運動表現很好，成績很好，星期日還會上教堂。我很會隱藏自己的內心。」

「那麼隱藏在背後的是什麼呢？」

他又笑開了，說：「好吧，可能我的背面不是太好看。」

「我不太懂。」

「噢，不算是什麼太糟糕的事情啦，就是男女關係啦、喝酒啦，甚至還會抽點大麻、古柯鹼之類的。可是媽媽什麼都不知道。」

我冒險推進：「因為你很低調。」

「那當然，不知道就不會受傷。」

我想：「這就是他的座右銘吧，直接在丹的T恤印上這幾個大字也不奇怪。」我重複道：「很低調，就像你爸。」

他同意：「沒錯，我看得出來。」

「那如果有人跟你媽作對，會怎麼樣呢？」

他搖搖頭：「噢——沒有人跟她作對。她很嚴格、很虔誠、很天主教那套。」

「你從來沒看過有人跟她唱反調嗎？」

他直接說：「沒人敢。」

我往後靠，看著他。茱莉亞坐在老公旁邊，像石頭般一動也不動。

我對他說：「所以你就學會了。」

「學會什麼？」

「學會怎麼保全自己，這樣心理上才過得去。」

關係生活伴侶治療師都很清楚，在適應型小孩飽含細緻微妙的智慧面前，務必要肅然起敬。面對強硬嚴控的媽媽，丹小時候不得不說謊才能保有自我和自主。假如需要二選一，是要像爸爸那樣置身事外，還是要單槍匹馬去面對控制狂媽媽，當時的丹選擇以上皆非。

他告訴我：「凱撒之物當歸凱撒，只留下屬於自己的就好。」

丹在笑，並沒有不開心。

我說：「你選擇偷偷來。」

丹眼前的問題正是偷偷來。私底下他還是會花錢、調情、找兄弟小酌一下——全都是偷偷來。不過，就像關係生活伴侶治療裡面講的，「以前可以適應，但現在會適應不良」。水能載舟，亦能覆舟，小時候幫助丹不要瘋掉、可以保有自己的策略，這時反而即將粉碎夫妻的婚姻生活。現在需要讓丹明白，茱莉亞不是那個愛罵人的控制狂媽媽，而他也不再是那個陽奉陰違的小男孩了。現在需要讓丹進入明智型大人的狀態，即便在茱莉亞身上看到苛求的影子，這個他也已經有力量承受兒時暗潮襲來的感覺；這個他沒有活在過去，而是立足當下；這個他不是受到邊緣系統的主宰，而是前額葉皮質在掌舵。現在需要讓丹脫離「你我意識」，進入「我們思維」。

有些特徵會讓適應型小孩露出馬腳，因為藏不住的「你我意識」屬於自動的膝跳反射，就是那種「咻一下」的內心反應，彷彿海浪從腳底湧上全身那樣強勁。我把這種現象稱為人的「第一意識」，並細分為三種反應：戰鬥、逃跑、解決。我們都知道戰鬥長什麼樣子，至於逃跑，這邊想提醒一下，即使物理上只有肩並肩的距離，心理上還是可能正在上演逃離的戲碼，這叫作「築牆不理」。最後，解決的膝跳反射其實不是經過深思熟慮、拿出成熟態度想要修補關係的行為，因為驅動適應型小孩的是焦慮，只會十萬火急地想立刻移除讓人緊繃的東西。他們的座右銘是「你不生氣，我才不生氣」。

丹的反應不是戰鬥，也不是解決，而是逃跑，用謊言、刪減、閃避來逃跑。在治療的過程中，丹會理解到不是只有順從和消極反抗這兩種選擇而已，可能在媽媽面前確實別無他法，可是婚姻中面對老婆並不需要這樣。茱莉亞擁有善意與理解這些媽媽幾乎沒有的特質，而丹現在也擁有小時候沒有的資源，可以勇敢地面對老婆，告訴她事情的真相，至於接下來會發生什麼事，就讓它發生吧。我都說這招是「不好的事情就讓它發生吧」。

治療結束大概兩個月，有天丹和茱莉亞手牽著手，踏著輕鬆的步伐走進我的諮商室，臉上堆滿笑容。

看到他們，我說：「你們看起來很開心。」

丹告訴我：「對呀。」

茱莉亞補充說：「我們有突破性的進展喔。」

我說：「很好，聽起來你們有故事要分享，告訴我吧。」

他們說其實非常簡單。丹開始解釋：「就在這個週末，茱莉亞給了我一張採買清單，叫我去超市買點東西。我跟以前一樣，該買的『幾乎』都買了。」他們夫妻互看了一眼，他繼續說：「她問：『該死的牛奶在哪裡勒？』」丹身體往前，盯著我說：「欸我跟你說，當下我全身上下的肌肉都想要說『賣完了』。可是我沒有那樣講，我只是深吸了一口氣，然後說『我忘了』。」

他轉頭看著老婆，說：「茱莉亞當場就哭了出來。」

她說：「我跟他講，我等這一刻已經等二十五年了。」

伴侶關係真正的課題：不要被自動反應綁架

我當家庭治療師的老婆貝琳達·伯曼（Belinda Berman）有種說法，形容的正是丹經歷的那種時刻，也就是「關係英雄主義」。在那一刻，儘管全身的肌肉和神經都在尖叫著想要走回老路，但是現在的自己更有意識、更有餘裕，更有洞察力和自制力，於是毅然決然離開走慣的路線，明白從容地踏上另一條路徑。原本的適應型小孩不經大腦思考，自動就會有反應，還停在「你我意識」，但就在那一刻煥然一新，變得更有關係概念、更有連結能力，心態也更加成熟。於是，我們喚醒了內心沉睡的「我們思維」，成為明智型大人。

偉大的性靈導師吉杜·克里希那穆提（Jiddu Krishnamurti）曾說過，真正的自由就是擺脫內在的自動反應。在我們的文化裡，我們對關係的態度常常很被動，反正遇到什麼事情就摸摸鼻子，只是做出反應而已。大家大多會在另一半沒有做好的時候抱怨對方，希望可以得到更多——但如果目的是要改變人家的行為，那這真的是我聽過最糟糕的方式了。

感情裡會有這種反應，是因為內在的個人主義在作祟。這時心中不會有「我們思維」，看不到完整一體的好，只會用「你我意識」來看待事情。因此，明智型大人關閉，適應型小孩開啟，聚焦在當下的前額葉皮質會失去與皮質下邊緣系統的連結；但若大腦最成熟的前額葉皮質連不到相對原始快速的皮質下邊緣系統，人的感受與行為之間便會漏停一拍。

不過，我想說的是，人在做出反應的時候，不會只是個無法作為的過客，如果願意花時間訓練並練習，我們可以改變應對的方式，讓自己從接招回應的人，蛻變為積極出招的隊友，與另一半一起有意識地形塑彼此的互動關係。這就是需要天天練習的「關係正念」，記得停下腳步，找回重心，與其他正念練習一樣，要去覺察內在冒出的想法、感受、衝動，接著嘗試做出不一樣的選擇。

在關係親近的人面前，急迫是敵人，呼吸是朋友。呼吸可以從生理上改變心跳與思緒。就在關鍵轉折的那一天，丹選擇展現的是不同以往的自己，童年萌發的負面印象告訴他茱莉亞會很嚴厲，可是這樣的預設卻與現實對不起來。神經生物學把這種現象稱為「記憶再固化」，我們心理學會說這是「矯正性情緒經驗」。老婆友善的回應顛覆了令丹感到害怕的預期場景。

另一個關鍵字是「療癒」。沒錯，關係中的我們可以療癒彼此，只是不會用大家一般會想到的方式——不是去控制另一半，也不是從對方身上拿回小時候缺失的東西，而是慢慢去接受那些以前忽略的內在自我。在協助另一半矯正情緒的經驗之前，必須先學會如何照顧自己不成熟、想逃避的那一面，先處理慣性的反應、長期累積的挫敗。同時，掌握關係正念的技能，拿回大腦的主控權。

大家都聽過感情需要經營這句話，可是卻很少提到經營到底代表什麼。感情不是偶爾經營就好，每天這樣的頻率甚至都還不夠：真正的經營是每分鐘都要下功夫。現在自己被觸發了，該往哪邊走才好呢？我們不需要被過往的經歷綁住，可以先停下來，等一下，再做選擇。摩西下山看到民眾正在敬拜假神，那麼你最近拜的又是哪些假神呢？金錢嗎？地位嗎？安穩嗎？看到這一幕的摩西說：「有條路通往生命，有條路通往死亡。請選擇生命！」看到《申命記》（*Deuteronomy*）三十章十九節的這段文字，我也要說：「有條路通往『我們』、融合、連結、完整，有條路通往『你我』、創傷、匱乏、自私。請選擇我們。」重點是，在那些讓人咬指甲的抉擇關頭，你要知道該怎麼做。除非自己願意挺身改變，否則慣性反應的這匹馬很可能會像大自然一樣，持續拉扯著你。

現在，通往精熟的旅程即將展開，希望在抉擇的時刻，我們可以從做出反應，進步到扛起責任。只是上路之前需要先繳旅費、需要放棄許多原本重視的觀念，需要放下對自我以及對世界的既有認知，體認到我們只是準備出發的那個人而已。

第二章　個人神話

個人的概念主導西方文化已經有幾個世紀之久，有什麼能比「我存在」還更合情合理的呢？我存在。我，泰瑞，這位駝著背在打筆電的人，與其他人不一樣。做為一個獨立存在的實體，身體就是我與外界的界線。實際上，英文「個人」（individual）一詞就是源自「不可分割」（indivisible），所以皮膚就是我最終的外緣。但這是真的嗎？

框在體內的是我的大腦，那邊也是心智之所在嗎？心智是什麼形狀，會以身體為終點嗎？人類學家葛雷格里．貝特森（Gregory Bateson）舉的例子是視障者拿著拐杖在街上走，貝特森認為，拐杖與拐杖所提供的資訊當然都屬於心智的一部分。

著名的哲學家兼認知科學家湯瑪斯．梅辛格（Thomas Metzinger）對意識本質探索的起點是他對實驗的親身描述，由自己擔任受試者，重現有名的「假手」實驗。他是這樣說的：

受試者可以看到眼前的桌上擺著一隻橡膠假手，而他們真正的那隻手被螢幕擋住看不到。接著，同時拿探針觸碰眼前的橡膠假手與受試者藏起來的真手。經過一段時間（我自己是六十到九十秒），就出現有名的橡膠手錯覺了。忽然之間，你會覺得那隻橡膠手就是自己的手，可以感受到有人不斷在碰橡膠手。另外，還會覺得身上生出一條完整的「虛擬手臂」，會把肩膀和前面桌上的假手連接起來。

可能指尖就是這位哲學家「湯瑪斯本體」延伸的最終端點，可是講的是哪一個指尖呢？真手的還是假手的？認知科學告訴我們，我們眼中的自己並不是來自直接體驗，而是感覺與意象的拼貼，是自我表徵、是自己的照片。同樣的道理，人並不是直接去體驗世界，而是透過自身積累的認知濾鏡，去感知世界。我們之所以認得椅子，是因為椅子具有椅子的特質，而這樣的特質屬於我們已知的某種類別。假如拿掉這層文化知識，我們會像新生兒看世界一樣，接收到的光、影、形、味幾乎不存在定義，甚至完全沒有定義。

從這點來看，某種程度上我們都算自戀。我們都不是直接看到自己，而是透過習得知識的濾鏡建立自我知覺。大部分的人會將身體、生理上的自己與自我劃上等號，但那些意象的本身就是腦袋建構出來的東西。認知科學顯示，大家口中的自我其實就是自我表徵與自我意象幻化而成的一張織錦，而且不斷地在變動。幸運的是，我們看待自己、看待世界的方式有機會能在短時間內翻轉，而且輔以支持力量的話，還有機會能產生恆久的轉變。

從前的心理學界認為性格一旦養成便很難改變，當時以為腦神經路徑設定完成就代表木已成舟。然而，後來發現的「神經可塑性」顛覆了過去的設想，大家才意識到，原來我們可以開啟並重塑神經網路的習慣，也就是說，可以輸入新資訊並重新建構。大家常會引用的說法是「一起放電的神經元都是手牽著手」，或是神經生物學家口中的「狀態終成樣態」，而心理治療領域目前的講法是神經可塑性。在諮商室裡，我見證到神經路徑開啟之後可以帶來非常深遠的改變，可以催生全新的性格與行為，而且有時轉變只在幾分鐘之間。

那樣的話我就會立刻停下來

五十六歲的埃內斯托來自拉丁美洲，動不動就會大發脾氣。不過還好，這位是動口不動手的類型，屬於大小聲羞辱別人、惡言相向對著幹的那種。他和老婆麥迪一起來單堂諮商，麥迪也是拉美裔，小埃內斯托幾歲。九十分鐘的諮商過了大概四分之三時，埃內斯托告訴我：「我就是會突然一把火冒出來。」聽起來很像那些有虐待行為的客戶，多年下來我也遇到不少。

過了大半個小時的彎彎繞繞之後，我終於提出可以挖到東西的問題：「是誰教你要這麼討人厭、這麼壞的？」

他結結巴巴地問：「你是說家人之類的嗎？呃……我媽在我八歲的時候走了，後來我爸再婚。對，應該就是繼母吧。」

「她是個怎麼樣的人呢？」

埃內斯托邊笑邊搖頭，開始回答：「喔，她就是最壞心、最糟糕、最可怕的——」

我說：「所以就是她囉。」

「對。」

「就是她教你變得這麼討人厭的囉？」

「對，應該就是她。」

他低頭看著地板，我一邊問，一邊試圖抓住他的目光：「那麼明白這點後，你有什麼感覺？」坐在對面的我可以感受到他的羞愧，臉都紅了起來。我輕聲問：「埃內斯托？」

他沒有講話。

過了一會，我開口問：「你現在在想什麼呢？怎麼了嗎？」

他臉上沒有笑容，回答：「喔，我覺得很丟臉，因為別人看到的我就像是我看到的她一樣。」他搖了搖頭，看著我後面的地方。

我想知道他看到了什麼，想起了什麼。

他對我說：「我覺得超級丟臉。」

「我們會說這種丟臉的感覺是健康的罪惡感，或者說是懊悔。如果有先意識到這點的話，你就不會那樣做了對嗎？」

他垂著頭，點了點頭。

「你有繼母的照片嗎？」

「蛤，是說身上嗎？沒有耶。」

「可以去找一張嗎？」

他說：「當然，我可以去找一張。」

「很好，我希望你做的就是，你可以繼續對老婆發脾氣，我也阻止不了你。可是下次又快要爆炸的時候，我希望你在真的爆炸之前，先把繼母的照片拿出來，看著她的眼睛，然後說：『我知道自己要去傷害別人了，但我不管，因為現在變得像妳一樣比我老婆還要重要。』講完之後如果還是想發飆，那就發飆吧。」

埃內斯托猛然抬起頭，看著我說：「才不會那樣，那樣的話我就會立刻停下來，她才沒有我老婆重要。」他沒有再講話，伸出手，手掌向上放到麥迪的大腿上。

她握住他的手，兩個人看著彼此。那次諮商到現在已經快要十四年了，埃內斯托沒有再發過飆。

根據神經生物學，解鎖並開啟神經路徑需要做到兩件事。第一，必須用外顯的方式帶出內隱的訊息，有時會需要一些幫助，才能看到自己看不到的地方，所以必須對於回饋抱持開放的態度。第二，必須要有某種反彈的力道，落差要夠有感才行，腦中要出現「噢不，我應該不想再這樣繼續下去吧」的聲音。

在與埃內斯托晤談的過程中，我幫助他回想並重現繼母的行為，讓隱微的東西變得明顯，而那股反彈的後座力是埃內斯托自己生出來的。依照目前研究的發現，埃內斯托大概需要五個小時來消化學習到的新資訊，並開始建構新的神經路徑：「噢我的天，我才不要複製小時候那些可怕的經歷！」

感到厭惡反彈的那一刻，埃內斯托意識到「我們思維」，意識到原來過去一直都在對自己心愛的女人咆哮。以前到底是在想什麼呢？在我的協助之下，他從左腦模式進入了雙腦模式，交由右腦的關係概念主導，同時左腦實踐的智慧也會配合；在我的協助之下，他看見了完整的連結，想起了自己也是關係中的一部分，進而達到人在關係中的最佳狀態。

因此，埃內斯托從適應型小孩蛻變為明智型大人，放下了吸收自繼母的憤怒並發洩出來的不成熟。在他自己前額葉皮質還沒覺醒的時候，我的前額葉皮質先借給他用，簡單來說，他借用了我的大腦，而且其實我們人本來就一直在為彼此這樣做。從現有的研究很明顯可以看到，人類並不是各自獨立、關在牆裡的個體，實際上，不只是人類的大腦，多數哺乳動物的大腦都是設計來進行共同調節的器官。

關係腦

人際神經生物學研究的是童年經驗如何形塑人類的大腦與中樞神經系統，以及人際互動會如何經由神經系統影響成年後的親密關係。結果發現，心智會表現在社會互動的情境中。親密伴侶會共同調節彼此的神經系統、皮質醇（壓力荷爾蒙）濃度，以及免疫反應。穩固的關係可以增強免疫力、減少生病，而且還能降低憂鬱與焦慮，並提升整體的幸福感。不穩固的關係則會讓人比較緊繃，容易生病。

研究證實，嬰幼兒的神經發展需要愛與社會互動的刺激，本能上爸爸媽媽差不多都知道這點。出生後的頭幾個星期，嬰兒就會開始主動尋求連結，而父母會為孩子提供精神分析裡「護持周全的環境」。還在學步的孩子從腳踏車上摔下來，會先觀察照顧者的臉部表情，來了解擦傷有多嚴重。父母經常會安撫孩子，讓他們知道「不會永遠這樣痛下去」，並幫忙調節情緒。嬰兒領域觀察研究的先驅愛德華．楚尼克博士（Ed Tronick）說：「研究兒童發展的人會用『神經建築師』來形容嬰幼兒照顧者的角色，因為寶寶早期的人際關係會決定神經連結的性質，所以說照顧者是在建構大腦真的不為過。」

每天我在諮商室都會遇到兒時缺乏情緒調節幫助的客戶，他們通常會失去與自己情緒的連結。由於小時候缺乏大人的神經系統輔助，即便現在已經長大成人，依然會覺得自己或他人的情緒令人難以招架。

保羅的故事：我都靠自己

四十八歲的保羅，腳踝翹在膝蓋上坐著，手指心不在焉地敲著翹起的那隻腳。五十五歲的老婆雪若，現在的她覺得自己實在是受夠了，因為老公太封閉、太疏離，無法填補她情感互動的需求。然而，保羅跟我保證，他擁有正常快樂的童年，沒有人吼他、打他、欺負他。這種情形我以前也遇過，但現在晤談才剛開始，還很難確定保羅的家是真的缺乏愛，還是只是比較安靜。

我問：「覺得受傷或害怕的時候，你通常會找誰給你安慰、讓你安心呢？」

他沉思道：「為什麼這樣問？印象中我不會找人討拍，我都靠自己。」

「那是從幾歲開始的呢？」

「什麼意思？」

「第一次學會要自己處理的時候，你多大呢？」

他說：「我不知道，有記憶以來就都是這樣。」

我告訴他：「好，那表示很久以前你就關上感受的大門，久到都不記得了。可是你不是生下來就長那樣，早在記憶開始形成之前，應該還是有過個一兩次，希望爸媽可以安慰你，只是他們的反應讓你覺得還是不要依賴他們來照顧你的情感才好。」

保羅邊聽邊在椅子上動了一下。

「當時沒有人幫你調節感受，所以年紀還小的你做了一件非常聰明的事情，就是把情緒關起來，全部關在門後。」

在愛情裡，保羅屬於第一型逃避人格，套用當今心理學的說法，屬於「逃避－排斥型」的依附情人。保羅總是在心牆的後方，因為小時候他們全家都是這樣，那麼問題在哪裡呢？畢竟關起來不去感受對保羅來說非常正常。如果說今天他一個人，那就沒什麼關係，但是現在他不是一個人，家裡還有老婆、很多小孩，他們全都需要保羅。事實上，人類不能像醫生在動手術時那樣抽離情感，只用理性的態度來處理感受，當我們為一種情緒打開門縫，其他的感受也會奪門而出，而此刻雪若正大力敲著保羅的心門。問題是對老婆敞開心扉，就意味著要重新打開小時候已經牢牢關上的門。實際上，保羅經常會受到情緒的影響，只是他沒有識別情緒的工具而已。

諮商時我對他說：「你以為自己已經拋下了感受，但其實它們從來都沒有離開過，只是一直在一點一點的滲透出來。現在只需要稍微推一把，幫你與感受重新搭上線，好讓你認得出它們。」

我需要教保羅做個有情緒的人，才能與老婆分享。

諮商到後期，雪若坦承說有段時間她對婚姻感到很厭倦。保羅需要與雪若分享自己的情緒，也需要開始關注雪若的情緒，不過，他需要幫助才能夠做到。因為以前當他從腳踏車上摔下來的時候，身邊的大人選擇撇過頭去，或只是面無表情地盯著他看。

我向保羅說明什麼是消極虐待與情感忽視，他的問題並不是出現了什麼不應該出現的東西（像是性慾流動、怒氣），而是應該要有的東西不見了：引導、撫慰、分享。有愈來愈多的孩子需要離家安置是因為遭到忽視，反而不是暴力虐待。（想多了解嬰幼兒在連結關係被切斷時會有什麼反應，可以上YouTube找愛德華·楚尼克博士「面無表情」的撲克臉實驗。）

我推薦保羅去看某支楚尼克博士的影片，「影片的開頭很美好，媽媽腿上坐著一個約莫一歲半、二歲的孩子。男孩拿著雷龍玩具，用恐龍娃娃餵媽媽吃東西，媽媽也假裝吃著玩具餵給她的食物。母子低語交談。接著媽媽突然把頭撇開，靜止不動，這樣的動作不帶敵意，也不是在給孩子什麼訊號，單純是一張面無表情的臉。就這樣持續兩分鐘，只有兩分鐘而已。」

「可是這兩分鐘令人難以忍受。剛開始，小男孩拚命想用動作吸引媽媽，幾乎嘗試了所有的可能，而且顯得愈來愈著急絕望。他咕咕喃喃地發出聲音，把恐龍舉到媽媽面前，試著想要讓媽媽繼續吃東西，想要媽媽和他一起。這時，他發現什麼都沒有用，於是使出「抗議行為」，開始大吼大喊，厲聲尖叫，弓起身體。最後，小男孩只剩下代償失調的行為，他邊哭邊搖晃身體，口水從嘴巴滴下來，不斷用後腦勺大力去撞媽媽的身體。」

我跟保羅說：「這只有兩分鐘而已，你覺得過去自己經歷了幾分鐘呢？」

保羅小時候缺乏的正是這種同步的情感經驗，照顧者反覆與孩子互動，會引發強烈的生物反應，可以減輕痛苦、產生愉悅。人際連結可以讓孩子的身體充滿催產素，湧出大量內源性類鴉片，讓依附關係更穩固。聽起來一切都很美好，可是如同楚尼克博士不斷警告大家的，真實的關係是很混亂的，照顧者和兒童之間會不斷重複和諧、失和、修復的循環。

然而，基本上，連結不會是單向運作。在楚尼克博士的某支影片中，可以看到失控的嬰兒拱起背大哭，精疲力竭的媽媽氣餒地往下瞪著懷裡的嬰兒，這時，嬰兒本能地將小小的前臂舉到頭上，擋住媽媽生氣的臉。整個過程只有三十五秒。嬰兒的神經系統會對父母做出反應，有注意到這點的家長還會告訴你，兒童的表現也會影響父母的神經系統。有句話是這樣說的，家長可以多快樂就取決於家裡最不開心的孩子有多快樂。

不是只有人類的親子間會出現神經同步的現象，甚至跨物種也可以觀察到許多這類的現象。舉個同物種的例子，在老鼠的爪子裡注射刺激劑，老鼠會舔爪子想減輕不舒服的感覺。刺激劑的效果愈強，老鼠就會舔得愈賣力。道理還滿簡單的對吧？這時，在壓克力板的另一邊，讓受試的老鼠一看到老鼠二的爪子也被注射刺激劑，情況就沒那麼簡單了。老鼠一的舔舐動作會和老鼠二的同步，而且屢試不爽。此外，老鼠二舔得少，老鼠一的不適感就會減少；老鼠二表現得愈難受，老鼠一就會舔得愈凶。由此可見，老鼠一的疼痛程度取決於牠看到同類有多痛。

值得注意的是，兩隻老鼠必須彼此認識，才會出現上面的反應。萬一牠們不是住在同一個籠子裡，那就完全說不準了。此外，老鼠伴侶會是同步舔舐最好預測的組合，鏡射反應也會最為強烈。「我感受到你的痛苦」似乎與「我感受到你」有關。關係愈緊密，模仿程度就愈高。（可以說這是鼠之同理、鼠之愛嗎？）

有愈來愈多文獻專門研究人類大腦與神經系統愛社交的天性。我們是各自存在的個體嗎？某程度上我們確實是彼此獨立，只是同時又緊密相依，神經網路緊密纏繞在一起。人類是單獨存在的個體沒錯，只是彼此的命脈會交織相連。如同神經生物學家丹・席格（Dan Siegel）所形容的：「大腦是社交器官，人際關係不是奢侈品，而是攸關生存的基本養分。」個體存在的本身即是奠基於歸屬感。

一九五〇年代初，多家育幼院向精神醫師勒內・斯畢茨（René Spitz）諮詢，想了解為什麼機構內的嬰兒死亡率異常地高。嬰兒都有定期餵食、拍嗝、換尿布、用包巾包起來……，不過斯畢茨發現，沒有人會與嬰兒講話，也不會讓嬰兒擠在一起、玩在一起——簡單來說，這些寶寶在情感上從來沒有與大人同步的機會。正式來說，這種現象是「生長遲緩」，白話的意思是，這些嬰兒的死因是「孤獨」。

人類神經系統的設計從來就不是只靠自己調節就好，我們需要與他人連結，才能感到安穩與幸福。然而，當今社會充斥著個人主義文化，剛硬的個人主義只是這種文化下的產物，與人類實際的本質完全不符。

假如想知道完全切斷人際互動會變成什麼樣子，可以觀察長期單獨監禁的受刑人大腦。

二〇一二年六月十九日，加州大學聖克魯斯分校（University of California, Santa Cruz）心理學教授克雷格・黑尼（Craig Haney）告訴美國參議院司法委員會底下的憲章、公民權與人權小組委員會（Senate Judiciary Subcommittee on the Constitution, Civil Rights and Human Rights），「美國有八萬名囚犯『長期受到單獨監禁』，這樣的條件嚴苛，根本沒有什麼刑罰效果」，只會致部分受刑人陷入快速發瘋的險境。後續美國心理學會在其刊物《心理學觀察家》（*Monitor on Psychology*）發表觀察：

> 蒙受謀殺冤獄的死刑犯安東尼・格雷夫斯（Anthony Graves）在牢房中度過十八個年頭，其中有十年是單獨監禁，而他分享的故事正是黑尼教授觀點的最佳寫照。格雷夫斯回憶道：「我看到神智清醒的人走進監獄，然後三年內就脫離了現實感。」有名囚犯「會在放風時間走進庭院，脫光衣服，躺在地上，尿得全身都是。他還會拿自己的糞便塗得滿臉。」

這可是個完全獨立自主的人耶！萬一切斷所有社交連結，人的精神狀態會惡化，甚至會被逼到發瘋。

各種新的研究紛紛投入人際界線的主題，想要了解伴侶的情緒狀態會如何影響另一半，而這樣的影響往往難以言喻，甚至是在不知不覺中發生。關於社交腦的研究百家爭鳴，我自己覺得最簡單優雅的是連恩．貝克斯（Lane Beckes）與詹姆斯．A．科恩（James A. Coan）的「社會基線理論」，兩位都是維吉尼亞大學備受推崇的研究人員。

幾年前，我到非洲的塞倫蓋蒂野生動物保護區觀賞野生動物，那時我還沒正式接觸過社會基線理論。朋友里克．湯森（Rick Thomson）帶人獵遊的經驗豐富，清晨時我們一起悄悄出去尋找獵物。高草叢裡，蹲伏著一頭黃褐色的母獅，幾乎完全隱身其中。美味的早餐就在幾公尺之外，有隻疣豬正悠哉地用鼻子翻著土，想找雞母蟲來吃。突然之間，兩隻動物一齊抬頭，瘋狂衝刺，母獅猛地追捕著疣豬。令人屏息的追逐戰只持續了幾秒鐘，接著雙方又突然完美同步，一齊停下腳步。獅子躺了下來，漫不經心地舔起了爪子。疣豬快速擺了擺屁股，嘍嘍小舞一副沒在怕的樣子：「哈、哈、哈，還獅子勒。要吃早餐？想得美！」

我問里克為什麼兩隻動物會完美同步，怎麼會在那一秒同時煞車呢？他解釋說：「是要保存精力，這塊大地就是如此運作的，在維持生存的前提下，力氣能省則省，才能保存體力。」他繼續解釋：「剛剛你見證到牠們跨越了那條隱形的基準線，母獅和疣豬都明白，再追逐下去也沒有意義——因為獅子根本追不上。」

生物學家使用的術語是「儉省行動」，節約熱量這個原則在動物界裡隨處可見，畢竟食物不會隨時都很充裕。

大腦需要燃料，而且實際上需要的量還不少。研究明確指出，前額葉皮質是目前所知最耗能的大腦區塊，這個機能高階的區塊是大腦最晚發展的地方，也是人類演化比較近期的事情。前額葉皮質由幾十億神經元組成，非常聰明、適應度高，擁有強大的運算能力，可以說是相當複雜的主機，而明智型大人仰賴的正是前額葉皮質周到、慎重、有意識的行動決策。不過，背後需要許多能量支撐。

早在幾十年前，科學界就知道大腦會將做得很習慣的工作（檢查呼吸、心跳）交給不那麼需要思考、不那麼需要耗能的神經系統，這些區塊自動化的程度也比較高。然而，在回顧大量研究之後，貝克斯與科恩推論，十分耗能的前額葉皮質不僅會將對機能要求不高的工作下放到神經系統的其他區塊，還很會把自己的工作轉移給別人的大腦，藉此減少能量消耗。

過去的研究已經顯示人類會如何彼此共同調節，而社會基線理論將這個概念推得更深，主張不分文化，「人類大腦預設的基線都是想更靠近社交資源」。我們大腦會假定自己是嵌在熟悉、豐富、相互依存的網絡裡頭，各種應該是彼此獨立的神經工作散落在整個團體網絡的各個角落，裡面的成員會挪用彼此神經工作的成果。舉個非常簡單的例子好了，我負責顧火，你負責留意有沒有被攻擊的危險。

研究結果似乎是在說，多工處理是雅痞圈的發明。雖然我們會說自己可以同時做兩件不同的事情，但是我們真的不行，只是不斷在轉移注意力，不斷在兩種工作之間來回切換而已。如果一次只專心做一件事，其實還能做得更好。

那麼回到顧火的例子，假如我需要一邊顧火，一邊注意野生動物的襲擊，那麼前額葉皮質就得加班。可是如果我選擇相信洞穴裡的夥伴拉夫會顧好兩人的安全，自己專心顧火就好，那麼我的前額葉皮質就可以放鬆下來，專心處理眼前的事情。正是這樣的研究發現啟發了貝克斯與科恩的理論，他們兩位研究的都是自我調節相關的神經機制。研究一開始他們先提出假設，認為當個體進入社交領域開始互動時，具有高階機能的前額葉皮質就會啟動，因為大腦需要解讀別人發出的許多細微訊號。然而，研究的發現卻完全相反，與人互動的時候前額葉皮質幾乎都會慢下來，變得比較不活躍，所以一開始兩位學者還有點懊惱。

怎麼解釋才說得通呢？新出來的研究說明了人類會如何幫彼此調節憤怒、恐懼、痛苦等難受的情緒，而貝克斯和科恩的研究發現具有更深遠的意涵。背後的概念相當具有革命性，也就是在社交互動的時候，前額葉皮質並不怎麼需要加班去處理負面的感受，甚至也不太需要補足彼此，因為情緒壓力一開始就不會衝得那麼高。

在「群體心智」之下，情緒負擔會由眾人共同承接，用更有效率的方式處理，比起各自努力，這樣可以大幅減少前額葉皮質個別的工作量。這時，不太需要啟動個別的自我調節，甚至不太需要大家的共同調節，因為「群體心智」（我來顧火，你來注意有沒有熊出沒）帶來的保障讓我們不太需要調節，也就是說，人類的大腦會預設並拉出社會互動能力的共享基線。在此引用貝克斯與科恩的研究：

社會親近可以幫忙抵減「前額葉皮質」衍生的成本。舉個例子，剛開始談戀愛的人可能會愈來愈不需要靠自己來調節行為，因為他們會覺得周遭環境的威脅、危險、棘手程度降低了，而且因為伴侶的行為（如：牽手支持對方）也會具有調節的效果，所以就不需要自我調節了。

關係愈親密，人就愈放鬆。病人需要進行比較困難的療程時，讓陌生人握著病人的手可以增加安全感，減少痛苦與焦慮。當然，朋友的手會更有效果，而所愛之人的手更是最佳的止痛劑。研究結果發表之後，貝克斯、科恩以及許多人都開始思考以個人為單位來研究人類心理是否明智。既然社會連結能讓處於其中的個人減少自我管理的壓力，那麼個人自我調節這種勞力密集的過程似乎就顯得非常費勁、非常不優雅。

擁有長期親密關係的人可能直覺上會認為這樣的說法聽來沒錯，但也不對。確實，充實的社會連結可以保護我們，不至於會像被單獨監禁那樣做出野蠻的行為來蹂躪自己；確實，人際關係可以讓人深度放鬆。不過，經驗也告訴大家，很少會有事情像親密關係一樣，可以這樣觸發我們、這樣讓我們抓狂。

愛就像是清理水管，不管喜不喜歡，都會需要灌水把裡裡外外刷過一遍，可是水一沖下去，那些還沒癒合的傷口、內心潛藏已久的裂痕都會像汙垢一樣全部浮出水面。我相信沒有什麼刺激能比愛的殺傷力還要大，而且我們選擇的對象通常會投射出我們自己待解的愛情課題。總之，不管是好是壞，我們的神經系統終究還是會纏繞在一起。

明智型大人慣用右腦主導的前額葉皮質，比較能看到大局，能理解相互依存的人際關係。問題是，壓力來的時候，有保護欲的適應型小孩會強行奪下方向盤開始操控，更何況對某些人來說，壓力永遠不會消失。這時，會進入左腦思維，開始講求邏輯與效用（會比較在乎要先完成手上的任務），不再會使用前額葉皮質的視角，取而代之的是情緒張力更大、更原始的邊緣系統，所以會變得不那麼重視關係。

真正讓我們陷入困境的是，左腦思維的適應型小孩正好符合推崇個人主義文化的社會期待。大腦的船舵會往「左移」，但是左腦掌舵會讓人變得邏輯與手段至上，認為眼前的任務會比執行人員彼此的關係還要重要。不論是個人內在的適應型小孩，還是整體社會，都是這樣看待事情。不過，近期企業開始意識到新的領導型態可能更重要，就是有別於階層領導的關係領導。

年輕的杉杉是資訊科技業的自由工作者，雖然頭腦與才華都不在話下，可是工作不太順。特別頭痛的是，對方要求一百分，他會交出一百二十分的東西，但即使做到這個程度了還是會掉案子，或是沒有後續。談到工作的時候，我們看到有個模式一再出現。杉杉才開始意識到，原來過去自認為是優點的特質，其實才是他最大的缺點。

他熬夜寫軟體，端出比原先要求還要精緻、複雜、多功的成品。只是，客戶要的是福特，杉杉拿出來的是藍寶堅尼。問題是人家要的不是藍寶堅尼呀。最後，不僅得不到預期的稱讚，還常常聽到客戶說：「難道不能弄得簡單一點嗎？」左腦叫他把軟體設為優先，而不是去想是誰要去使用這款軟體。內在的適應型小孩在缺乏明智型大人引導的狀況下，只顧著自己想要設計出近乎完美的產品，忘記要去傾聽客戶的需求。

畢竟我遇到的絕大多數會是比較極端的案例，所以看到的幾乎都是以適應型小孩為主的人。他們覺得自己是明智型大人，但其實不是。然而，這個世界通常會給這些人非常豐厚的獎勵，因為就整體來說，適應型小孩所反映出的文化價值，正是在告訴我們，帶有這樣思維的人在財富和專業上大都能發展得非常成功。可惜的是，這群人通常會搞砸工作以外的生活。

個人主義的核心原則是自我不同於自然，準確來說是人類凌駕於自然「之上」。根據《創世記》（*Genesis*）第一章第二十六節至第二十八節，上帝在世界形成之初便賦予亞當對萬物的「管理權」，包含一切行走、爬行、游泳的生命。這真不是什麼好事。古希臘人比較謙虛一些，覺得人類高於自然一等的想法太過狂妄傲慢，而英雄隕落的悲劇全都出於這種唯我獨尊的心態。然而，管理權這種自欺欺人的義務感與資格感，卻是撐起傳統男子氣概與父權文化的中心思想。雖然現在我們應該不會花太多時間去馴服什麼東西，但還是可能會把支配的概念套用到老婆、孩子、身體、職場同事或是整個世界上面。

萬一哪天心臟病發，需要去醫院接受壓力管理治療，到時候處理的重點就會是這種掌控的錯覺。「匿名戒酒互助會*」（Alcoholics Anonymous，AA）幫助成員調整心態的十二個步驟就是很好的例子，可以從〈寧靜禱文〉（*Serenity Prayer*）看到這個核心概念。這種個人主義、線性思考、牛頓式的世界觀認為人類是自然之上的存在，可以操控自然，依照自我意志形塑自然，就像是外科醫生在病人身上手術，或是汽修師傅改變車子外觀一樣。如同啟蒙運動將上帝比喻為神聖的鐘錶匠一樣，而人類就是依照神的形象而生。我們的位階高於系統，可以操縱系統。

如果說管理世界是男性特質的傳統核心，那麼女性角色的傳統核心應該就是要去管理上級，也就是人家講的「向上管理」。不過，處理過「病態依存關係」的人都會知道，出於明顯自我否定的遷就其實也是控制的一種形式，想要努力控制自己「不要惹對方不開心」。我對這種關係的定義是，因為擔心另一半會做出不合理的反應，而不讓自己做出像是說實話這類完全合理的行為。不論是傳統男性對於自然的操控，還是傳統女性對於男性的操控，都是在試圖控制對方，彷彿人真的可以將自己的意志直接加諸於別人身上或這個世界。

兩相比對，關係意識與生態意識很像，會拆穿管理權的假象，讓我們看到人類並不是獨立於自然之外或之上，而是生活在其中的一分子，要用謙卑的態度面對生態環境。整個自然裡面，我們唯一有辦法直接控制的只有自己，而且這還需要天時地利人和才辦得到。我覺得放下傲氣自賞、轉為虛心自謙所需要花費的力氣，並不亞於將太陽系從地心說轉為日心說。

如果人類能夠從主宰自然的心態，轉換為珍惜自然的思維，那麼就會明白我們狂丟塑膠的地方就是自己喝水的水域，我們汙染的就是自己呼吸的空氣——前提是我們還活著的話。COVID-19全球疫情是我們第一次感受到大自然以全球規模在與人類對抗。疫情會是那記警鐘嗎？我不這麼認為。以後還會有其他全球等級的疫情，今天戴的是口罩，明天可能戴的會是防毒面具。人類活動帶來的自我毀滅力道之大，幾乎可說是到了自殺的程度，問題是我們依舊冥頑不靈。

我接下來要談的，和上面的道理相通。這全球上映的支配戲碼如今也在個人的生活裡盛大開演。在許多的人際關係裡，我們將自己定位在局外、置身高高在上的地

＊編按：台灣相對應的組織為「戒酒無名會」。

方，會想去控制另一半、孩子、自己的身體，甚至是自己的腦袋（以後別再那麼負面了）。現在不如先往後退一步，就能明白用權力和控制的手段去經營關係有多蠢。不過即使看清這點，人在情緒慢慢沸騰的時刻，還是容易會讓反應腦坐上主控台，結果又走回老路：「對的是我，錯的是你。你贏就代表我輸。要嘛就讓你進來，要嘛就先保護自己。」

不管是全人類還是一個人，我們都迫切需要新的典範。在關係裡問「誰對誰錯」，回懟「誰在乎啊」；真正該問的應該是「我們該如何用團隊的思維，找到大家都能接受的方式，來處理眼前的問題？」從個人主義切換到關係思維可能乍聽之下像是不切實際的理想主義，但是我在諮商室裡確實天天都在見證轉念的巨大影響力。

講個非常普通的例子好了。

史坦的故事：你是想要證明自己是對的，還是想要老婆在身邊？

露西大吼：「他就是沒在聽！」

露西三十五歲上下，白人，坐在沙發邊緣，張開著雙臂。史坦說：「我就是不懂她。」他四十三歲，也是白人。把臉埋在兩隻手掌裡，又煩惱又疲憊，彷彿在說「反正不管我做什麼……」

而我坐在一旁看著、聽著。露西和史坦的婚姻岌岌可危，但是為什麼呢？因為一場誤會。

上個週末根本是災難日，露西告訴我：「我們本來應該要在海邊的度假屋享受兩人時光，好好充電。我們都很期待，也都很需要這樣的週末。」她低頭看著雙手：「可是我們差點連到都到不了，我差點就直接掉頭開回家。」

到底發生了什麼事？

她說：「真的是很瑣碎的事，你可能會覺得很好笑。可是……」

我想著，「可是……」，好一個熟悉且意味深長的「可是」啊。小到會讓人覺得好笑的事情，可是又嚴重到要切腹負責的地步。家庭生活的戲碼就是會在小小的舞台上搬演滿滿的情緒張力。

「到底發生了什麼事呢？」

史坦不耐煩地抖著腳，惱怒地說出他的想法：「整件事實在是太荒謬了。」

露西打斷他，開始說：「我們開兩台車去，車上都裝滿了東西，所以看不到後面的狀況。而且我本來就非常緊張了，因為我不喜歡在晚上開車。我叫史坦要開得近一點，以防萬一我迷路之類的，轉錯彎什麼的。」

史坦想要快點講完經過，對我說：「她要我幫忙多注意一下，我有啊。」

露西反駁：「你沒有。」

史坦轉頭看著我這個仲裁者：「我『有』啊。我跟你說，我忙著在車流裡面彎來彎去——」

露西打岔道：「還有喔……」

我對她說：「我們先專心處理這件事。」

「我就在往前數第三台車的距離——」

露西插嘴說：「可是我看不到他。」

史坦露出不勝其擾的表情：「我車上的後照鏡就看得到她啊。」

我大概感覺得出是怎麼回事了。

「她驚慌失措地打給我，整個人大抓狂，『你說你不會離開我的！』她對我大吼欸。」

露西一副打發孩子的語氣說：「噢，史坦。」

「親愛的，你不開心我也很難過，你說——」

「可是你離開我勒！你明明就有答應——」

「我就開在你的正前面，我明明就有跟你講過，我還知道你前面那輛車是哪一牌的。親愛的我沒有離開，實在沒有必要——」

「那你為什麼就不能開慢一點——」

我開口阻止他們：「好的，我想我理解了。」

史坦和露西陷入了孰是孰非的典型爭論，糾結於「不會離開」到底是什麼意思，兩個人的定義只有一丁點不同，但是都非常執著。沒錯，他們口中微不足道的小爭吵，真的很枝微末節，問題是現在有個討厭的「可是」，「可是」有可能足以摧毀婚姻，「可是」有可能足以讓人離婚。

對露西來說，「不會離開」就是要完全待在旁邊；對史坦來說，「不會離開」就是有看到她。那麼客觀上誰才是對的呢？好吧，憑良心講，這是陷阱題。

我通常會請來找我的伴侶吞下幾顆非常重要的苦口良藥。首先，「感情世界裡容不下客觀現實。」客觀現實對於火車準點進站、研發重要疫苗都非常有幫助，但是想要抓出感情裡哪種觀點比較「合理」，只會以失敗收場、只會陷入客觀性的爭執。到底是露西反應過度，還是史坦沒把她放在心上呢？如此爭吵的循環會沒完沒了，會像是追著自己尾巴跑的小狗一樣，最後沒有人找得到出口——因為一開始就不該認為會有客觀事實的存在。

親密關係中，重點從來就不是要把兩個人放在唯一的真實世界，而是在協調不同的主觀事實。他們夫妻之間我站在露西這邊，這點也是關係生活伴侶治療比較不同的地方——治療師會選邊站。

就事實論，史坦沒錯，可是在關係裡面就不對了。史坦答應要照顧露西，確保她沒事，他有說到做到嗎？有，當然有。假如今天要求另一半不要離開的是史坦，那麼就不會有什麼問題。但問題是和史坦結婚的並不是史坦。露西希望史坦在她旁邊，想要的是看得到對方的那種安全感——她不是要老公幫忙，而是要老公待在身邊才有的放心感。從這件事可以看得出來——其實還有其他許多類似的例子，露西很肯定地告訴我，史坦不「懂」這層涵義，因為他不是用關係思維在看事情，所以才沒有抓到重點。我協助過許多男性，他們和史坦一樣，都在當個「有用」的另一半，只顧埋頭處理眼前的任務，沒有照顧到另一半的主觀感受，所以史坦照顧的是露西這個人，但沒有體貼到她的情感需求。

知名語言學家黛伯拉．泰南（Deborah Tannen）在一九九〇年出版的《男女親密對話：兩性如何進行成熟的語言溝通》（*You Just Don't Understand*）一書中，點出男女採用的對話方式分別是「報告式」與「情感式」。「客觀上」史坦完全沒錯，可是同時，他也完全沒有解讀老婆主觀經驗的能力。更糟糕的是，每當露西想要說明自己的困擾時，每當她想要縮小橫在彼此中間的鴻溝時，史坦只是更努力想堅守自己那座正確的堡壘。

我想幫史坦解套：「我來解釋一下好了，看你能不能調整心中的參照基準。露西開口時，你，史坦，會拿出兩種指標，也就是兩個基準點，來當作檢視的標準。第一個是客觀現實，你有沒有依照她講的要好好照顧她呢？她評估你有沒有做到的方法是不是有效合理呢？關於這點，朋友，我只能說『祝你好運囉』，因為這種她是不是、她有沒有的問題，不好意思史坦，答案是什麼恐怕沒人在乎。現在你是用科學的方法在處理感情的問題，可惜這樣是行不通的。」

「至於第二個基準點，從你臉上的表情就可以看得出來，這個基準點一直都是，嗯……你自己。你在想：『天哪，我真的得聽這些嗎？』」

沙發上的史坦動了動身體，但他沒有退縮。

於是我接著講下去：「我想要你做的是改變自己的參照標準。先試試看就好。重點不是對不對，還有，很抱歉，重點絕對不是你自己，整件事讓你有多煩也完全不是重點，史坦，重點在露西，在她的感受、她的現實，也就是她的主觀體驗。那麼現在，請問問自己想要什麼樣的結果？是要吵說自己沒有錯，還是要和老婆坐下來好好說話，讓她好過一點呢？」

史坦帶著試探但不排斥的語氣問：「所以意思是？」

「我要跟你分享幾句價值連城的金句，史坦，準備好要聽了嗎？」

他點點頭。

我轉頭看著露西，假裝自己是史坦。我先讓自己的表情柔和下來，放軟語調，接著溫柔地說：「親愛的老婆，看你難過，我也很難過，我不是故意要讓你傷心的。你覺得現在我可以說些什麼、做些什麼來讓你好過一點呢？」接著我回過頭看著史坦，重複剛剛的話：「對不起讓你難過了，你有希望我說什麼可以讓你好一點嗎？」我對他說：「把這些話印在額頭上，貼在早上刮鬍子會照的鏡子上面。」

史坦沒有說話，靜靜坐著思考。

露西在旁邊哭。

我問她：「假如眼淚會說話，它們在說什麼呢？」

她顫抖地說：「就是……就是……」就算露西現在講不出來也沒關係，因為我知道她為什麼會哭。他們夫妻來我這邊之前，她已經拖著老公找過三位治療師，但都沒有人直接點出這件事。露西流的是如釋重負的眼淚。

雖然史坦的婚姻搖搖欲墜，但他人不壞。在我們身處的線性思考、個人主義、牛頓視角的世界裡，他強烈主張並捍衛的東西其實是對的，可是如果要能接住老婆的情緒，他需要拿掉習慣的世界觀，換上完全不同的典範。我想說的是，客戶拉著另一半來這裡諮商，並不是因為想要改善溝通——雖然許多人一開始都這麼說——也不是因為想要改善互動的行為。實際上，露西這樣的女生，帶著史坦這樣的男生來找我，是希望我能教他們什麼是關係思維。

因此，幾乎可以說露西想要的是一個完全不一樣的史坦。

聽到如此高的期待，大部分的伴侶治療師會望之卻步，可是關係生活伴侶治療師會張開雙手歡迎。我告訴露西：「我們這行做的是性格移植。」接著我問史坦：「想要試試看嗎？」

史坦一臉警覺：「像是什麼呢？」

我揚起嘴角，從旁引導、打氣，稍加鼓勵，希望他願意照做：「現在請看著老婆，對她說一些心裡話。」

他牽起她的手：「露西，對不起，好不好？對不起，那天讓你覺得被丟下了。」

我幫忙補充：「還有，你很對不起沒有聽懂她的話。」

史坦看著淚流滿面的老婆，說：「對不起，真的，我認真的，我真的希望那時候我可以更理解你。」

我問露西：「想不想抱一下？」她有點踉蹌地走向老公，伸出雙手。史坦抱著她輕輕晃著，我說：「慢慢來，想抱多久都可以。」

史坦是好意，只是不小心陷入「解決問題」的執著，忙著理出正確的現實版本（當然這邊說的是他自己的認知），結果兩人反而沒時間去做在我諮商室裡做的事情：修復關係。

我遇到那些快要走不下去的伴侶，他們幾乎都和史坦與露西一樣缺乏矯正的機制。他們不會鴕鳥心態，反而會非常積極地想要解決問題，問題是他們認為解決問題的方法就是彼此要達成共識，要找到正確的答案，兩人要意見一致。我可以理解為什麼會這樣想，而且這種想法很普遍、很根深柢固。可惜的是，大部分的人只會覺得「自己」才是對的，但是另一半也覺得他才是對的。

聽起來可能有點奇怪，不過，放棄找到共識的理想設定，接受兩個人根本無法對所有事情都看法一致的事實，才能解決問題。而且，兩個人的看法不需要一樣，大家可以有各自的現實版本，並再各自生出不同的情緒。

當史坦不再為自己說話，轉而照顧老婆受傷的感受，她會覺得自己有被傾聽，關係的裂痕開始填補，於是大家又可以好好呼吸了。在那一刻，我們看到了一個重要的概念，那就是關係思維並不等於兩人要用一樣的視角、套用一樣的思維、感受一樣的情緒，這不是什麼無限上綱的融合境界。實際上恰好相反，關係思維裡面需要「我」的存在，只是這個「我」是嵌在更大的脈絡裡面。我引導史坦去體認露西看到的事情經過有她自己合理的解讀，而且可能和他的詮釋不一樣，其實是想邀請史坦把他和老婆的差異拉出來，沒錯，是更拉出來，只是這樣的差異是包在更大、更完整的存在之中，那樣的存在就是婚姻。

我希望大家能夠理解到，從個人線性思維的世界觀，轉到關係式的視角，會需要澈底顛覆既有的認知。學會從關係的角度去思考、去行動，個性與情緒發展的程度往往會大躍進，開始可以把方向盤交給右腦與前額葉皮質主導的明智型大人。簡單來說，用關係視角來思考並行動就代表我們長大了。

史蒂夫的故事：醫生，我這樣算懂了嗎？

史蒂夫四十出頭，是個頭很高的黑人，諮商一開始就說自己屬於「三A型」人格——因為光是「A型」還不足以形容。他看起來也確實是那種一手掌握世界的宇宙隊長，英俊、聰明、健壯，學歷漂亮，有份讚到破表的金融工作，以多數人的標準來說財力已經算雄厚了。還不到四十五歲的他，正蓄勢待發要繼續往上爬。

不過，他八歲的異卵雙胞胎孩子患有X染色體脆折症，發育嚴重遲緩。兩個兒子很善良、很討人喜歡，除了史蒂夫之外，大家都愛他們愛到心坎裡。有一次他跟我坦承，其實他討厭自己的小孩，雖然覺得很不好意思也很難改變，而且過去從來沒有跟治療師以外的人提過。孩子是他完美人生履歷上的汙點，是神在跟他對著幹。為什麼偏偏是——他？

聽完這些，我覺得最好要來處理一下同理心這件事。於是我們開始了。

在我的引導下，史蒂夫進行了幾個星期的同理練習，就是我戲稱的「同理治療」。

我希望他開口之前，先停下來想一下，並問自己「我想說的話聽在對方耳裡會是什麼感覺？」。

經過大概三個星期的練習，有天史蒂夫踏著輕快的腳步走進諮商室，臉上滿是雀躍的笑容：「嘿醫生，那個同理啊。」接著他豎起大拇指：「我做到了。」

我說：「好喔，聽起來有發生了一些事情，告訴我吧。」

「上個星期六，我和兒子兩個人去看棒球比賽。我不曉得你懂不懂，不過我們父子倆到芬威球場時，我塞給他滿滿的冰淇淋、熱狗、糖果，超棒的啦。」

我自己有兩個兒子，很熟悉那個畫面，所以也跟他說了這點。於是史蒂夫往下說：「總之，回家的路上我兒子暈車了。」他轉頭看著我，聲音變得急促起來：「他用手摀住嘴，泰瑞我跟你說，靠，他是在用手去接吐出來的東西，因為他很怕惹我不高興。」史蒂夫的雙眼閃著淚光：「我看著兒子，看著他眼中的恐懼。然後我嚇到了，我被『自己』嚇到了，然後我說：『親愛的，想吐沒關係，唉唷我的天啊，不要擔心什麼該死的車子，你可以……』」他坐直了身體，繼續說：「然後我突然明白了，重點不是我，重點不是那台什麼鬼的車，重點是『他』，重點是『他』才對！」

他顫抖地笑了，一臉感動，問我：「你懂嗎？」

我回答：「我懂。」

我當治療師有三十多年了，我很肯定史蒂夫那天下午不只是從芬威球場開車回到家，他還在個人的發展階梯往上爬了一階。在學習關係思維的過程中，他變得不一樣了，變得更好了。失去連結會讓人生病，找回連結等同於找回生氣。

想要學習關係思維，需要先理解關係就是人的情緒生物圈，我們處在其中，賴以為生，記得要帶著這樣的體悟去過每一天。當然，想要的話還是可以大發脾氣汙染「這邊」的生物圈，可是，另一半因此退縮時，你也會從「那邊」再次吸入自己當初汙染的空氣。我想開導客戶的不是利他主義，反而更是要點醒他們記得照顧好自身的利益。

我會告訴客戶：「另一半開心，你會跟著受惠，因為你愛另一半。可是更重要的是，你們得一起生活，還記得這點嗎？另一半開心，一家人就開心。」

事實擺在眼前，你和另一半就是綁在一起的。如果出現我不會受到影響、我是超脫這些存在的錯覺，那麼可就不是遲鈍這麼簡單的事了，有時候可能還會有非常危險的問題。所知所愛的人會住進我們心裡，我們顧火的時候，他們會留意有沒有熊出沒；我們去把小孩抓回來的時候，他們會負責擺好碗盤。雖然他們會觸發我們內在最深的傷痛與不安，但他們也是最能撫慰我們的安定力量。覺得自己是存在於關係之外與之上的獨立個體，那就只是誤以為而已，而且這樣的誤解可能會招致非常糟糕的後果。無論好壞，無論是別人待我還是我們待人，無論是我的大腦結構還是你的大腦結構，每個人都不會是座孤島。

第三章　為什麼「我們思維」會變成「你我意識」

當創傷在緊密關係裡被觸發時，明智型大人會停擺，適應型小孩會竄出來。我們會有「被接管」的感覺，所以會想要反擊。第一次看到內在的適應型小孩時，我們出於本能通常會想要控制這樣的自己，而且會覺得這樣的自己很不好。

丹尼爾年近三十，開始諮商時告訴我說：「我討厭自己對小孩發火的樣子！大概有百分之九十的時間我可以把怒氣緊緊封好，可是每隔一段時間，就會累積到一定的量。」說著他把臉頰鼓起來，吐氣：「然後我就爆炸了。」

適應型小孩不是什麼應該要趕走還是摧毀的有毒惡勢力，那只是我們比較年幼的版本，當時還小，那些行為已經是當下所能做出最好的反應了。適應型小孩需要有人養育他，而現在你是他唯一的依靠。這邊有條重要的精神指導原則：想要超脫內在的某些面向，就必須先從了解開始，最後還要和這樣的自己當好朋友。

第一次與別人的適應型小孩見面時，我會想要探詢他們特有的「你我意識」有什麼樣的起源故事。丹尼爾的適應型小孩愛鬧脾氣，沒錯，他會吼孩子，但更嚴重的是，他還丟過盤子、搥過牆壁、把椅子摔成好幾塊。暴怒是丹尼爾壞掉的那一面，是他選擇面對世界的姿態。

我仔細傾聽丹尼爾的故事，他的姿態也跟著愈來愈清晰。被觸發時，他會覺得自己是蒙受不平與委屈的一方，是個愛生氣的受害專業戶。結帳那個白痴的動作懶懶散散，害人家遲到；來接機那個蠢蛋讓人家空等十五分鐘，還不太會講英文；美乃滋的蓋子打不開，是在搞我嗎？丹尼爾覺得自己活在充滿敵意的世界，大家都想跟他作對，可是唉唷，偏偏他是會奮戰到底的那種人。

派雅．梅樂蒂（Pia Mellody）是我非常景仰的導師，是創傷與修復領域偉大的先驅。梅樂蒂用「以受害者的姿態去冒犯別人」來形容復仇天使，而這方面丹尼爾可是博士等級。當我們站在受害者的位置不開心時，雖然感受上是受害者，但行為上卻是在讓別人不開心。「因為你傷害了我，所以我可以加倍奉還，不管我要講出什麼、做出什麼不經大腦的東西，我都不會羞愧或內疚，因為是你先傷害我的。」於是連鎖反應開始了，每個世代都會將自身的傷痛發洩出來，父母會將自己受傷的包袱傳給子女。其實我們可以不要這樣。不過，我們必須先將自己從反應腦中解放出來，掙脫「你我意識」的枷鎖，放下適應型小孩的執著，那些都是用巨大陰影遮住世界的濾罩。

花點時間，看能不能清楚描述「你自己」的失調姿態，除非你很完美，不然應該都有這一面。不過，我想一年三百六十五天你展現的應該都會是前額葉皮質主導的明智型大人，只是我們現在要想的就是在脫序的那一天你會變成什麼樣子？失調的關係姿態就是適應型小孩毫無建設、不斷重複的樣貌，只會追人家、躲人家，用討好、抱怨、控制的手段處理事情。

萬一不知道自己的關係姿態長什麼樣子，請不用擔心，去問另一半就行了！我很確定他們會非常樂意幫這個忙。事實是，失調的姿態沒辦法讓人得到想要的東西，像是憤怒的追擊就不會有效果。基本上，氣另一半與自己不夠親暱不太有助於拉近彼此的距離，在這點上，氣呼呼的對另一半窮追猛打這種行為也還滿矛盾的。我都會跟有這類行為的客戶說：「告訴你一個壞消息，憤怒追擊的嘴臉一點都不吸引人。」

其實只要稍微想一下，應該就能看到自己有許許多多姿態失調的時候，諸如殉道烈士、專橫暴君、受害苦情者等都是。看到自己大致的姿態之後，可以試著用更精確的描述去形容。可以問自己「我是哪種受害者呢？」無助型還是火爆型？「那麼變成暴君的自己又是什麼樣子呢？」持續自我問答，讓輪廓愈來愈清晰。

幫客戶找到他們在伴侶關係中的失調姿態之後，關係生活伴侶治療師的下一個問題會是「這樣的姿態是從哪裡來的呢？」可以問自己和另一半，一旦能大致掌握反覆出現的失調姿態長什麼樣子，就可以接著問自己三個問題：

- 你看到誰做過一樣的事情？
- 是誰用這樣的方式對你？
- 你有對誰這樣做，而且還沒有人阻止你？

最後一題往往非常關鍵。丹尼爾家沒有人會吼別人，只有他會。自有記憶以來，他就很愛鬧脾氣。

「那爸媽會有什麼表示嗎？」

他聳聳肩：「他們不會怎麼樣，通常我想要什麼，他們就給我什麼。」

我評論道：「所以你才會四十三歲了還在鬧脾氣。」

有人跟我說過，孩子就像氣體，容器多大，他們存在的範圍就有多大。小時候丹尼爾的身邊並沒有所謂的容器限制，所以才會不斷地漫溢到周遭環境，而且我們第一次見面時他還在那樣的狀態裡。上街隨便問，沒有人會覺得丹尼爾的適應型小孩是來自創傷，可是我認為原因就是創傷，因為我對於創傷的組成概念可能比大家的定義還要再更多元。拿丹尼爾來說，他的創傷是來自「虛妄充權下的情感忽視」。

可能大家還記得，前面我有請不太相信創傷論的讀者稍待，請大家先聽聽什麼是創傷的本質，再來決定自己有沒有創傷。那麼現在就要來談談先前答應大家的課題。

關係中的創傷

談到創傷，我們想到的通常會是創傷修復裡面的「重大創傷」，也就是第一個英文字大寫的「創傷」（Trauma），指危及生命肢體的災難事件，像是海嘯、颶風、打鬥。在關係生活伴侶治療的領域，我們對重大創傷的嗅覺一樣十分敏銳，一樣會處理這塊，只是我們同時也非常關注英文字小寫——trauma——微小創傷，也就是「關係創傷」。這邊指的不是你把媽媽從十四樓陽台邊緣救下來驚心動魄的那一刻，而是媽媽幾千遍、幾萬遍說著你這個孩子真是個拖油瓶的每一時。心理治療師比較少會遇到單一性的毀滅事件，像是一次的亂倫事件，我們比較常遇到的反而是相對微小但侵蝕力道不減的狀況，比方童年時期天天發生、一天上演好幾回的事件。

喬伊與琳達的故事：沒有人可以聽我說

琳達對我說：「每次喬伊開始咄咄逼人的時候，我真的……真的想直接走人。」

我們三人坐在一起，當時進行的是單次的諮商演示，所以諮商室裡面坐滿了治療師。琳達在自我介紹的時候說自己是美國原住民的切羅基族，今年三十三歲。

「咄咄逼人？那是什麼意思？他看起來是什麼樣子呢？」

琳達不理會我的提問，繼續說下去：「喬伊想要繼續討論問題，可是我滿腦子想的都是『不要吵我！』我會把自己鎖在房間，他會在外面大小聲、唸唸唸；可是我根本『沒在聽』。」

我說：「你築起了一道牆。」

她附和：「很大一面牆。」

「差不多像是『就算你東西收一收直接跑出去，在路上被車撞，我也完全不在乎你要做什麼！』，我的理解對嗎？」

「就是那樣。」

「那真的是一道又大又厚的牆耶。」

琳達說：「沒錯。」她的背挺直，雙手放在膝蓋上，看著老公喬伊。喬伊身材魁梧，皮革帽下面壓著一頭爆炸頭。

短暫停頓後，我問她：「那麼架是怎麼吵完的呢？那堵牆什麼時候會倒下？」

「是說我們什麼時候和好嗎？」

「對。」

「呃，就是要喬伊態度開始軟化、語氣改變、肢體語言柔和下來的時候，然後就……」

我看著喬伊，他是黑人，二十七歲，比老婆年輕。他說琳達講得沒錯，對，他變得咄咄逼人的時候，老婆就會開始疏遠，可是有一點喬伊覺得老婆沒有提到的是，他之所以會變得咄咄逼人「是因為」她先疏遠的。

我想將喬伊拉回討論的主軸：「不過琳達說的和好那段是對的嗎？就是你態度軟化、柔和下來的時候，她就會走出那道牆對嗎？」

他說：「對，那樣可以和好。我有辦法緩和下來的話就可以和好。」

「那可以維持多久？」

他平靜的說：「兩、三天吧。」

我們陷入了大概一分鐘的沉默。

最後我說：「喬伊，可是我可以想像——我的解讀是（這是我們會用的講法）琳達那道牆的另一邊，你心中有個小男孩覺得很孤單，覺得被拋下了，覺得不知道該怎麼辦。」

喬伊大力點頭：「賓果。」

我看著他撇過去的臉，說：「好，賓果。那請告訴我——」

接著喬伊突然開始分享他自己很少想到，更不用說要講出來的事情，他打斷我，說：「是這樣的，我小時候有被虐待過。」

「你指的是……」

他低頭看著兩腳中間的地方，說：「性虐待，是姑姑。」

「那時候你幾——」

他說：「七歲。沒有人知道這件事，我沒有跟任何人說過。」接著眼前的大塊頭哭了起來，他雙手握拳，臉抵著拳頭啜泣。

我告訴喬伊：「我很難過發生這種事，我真的很難過。」過了一會兒，我補充說：「所以那個被琳達拒之門外的小男孩……」

喬伊依然淚流滿面：「感覺就好像，好像是我孤伶伶的一個人。覺得家裡都沒有人，沒有人可以聽我說，沒有人關心『我』發生了什麼事。」

仔細聽聽喬伊被琳達擋在門外是什麼滋味，「沒有人可以聽我說，沒有人關心我發生了什麼事」，他內在感受到的是七歲在家孑然一身的孤單。假如當時沒有覺得那麼孤單，小喬伊應該會跟家人說姑姑對他做了什麼。然而，接下來的內容並不令人意外，喬伊說媽媽有處方藥成癮的問題，爸爸則是女友一個換過一個。一般治療師可能會先聚焦處理那次的性虐待，這樣做很合理，也確實需要好好處理，只是那個孤伶伶的小男孩引起了我的關注。姑姑對他施虐過一次，而爸媽則是一年三百六十五天都把他拋下，這就是「關係創傷」，折磨著童年的每一天。仔細觀察喬伊與琳達兩個人的狀況，喬伊的陰影並不在於姑姑對他亂倫造成的窒息感、被利用感，而是在於他覺得被爸媽拋棄的孤獨感，而這個更具破壞力。

關係創傷是很傷人的。

關係創傷會對人的早期發展造成深遠的傷害。當喬伊站在琳達的門外，他又回到了七歲的自己，他不是回想起當時的情緒，他就是當時情緒的化身。

遺棄是一種兒童會出現的自我狀態。我向喬伊說明：「因為遺棄意味的是『你離開，我就會活不下去』，所以小朋友才會感到被遺棄。可是，大人不會被遺棄，大人會遇到的是「別人的離去」甚至是拒絕——不過他們承受得起。當你覺得嚇壞了、很絕望的那些時候，你並不是處於成人的狀態，你是回到了兒童的自我狀態。」

其實，喬伊是希望琳達可以來關心那個受了傷的七歲孩子。我們都想要別人可以這樣拍拍自己，都希望另一半可以觸及我們內心的深處，用愛療癒小時候受傷的自己。可是在某程度上，另一半每次都會讓我們很失望，因為他們是人，而沒有人是完美的；因為在你最需要另一半的時候，他們可能剛好牙齒在痛，沒有心力關照我們；因為在你情慾傾瀉到最高點的完美時刻，他們可能剛好吃太飽喝太足，只想趕快睡覺。血淋淋的事實就是，能夠堅定不移陪伴我們內在小孩的人，只有我們自己。這樣沒有關係，其實這樣就夠了，只要學習怎麼陪伴自己就好了。

那次諮商，喬伊在我的協助下，找到住在心中的小男孩，並且與他對話。喬伊哭著說很難過當時沒能保護好小男孩，可是小男孩現在原諒他了。喬伊也下定決心，從現在起要好好關照自己脆弱的那一面。他向內在小孩保證：「我不會再讓你一個人了。」接著，這位剛強高大的男子閉上了眼睛，將小時候的自己抱到腿上，用雙手摟著他，讓自己釋放悲傷的情緒。在淚光中，他喃喃說道：「我在，我都在。」

成熟就是自己照顧好自己的內在小孩，而不是把這個責任強加在伴侶身上。

創傷坐標平面：四種傷害類型

喬伊遭遇的性虐待是我們一般認知的創傷，也就是身體上與情感上的侵犯。這確

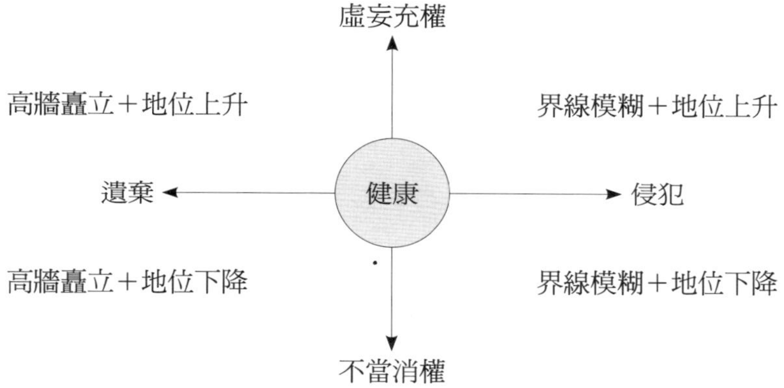

實是一種心理創傷，不過還有另外三種，這些創傷會造成的破壞都有可預見的脈絡，各自也都會引起特定的適應行為。

用雙軸四象限的角度來看「創傷坐標平面」。垂直的Y軸代表「自尊」，由上到下指的是太高到太低；水平的X軸代表「界線」，由左到右指的是太過嚴明到太過模糊。等等會繼續仔細說明。

我們都同意姑姑對小喬伊不當對待造成的創傷是：無視界線的侵犯行為。令人難過的是，比較辛苦的家庭裡這種事情屢見不鮮。然而，侵犯的反方向也同樣傷人：一個人被丟下。喬伊日復一日情感被忽視，受傷的程度不亞於姑姑的侵犯。正是這樣的忽視創傷激出他咄咄逼人的那一面：覺得家裡都沒有人，沒有人關心我發生了什麼事。在喬伊的親密關係裡，遺棄比侵犯還要可怕。

想知道自己家裡有沒有遺棄的狀況，可以參考下面的指標。良好的親子互動包含養育、引導、限制，這就來回答以下幾個問題吧。

- 智識上有獲得足夠的滋養嗎？
- 家裡吃飯的時候會聊天嗎？
- 家裡會有人共讀嗎？
- 身體有獲得足夠的營養嗎？有抱抱嗎？會依偎在一起嗎？家裡會特地做你愛吃的東西嗎？
- 性教育足夠嗎？比方說，爸爸媽媽有沒有提供相關的引導還是限制呢？家裡有很開心你要轉大人了嗎？還是說家裡甚至會因為你要轉大人而歡欣鼓舞呢？

接下來是一串關於情感的問題。

- 家裡有帶給你充實的情緒體驗嗎？
- 家人自己的情緒體驗夠充實嗎？

- 心裡脆弱的時候家裡有人可以找嗎？
- 爸媽有教你感受是什麼嗎？有教你怎麼表達感受，或是怎麼把感受放在心裡嗎？還是你只能靠自己摸索呢？

許多帶有被動創傷或是經歷情感忽視的人會以為自己擁有美好的童年，但是如果真的是這樣，那為什麼現在這麼不會表達自己的感受呢？

原因有兩個。第一，反覆或持續出現的關係創傷與特定重大創傷造成的傷害可能不相上下，如同滴水可以穿石。第二，被動創傷造成的傷害至少不亞於侵犯造成的傷害。

回到創傷坐標平面的水平X軸，可以看到創傷可能是沒有界線、侵門踏戶的類型，也可能是築起高牆、置之不理的類型。再看到垂直的Y軸，可以觀察到權力的光譜。健康的狀態在正中間，健康的互動會養育出不卑不亢的孩子，會擁有健康的自尊。

談到童年創傷，我們大多想到的是羞辱式的對待，也就是會讓孩子覺得自己不如他人、感到無力無助的言語或行為。這些「不當消權」的對待會讓人一輩子站在受辱的位置，除非努力扭轉才有機會離開。

另一方面來說，假如把孩子拉到高人一等的位置，那麼就是在「虛妄充權」。不當消權以後會有自尊受辱的問題，虛妄充權以後會有自我膨脹的問題。

什麼狀況會讓大人賦予孩子錯誤的權力呢？就是把他擺在家庭英雄、超級巨星的位置，或是跟他抱怨另一半。我會問客戶：「哪句話最傷人？」答案是：「孩子，你比你爸還懂我。」

家長一面抬高孩子的地位，一面利用他們，就會造成界線混亂的「糾結關係」（enmeshment）。

照理說，應該是父母要給孩子力量，可是陷入糾結關係的親子卻正好相反。這時，變成是孩子在照顧父母，雖然孩子會覺得自己很特別，但是也會感到精疲力竭。亂倫是最極端的例子——「你太美了，我無法抗拒。」——很讓人不舒服對吧？這種噁心的感受混雜了性侵犯與虛妄充權：「你這麼特別，我不猥褻你不行。」

不過，會養成自我膨脹的心態，不一定是因為大人主動拉抬孩子的地位，「忽視」也會帶來虛妄充權的結果，像是小時候失去可以引導自己成長的大人，變成是小孩照顧小孩，就會有這樣的狀況。然而，孩子是需要限制的，小朋友本來就會比較自私、比較膨脹，所以才需要有大人從旁引導。

我家老大賈斯汀（Justin）四、五歲時邀請學校裡的好朋友來家裡玩，那時他還沒有太多同學到家裡玩的經驗。

（畢竟我們是來自有棕熊冰上曲棍球隊的波士頓）兒子開頭就問：「你要玩曲棍球嗎？要打一下嗎？我們去拿球桿好嗎？要去街上玩嗎？要不要揮桿打一場啊？」同學回家後，年紀還小的賈斯汀蹦蹦跳跳地跑來問我：「你覺得他玩得開心嗎？」

我看著孩子仰起的臉，吸了一口氣，然後回答：「沒有」。

賈斯汀非常驚訝。

印象中我是這樣說的：「親愛的，聽好囉，如果你只想做自己想做的事，那自己一個人做就好。可是只要邀請別人一起，那至少要去關心他們想做什麼。」

我可愛的兒子只是抬頭看著我，問：「曲棍球是不是玩太久了？」

時間快轉二十年。我和四十歲的客戶克里斯、以及他的老婆琳達，坐在一起，他們的婚姻就快走不下去了。克里斯帶琳達去加勒比海玩了四天，他們非常需要放鬆一下。根據琳達的描述，四天都是這樣：「嘿，你要上床嗎？要不要來點肌膚之親啊？不然親熱一下？」

「那她有開心嗎？」

她回：「不開心。」

聽到答案的克里斯很驚訝——真希望他還承受得住。

身為治療師的我該怎麼做呢？很簡單，跟他分享我兒子賈斯汀的故事。我跟他說：「那天我對賈斯汀做的事情叫作『教小孩』。你爸媽應該要教你，只是他們沒有教你。克里斯，這是忽視，是情感忽視，所以你現在才會跑來波士頓，花大錢找我下載這塊早在三、四、五歲時大人就該幫你裝好的感應晶片。很遺憾事情變成現在這樣。」

有些接觸很明顯屬於不當消權（「你就爛」），有些很明顯就是虛妄充權「（你是我生命中唯一美好的事物）」，但是大部分的關係創傷，兩種會同時出現。

尼爾快三十歲，是位有點神經兮兮的同志，脾氣暴躁這點和他老爸一模一樣。尼爾他爸很常吼他，把他當小孩看。小時候爸爸這樣對他，等於是在剝奪他的權力，讓他覺得自己很渺小、很沒有價值。可是同時，爸爸這樣做也是在告訴他：「大人生氣起來就是這個樣子。」爸爸示範了自我膨脹的觀念與行為，給了兒子不應該有的權力。

好，現在我們理解創傷不只一種，其實有四種。創傷可能是：

- 侵犯＋不當消權，如：被打、被罵。
- 侵犯＋虛妄充權，如：亂倫、親職化兒少（孩子需要照顧爸爸媽媽）。
- 遺棄＋不當消權，如：「你沒有價值啦」、背黑鍋。
- 遺棄＋虛妄充權，如：「你不需要我們」、被套上英雄角色。

那麼，現在還是覺得我的家庭真可愛，慶幸自己躲過所有創傷嗎？那麼你真的非常幸運。

我相信每個時期都會有充滿愛的家庭，可能你家很開明、很願意溝通，可以分享脆弱與情緒，可以很快就說對不起，基本上大家彼此尊重；可能你們家習慣坐下來一起商量事情，雖然爸媽地位比較高、權力比較大，但是他們不會忘記要帶著關愛的心，而且很明顯具有修復關係的能力，這個家永遠歡迎你回來。或許你家就是像這樣可以接住情感的成熟家庭，如果這真的是你家的畫風，那麼你真的很幸運，因為關係技能達到這個層次的家庭在我們社會並不多見。

如同俄國作家列夫・托爾斯泰（Leo Tolstoy）筆下的文字：「幸福的家庭都長得很像，而不幸的家庭則各有各的不幸故事。」爸媽性格上的侷限與失能，會成為孩子需要去適應的「護持環境」，在這不完美的環境之下，孩子所進行的調整與適應會再形塑出屬於自己的「你我意識」，於是這獨一無二的版本會銘印在適應型小孩的邊緣系統裡。

適應型小孩幾乎可說是一個人的綜合面向，融混了我們面對侵犯與忽視的反應。人會一邊想要抵抗侵犯與忽視，一邊卻又內化這樣的行徑，這種狀況十分典型：會學到用不健全的眼光看待自己和世界。因此，「反抗與模仿」這兩股力量加在一起，揉捏出我們適應型小孩的面貌。

反抗

作用力必定會引起相等的反作用力，這點心理學和物理學沒什麼不同。把拇指的指紋給我看，我就能說出拇指的故事。湯姆有侵犯型的媽媽，不尊重孩子的界線與隱私，甚至連日記這種神聖不可侵犯的物品都不尊重。結果現在的湯姆長大變成了逃避型的伴侶，總是躲在牆後。珍妮有遺棄型的媽媽，她是堅強的單親媽媽，工作時間很長，回到家已經沒什麼力氣關心小孩，所以女兒在情感上只能自立自強。結果現在珍妮抓著新男友像是抓住救生艇那樣緊。

再來看一次創傷坐標平面，希望大家可以觀察到幾件事。

每種創傷類型通常都會引起適應型小孩做出相反的反抗行為。湯姆的媽媽管東管西、無視界線，於是湯姆砌出厚厚的銅牆保護自己。他不會打擾伴侶和孩子，相反地，他表現出來的是遺棄的行為。珍妮身上可以看到類似的軌跡，她的父母有自己的城牆，不管子女，於是年輕的珍妮很黏人、很焦慮，使得本來就不太會忽視別人的珍妮容易越界，讓人窒息。「當適應型小孩處於反抗模式（反作用力），他往往會做出

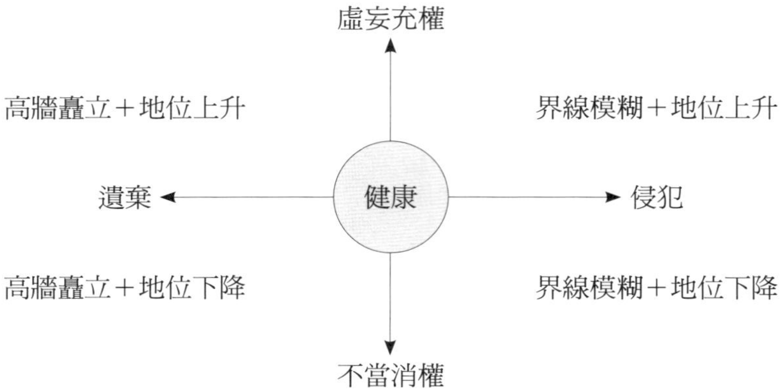

與過去經歷相反的行為。」侵犯會推砌出封閉的高牆，遺棄會養成侵犯他人的行為，因為人會想要反抗。就這點來說，適應型小孩還滿叛逆的，不會輕易任人擺佈。

本來就不太會忽視別人的珍妮因此容易越界，讓人窒息。

不過，反抗只代表一半的狀況，還有另一半。

模仿

雖然我們會有抵抗創傷的反抗行為，但是養成適應型小孩還有第二種模式，那就是內化的「模仿」。

大家都會反抗，也都會模仿。不論年紀，只要年輕時遭遇創傷，人不只會想要抵抗，還會去複製創傷經歷。模仿帶有認同侵略者的意味，這時我們不會去抗拒家裡失能的日常，反而會去重新搬演。人家怎麼待你，你也怎麼看待自己，會把糟糕的行為內化成正常的行為。因此，無恥到自我膨脹的行徑便會一代傳一代，除非有一天有人夠幸運、夠有勇氣，才能讓一切到此為止。

我們要如何扭轉承襲下來的問題呢？要如何幫下一代預立不同的觀念，重新發給他們一手好牌，創造自己當初沒有的良好環境呢？那麼我們現在就需要開始努力，沒錯，就是此時此刻。

先停下來，好好呼吸。萬一下次情緒又上來，先問自己「現在的我，是哪一個我呢？」，人被觸發時很容易會彈回適應型小孩的模式，回到當年遭遇侵犯或忽視而受傷的年紀，因為我們不成熟的自我狀態就凍結在那個時刻。大部分的人會經常在這樣的狀態裡進進出出，我的客戶大多有看過內在的明智型大人，就是理解感情關係、理解「我們思維」的那個自己。不過，有些客戶在來找我之前，還比較不熟悉明智型大人的那個自己，更常會把適應型小孩的極端特質視為美德。

花點時間仔細思考自己的適應型小孩，把心思放在現在這段親密關係就好，先不要管你和同事、你和孩子的關係，也先不要去想十年前的自己，我要你好好看看自己在目前這段感情中的樣子。是高高在上、不可一世、優越驕傲的那種，還是卑微低下、抬不起頭、自慚形穢的那種呢？是緊迫追人的那種，還是迴避退縮的那種呢？你能不能清楚描述自己與另一半最常出現的失調姿態呢？

我在《新婚姻守則》（*The New Rules of Marriage*）這本書中有提到，適應型小孩很愛用但不會有什麼效用的五種方法：

- 我是對的。
- 控制另一半。
- 只顧一直講自己想講的。
- 報復另一半。
- 在另一半面前縮回自己的殼裡。

我們花點時間，來側寫自己適應型小孩愛用的是哪幾種，再試試側寫另一半的適應型小孩。假如大家心情都還算不錯，這種分享可以很有趣，很適合在家裡玩。可以先分享自己的想法，接著對照兩個人的版本，看看你們有多了解對方？

關係生活伴侶治療比較不一樣的地方在於：治療師會去關心感情裡自我膨脹的問題。這五十多年來，心理治療一直非常努力在幫大家擺脫自卑與羞恥的感受。那麼另一種自尊的問題是不是也需要處理呢？截至目前為止，我們治療師在幫助客戶放下優越感和膨脹感這方面做得還滿糟的。實際上，自大與自卑是一體兩面，通常大家兩種問題都有，而我們的文化常會將兩者連在一起，認為膨脹感是為了對抗羞恥感才出現。其實，愛欺負別人的人，自己的心裡面也受傷了。大家普遍認為，只要用愛去療癒缺乏安全感的核心，那麼自我膨脹的問題就能迎刃而解。嗯，很好。但你知道嗎？只有兩種人深信用愛就能感化內在受傷的小孩，讓他們不會再自我膨脹：陷入病態依存關係的女性與心理治療師。

期待掀開自大的外衣，找到底下受傷的孩子，以為這樣就能治癒自我膨脹的問題，這讓我想到匿名戒酒互助會裡面酗酒的無數成員，他們在精神分析師諮商室的沙發上，痛苦地想要挖出喝不停的根本原因。匿名戒酒互助會給會員很棒的禮物，就是打破這層誤解：「瓊斯先生，你會喝酒是因為有酒癮，就是這樣，所以在處理你的內在課題之前，我們先來處理酗酒的問題。」同樣的道理，我也不鼓勵你們繞來繞去，請直接告訴對方：「瓊斯先生，你有自我膨脹的問題，我們要直接來處理這個問題。」

研究顯示，自戀的人大概有一半是因為心裡有覺得丟臉的地方，而另一半則單純覺得別人不如自己優秀。因此，優越感背後的自我膨脹可能是為了逃避自身不足的出口，但也可能只是因為過去有人給了他們錯誤的充權。

虛妄充權不是好事

大概國小一、二年級的時候，有一次我拿著滿江紅的成績單，很害怕回家給爸爸看到，因為我爸是很愛生氣的人，有時候還會動粗。當時，從我在學校的表現已經可以看出我在家裡有遇到問題。我永遠都不知道爸爸會怎麼反應，但是那一次，他沒有大抓狂，反而一把將我的成績單往地上甩，滿臉傲慢地說：「欸！你這麼聰明！學校那些白痴才不知道該怎麼教你勒！」這些話彷彿像是昨天才聽到一樣那麼印象深刻，因為我整個童年就是這樣度過的。高中那幾年，我都是上個幾天課、蹺個幾天課，成績幾乎都拿丙、丁，我也是挺滿意的。畢業後，我先到在地的社區大學念了一年，因為需要好看一點的成績，才能進州立大學念書。一直到今天，我還是努力在補當初的學習坑洞。

爸爸對我說的話一點幫助也沒有，實際上，這種「虛妄充權」就是「不當對待」。沒錯，亂倫是虐待，對孩子傾吐婚姻的不幸也是虐待。將孩子擺在家庭英雄的位置，讓他成為所有人仰賴的那道光，亦是創傷。

假如你自己或是你在乎的人有自我膨脹的問題，那麼我想邀請你現在花一些時間，將自己的心門稍微再敞開一點，想著自己或另一半當初還是孩子的模樣。

沒有人會想要被養育成自大狂，這樣的性格是「被套在」他們身上的，因為被賦予了錯誤的權力，所以容易耳濡目染，去模仿那位自視過高的家長。請記得，我們會藉由反抗去抵擋家人看待我們的方式，同時也會透過模仿去內化這樣待人處事的方式。

當我還在接受家庭治療師訓練的時候，我瞭解到問題會多代承襲的現象。早期投入家庭治療的前輩都有觀察到美國小說家威廉·福克納（William Faulkner）代代相傳的家族問題——曾祖父是酒鬼，祖母是酒鬼，媽媽嫁給了酒鬼等等。暴力、恐懼症、性成癮也是常見的家族問題。不過，我是在接觸到派雅．梅樂蒂的著作之後，才比較認識代際傳遞的實際機制，「多代承襲的問題會經由創傷傳給下一代。」可是不論我願不願意，當我爸笑著說學校老師都是白痴的時候，他也把他的自我膨脹傳給了我。小時候他把我綁起來，揍進我體內的是他自己的憂鬱和恥辱，慢慢地把我養成跟他一樣的人，除非我努力掙脫才能阻止這一切。因此，我爸發飆時，我只能承受，因為權力被剝奪了，可是同時，我也透過模仿而獲得虛假的權力。

佛洛伊德（Freud）認為，人類內在會有一些衝動是不被社會認可的，而所有的精神症狀都是驅力與潛抑這兩股力量拉扯的結果。我認為，適應型小孩是我們小時候在家裡內化（模仿）與抵抗（反抗）這兩股力量拉扯的結果。換句話說，大家會有自己適應型小孩與「你我意識」的版本，這大抵可以呈現出一個人獨有的創傷反應。

有沒有因為表現太英勇、太出色，感覺不需要幫助，所以遭到情感忽視呢？（遭到遺棄、虛妄充權）

有沒有因為爸媽覺得不值得花時間在你身上，所以遭到情感遺棄呢？「等我有

空，再來聽你講話……」（遭到遺棄、不當消權）

爸爸有沒有讓你升格為他的小女人，媽媽有沒有把你當成老公的替代品，他們利用你，還不斷說著你有多麼特別呢？（侵犯越界、虛妄充權）

還是大人會罵你、控制你呢？（侵犯越界、不當消權）

還是說，你跟這位家長是這種相處模式，跟另一位家長是另一種相處模式？像是爸爸覺得你是小情人（侵犯越界、虛妄充權）；媽媽覺得你是小情敵（侵犯越界、不當消權）。

反抗與模仿的交互作用

許多孩子會看到家長用的是不同的應對方式，於是孩子會選擇，我是要跟爸爸一樣，做一支打人的槌子？還是要跟媽媽一樣，做一塊反覆承受擊打的砧座呢？通常孩子會「模仿」比較認同的那位家長，就是覺得最親近的那位（不一定同性別），而面對另一位家長時做出的「反抗行為」，往往就像是所模仿對象對待另一半那樣。

小時候萊恩看到的是媽媽比較強勢，爸爸比較畏縮，於是他學爸爸那樣，消極抵抗想要控制自己的媽媽，也就是說，萊恩藉由「模仿」爸爸的行為來「反抗」侵犯越界的媽媽。現在他長大成人了，本能的會去「避開」另一半想要拉近距離的舉動，因為他誤以為對方想要踩線。萊恩看待伴侶的時候，會帶著母子關係的糾結濾鏡，所以常會在沒有意識到的狀況下以爸爸為榜樣做出反抗的行為。如此負面的影響連續堆疊，形成了萊恩適應型小孩的輪廓，會藉由反抗來防衛，透過模仿而內化。

如果堅持用「你我意識」活著，那麼在公領域的應對應該會表現得不錯，只是私領域的人際關係應該會一團糟。幸好我們都有能力做得更好。

接觸新客戶的第一秒鐘開始，我的工作就是要想辦法穿過適應型小孩恐懼與堅持正義的防禦網，找到明智型大人，並喚醒「我們思維」。然而，事實是殘酷的，只有明智型大人才會想要與人建立親密的連結。適應型小孩一定會選擇先保護自己，而不會選擇連結帶來的脆弱。好，那現在跟我說話的是哪一個你呢？正在閱讀這些文字的是哪一個你呢？

我會告訴客戶，只要內在小孩跑出來，都要記得把他抱到腿上，用雙手抱著他，將心比心傾聽他們想說的所有事情，接著「把內在小孩黏在方向盤上的手移開」。開車的不應該是內在小孩，應該是你，應該是前額葉皮質，應該是明智型大人。

老婆貝琳達對我比較凶的時候，我會在腦海中動手把自己的適應型小孩，就是那個八歲的小泰瑞放到身後，這樣他就能抓住我的衣服。我會和年幼的自己說好：「你可以待在後面，我會保護你。我會像超人展開披風擋住猛烈攻擊那樣，擋住貝琳達的怒火。」這樣的話，老婆的攻擊和憤怒會需要先穿過我、穿過我堅實的背部，才能傷到適應型小孩。「我答應要保護你，可是你也要答應我，貝琳達我來應付就好，你不要跑出來插手好嗎？不然會弄得一團糟，我比你還能應付她。」

如果覺得要想像出自己的內在小孩，還要跟他這樣講話會有點彆扭，那請記得那個想像出來、甚至是擬人化的內在小孩，其實就只是自己從前受到創傷時，只會被動反應的自我狀態。由於發展停滯在長大成人之前的某個時間點，所以那會是內在小孩具象化的年紀。精確來說，人不是記得創傷，而是重複經歷創傷。面對眼前大吼大叫的老婆，已經長大成人的老公並不是想起十一歲被揍的經歷，而是內心的創傷會被大吼大叫的行為觸發。因此，教大家如何與內在小孩跑出來的自己共處，比較可以幫他們學會怎麼與創傷被觸發的自己共處。不斷練習去覺察心裡住著小孩的狀態，與他們攜手面對課題，會帶給我們蛻變的力量，讓自己進步也讓關係進步。

有些時候，另一半會和我們一起練習，彼此互相進步；有些時候，會覺得一直都只有一個人在努力，要讓自己變成熟真的很不容易。另一半可能有事情在忙，暫時由適應型小孩全面接管，絲毫沒有想要經營關係的意思。面對如此真實的場景，雖然我很想建議大家從社會的支持系統尋求智慧與慰藉，而且某些傳統文化也確實存在類似的概念，但是我很擔心現在高度重視個人主義的社會反而比較可能會站在適應型小孩那邊，而忽略了人類想要靠近彼此的明智渴望。

從文藝復興初期至今的這幾個世紀，西方社會都比較偏向個人主義。在心理治療的場域裡面，重個人輕關係的強烈偏見隨處可見，實際上，這樣的價值觀在個人成長與發展取向裡面也比比皆是。自一九七〇年代個人成長運動萌芽以來，個人成長指的一直都是「個人」的成長，不是「關係」的成長，而這本書目前為止，都是把傷害與適應的議題，放在心理發展與兒時家庭的脈絡裡面去討論。

現在我們先退一步，來看一下這個鼓勵自戀、個人導向的社會。我們是從什麼時候、什麼地方開始集體背離關係思維的呢？這一切又是怎麼發生的呢？我們全體人類又是從什麼時候開始，讓左腦的個人能力凌駕於右腦的生物直覺與經營關係的智慧之上呢？

每種概念都有自己的起源與歷史，個體概念也不例外。個體概念為我們帶來許多禮物，同時也製造了許多問題。偉大的美國牛仔形象勾勒的是騎著馬奔向夕陽，除了配槍與坐騎，什麼都不帶，只是這幅美麗的虛幻畫面放進現代世界，畫風完全不搭，甚至還有點返祖的退化意味。

前面我們討論到家庭背景與心理發展的力量會如何形塑適應型小孩的「你我意識」，現在，我們要透過文化元素來思考，為什麼活在好爭逼人、崇尚個體、互動笨拙、反關係式的世界裡，要維持良好的關係思維是多麼困難的一件事。

第四章　家庭裡的個人主義者

第一次諮商才剛開始，布莉就說：「我們卡關了，我們已經看過三位治療師，可是狀況還是一樣糟糕。」

布莉四十歲出頭，身材魁梧，肌肉結實，頭像是頂著風那樣微微前傾。老公吉姆，外表高挑迷人，靠在椅子上坐著。他翹著大長腿，褲子質感優雅，渾身散發著卡羅萊納的高貴紳士風。他說：「我們每次只會愈吵愈凶，真的很煩。」

布莉幫腔：「簡直是一場噩夢。」

我說：「好，兩位，請說吧。」

布莉嘴角勾起一彎大大的笑容，親和的問：「你想要聽什麼故事？你想聽犀利的種族理論，還是尿布之類的問題？」

我猜測，吵的其實是一樣的事情。

她很氣惱：「吵來吵去都是一樣的事情。」

我瞥了一眼吉姆，他很專心在聽。

我告訴布莉：「好吧，那我們先從尿布開始好了。」

她說：「他不換尿布的，就是連碰都不願意碰。」

吉姆開口：「我就是——」接著撇開視線。

我也開口：「你？」

布莉替老公回答：「是『從來沒有』喔，一次都沒換過。連老婆『發燒到不行』都不會去換。」

「親愛的，可是——」

她提高音量，堅持繼續說：「連覺得我可能確診COVID的時候，他也不換。」

吉姆面無表情地坐著。

聽到這裡，我問他：「聽到這些話你有什麼感覺呢？」

他願意回答，只是看起來並非很重視：「呃，治療師，這些我已經聽她講過了。」

我追下去說：「這不算是有回答到我的問題喔。」

吉姆看著我，眼神冷酷了起來：「這些我已經聽過了。」他加強語氣，再講一次：「我聽『很多次』了。」

我開始可以感受到吉姆是個什麼樣的人，以及他習慣怎麼自處，套句我爸說的，

「可以感受到他骨子是什麼樣的人」。我很想打他一巴掌，看看能不能打出什麼不一樣的東西。眼前的男人板著臉，隱微的好鬥性格底下，似乎藏著長期的傷痛，覺得自己很冤很可憐，而且他好像非常擅長這樣的人設。我要打他一巴掌，看能不能敲出藏在背後那些不一樣的東西。

他問我：「我可以發言嗎？」但他根本不需要問我。

「當然可以，請說。」

他開始解釋：「是這樣的，對，我們有兩個小孩，小孩很不好對付，這我們都知道。可是我們不是沒有資源，我們家很大，布莉需要幫忙只要開口就好，只是不要來找我我就好——」

布莉向我透露：「這個男人是在說自己不太會照顧小寶寶。」

吉姆不好意思地笑了，對我解釋：「我就是對小嬰兒沒感覺，小朋友長大一點我就可以，可是現在……他們還是嬰兒。萬一我失手把這些扭來扭去的小傢伙掉到地上摔成肉醬怎麼辦。」

她反駁老公：「親愛的，根本就不可能會那樣。」只是語氣聽起來不是太認真，感覺她已經不期待老公會把話聽進去，也差不多已經過了會因為那樣而受傷的階段了。她向我說明：「吉姆滿老派的，就是那種超級傳統的典型直男，他的字典裡沒有覺醒。」

吉姆被逗樂了，哼了一聲。

布莉繼續補充：「當初他是帶著釣具和步槍搬進哈佛大學的宿舍。」她模仿老公：「『這裡大家都不釣魚、都不打獵的嗎？』」

我問吉姆：「為什麼要念哈佛？我以為杜克大學有……」

雖然吉姆的表情還是比布莉緊繃，而且沒有老婆那麼願意敞開心胸，但他還是笑得露出了牙齒：「因為我想要見見世面，想看看另外那半邊的人是怎麼生活的。」我幾乎可以看到他的眼睛眨了一下，他用拇指往上比了比，感覺像是在說「你知道的，就是那半邊啊——就是北方呀。」說完，他轉向布莉，把手搭在老婆腿上，友善但是帶有宣示主權的意味，臉上依舊帶著笑容：「只是我不小心帶了一點北方的東西回家了。」

輪到布莉講話，她一邊對著老公苦笑，一邊跟我說：「你可能會覺得這就是美國共和黨（保守）與民主黨（自由）的紅藍對立，可是唉唷我的老天，實際上我們還停在南北戰爭，就是美利堅合眾國的北方藍軍跟美利堅聯盟國的南方灰軍還在打。」

我推測說：「是不是就是剛剛提到的種族立場？」

吉姆用宣布的口吻說：「我只是不怎麼欣賞那些說美國壞話的人。」

布莉打斷他：「他們會批評，是因為他們記得我們把好幾百萬人當奴隸，使喚了好幾百年——」

吉姆突然有點惱怒：「我沒有要否認歷史。」

布莉抗議，「——那是因為他們知道系統性的種族歧視還是到處都——」

吉姆說：「看吧，這就是我們看法可能有點不一樣的地方。」

接著，讓我有點失望的是，兩個人都不說話了。顯然這就是他們平常的樣子。

在突然安靜、氣氛沉重的那幾分鐘，我們三人不自在地坐在一起。我還在思考該朝哪個方向進行——決定先問他們：「你們在家就是這個樣子嗎？」

他們抬頭看著我。

我問：「就是像剛剛那樣吵，然後就都不講話了？」

吉姆回答：「我們會回到各自的角落待著。」

布莉幫忙補充：「然後瞧不起對方。」

兩個人都不願意看對方，而且也都不願意看我。

吉姆喃喃自語，沒有特別在對誰說話，感覺像是在對什麼看不見的陪審團講話，他繃著臉埋怨：「我有權被文明的方式對待。」

莉特回敬：「我也有表達想法的權利，如果我們沒辦法誠實講出心中的想法，那樣有比較好嗎？」

個人主義：剛硬 vs 浪漫

這股嚴重扭曲甚至威脅吉姆與布莉婚姻關係的力量，正是我們的個人主義文化，況且不只是個人主義本身而已，還牽涉到兩種截然不同且某程度彼此矛盾的個人主義觀點。我把吉姆歸類為「剛硬派個人主義」，這個派別直接承襲啟蒙時期的哲學思想，源自湯瑪斯．霍布斯（Thomas Hobbes）與約翰．洛克（John Locke）兩位哲學家的著作，美國獨立革命與緊接在後的法國大革命都是建立在相同的哲學基礎上。社會揚棄了君權神授的教條，取而代之的是社會契約的概念，政府的存在是為了服務人民，不應該反過來，書寫這些論點的作家提出了從前不存在的「人民」，指的是能夠獨立自決的個體。

個人，意思不單是隨便一個人，而是生而為人即具有「不得被剝奪的權利」，美國《獨立宣言》以及法國《人民與公民權利宣言》都體現了「生存、自由、追求幸福」的天賦人權精神。想當然耳，在這樣的思潮興起之前，人格並沒有被賦予這些權利。

現代民主的先驅，法國貴族阿勒克西・德・托克維爾（Alexis de Tocqueville）觀察到：「貴族統治拉出長鏈，將從佃農到國王的所有人都連接起來，而民主打破這條長鏈，解放了環環相扣的大家。」這裡的「環」指的是「男人」，畢竟那時候女人無法參與民主事務，而解放後的大家可以自由去做什麼呢？差不多就是可以自由地「用自己的方式追尋自己的利益與幸福」。但又是遵循著什麼樣的原則、什麼樣的道德標準呢？

啟蒙時代一掃過去普遍接受的信仰權威，迎來新的理性、科學、實證之神，確立個人做為政治單位的觀念，也就是獨立粗獷的個人主義者。不久之後，第二波個人主義的浪潮在德國興起，並席捲整個歐洲。啟蒙時期的思想家大多會強調抽象、總體的概念，而這波新的運動則是強調特定、個人的概念。古典威瑪主義者以德國傑出的詩人兼作家約翰・沃夫岡・馮・歌德（Johann Wolfgang von Goethe）為首，開創了新的個人主義，比起理性，更偏向感性；比起科學，更偏向藝術。於是，「浪漫派個人主義」的序幕就此揭開。歌德認為「有生命的個體都比較會帶有色彩，不會是透明的，會有個性與獨特性，能發揮影響力，而只要與生命有關，就會出現知識、抽象概念以及概括的特質。」

浪漫美學的抬頭猶如右腦發出的戰帖，與忽視人性、極度重視邏輯的左腦唱反調。舉個例子，在法國各地的製膠廠裡，準備用來提取膠質的馬匹真的會活生生地被撕裂，動物尖銳的慘叫聲此起彼落，隨著身體逐漸破碎、生命逐漸隕落，在時人眼中那就只是在排出體內殘存的氣息與氣體而已。法國的勒內・笛卡兒（René Descartes）甚至主張只有人類才具備知覺，動物不可能真的會感覺到什麼。

如果說啟蒙運動是用腦「思考」，而浪漫主義是用心「感受」，那麼歌德一七七四年的小說《少年維特的煩惱》（*The Sorrows of Young Werther*）提出的是另一種理想類型：深刻的感受，也就是「感性」。

像吉姆這種剛硬式的個人主義者相信個人主義的準則，同意天賦人權不可切割的主張。相比之下，打動布莉這種浪漫派個人主義者的並不是個人主義，而是個體性的獨特展現，可以追尋並活出自己獨一無二的「天賦」。翻譯成今天的講法，意思就是人會想要去探索並表達自己的「心聲」。

那麼這些思潮與吉姆、布莉在吵的換不換尿布有什麼關係呢？

他們夫妻在分享的時候，我也一邊在回想，當我爸那一輩的男性丟出「我對小嬰兒沒感覺」的擋箭牌時，基本上都可以過關，只是我已經很多年沒有聽到男性試圖拿這個來做為不參與育兒的理由。不過，我有仔細思考過這可能只是區域性的現象：畢竟思想相對自由的麻薩諸塞州比較不會教出太多典型的傳統男性。而我自己是滿習慣面對來自各個區域的客戶。不管吉姆的說法是什麼，他之所以拒絕幫忙焦頭爛額的另一半分攤家務，其實是因為他想捍衛個人的權利——他不容有人侵犯自己不受打擾的自由——好像滿足家人的需要是強加在身上的負擔一樣。在吉姆的世界裡，布莉是大政府，他是支持小政府的茶黨陣營，只是要和茶黨人士一起生活還真不輕鬆。

另外，還有門廊的問題。吉姆和布莉住在南卡羅萊納州的查爾斯頓，房子就矗立在港口邊的山丘上，之前颶風來襲造成了一些損壞，航海級的鋼製落地隔板出現很多裂痕，所以布莉希望吉姆可以處理一下。

手藝優秀的吉姆明明可以先修好破洞，但是他偏要等到高檔的航海級鋼材送來，才要再一次換掉整組隔板。顯然吉姆不介意等待，也不怕蚊子；顯然他不介意老婆被蚊子叮得到處都是，以致全身都是紅紅的抓痕。因為現在門廊上的落地隔板擋不了蚊蟲，所以布莉希望在修好之前吉姆都只能從側門進出，盡量離門廊遠一點。吉姆有答應會做到，只是會「不小心忘記」，而且常常忘記。

我決定要來深入了解吉姆的童年。當時我心中有些猜測。假如我是在導一部電影，我會把這部探索片叫作《吉姆愛怎樣就怎樣》。

「吉姆，你答應老婆要做到某些事情，像是會記得脫鞋子、會記得走側門，可是講完又直接忘記，你自己猜得出原因嗎？你很聰明，你知道自己為什麼會這樣嗎？」

他聳聳肩，不是很積極要投入。他在諮商室裡滿不在乎的表現，印證了布莉對他在家裡的描述。做為父親這無所謂的態度稱不上是壞，他還是很善良，還是有溫度，只是不會把事情放在心上。

我想如果我不在場，布莉應該會抓著吉姆不放，想從他身上擠出什麼回應，然而她不曉得，用攻擊的方式打不開別人的心門。

布莉是氣急敗壞緊迫盯人的典型代表，她的方式是抱怨，可以看到她已經不小心在使用無用的第三種方法了：只顧一直講自己想講的。「你今天這樣，上個星期也這樣，去年還是這樣而且更過份。我覺得很受傷、很挫折，你每次都這樣，你每次都不會……」

我認為他們都有自我膨脹的問題，只是型態不太一樣，他比較被動沉默，她比較張牙舞爪。我老婆的說法是：「要留意『個性好』的老公跟『嘴巴壞』的老婆，這種組合不好惹。」尖叫、吼人、罵人、羞辱人都是破壞關係的行為，像吉姆這樣一直「說到但又做不到」也是在破壞關係。許多異性戀伴侶正是這樣的組合，男生會被動攻擊，女生會過於激烈。

一般來說，女性膨脹起來比男性還難處理。不是說一定是這樣，只是機率比較高，因為她們更容易會以被害者的姿態去冒犯別人：「是你先傷害我的，所以我加倍傷害回去也不會覺得丟臉或是良心不安，畢竟我可是受害者。」自我膨脹的女性常會扮演憤怒的受害者，她們是滿腔義憤的復仇天使。協助她們看到這點並不容易，因為直球對決可能會讓她們覺得治療師也是加害人，所以需要非常小心。

遇到自我膨脹的男性，我通常會單刀直入。我可能會告訴他：「你這是在言語暴力。吼人、大叫、羞辱全都是言語暴力。聽到這些你有什麼感覺呢？」可是如果今天是女性，我會繞個彎。（請記得，不用腦的話，誰都可以拿事實狠狠傷害來諮商的人。）治療師會「帶著事實加入並陪伴」客戶，幫助他們看見自己是從哪裡開始走偏。想讓客戶接受治療師看穿的真相，就必須讓他們感受到治療師是站在他們那一邊的，這才是「加入並陪伴」真正的意思。而想讓自我膨脹的女性覺得有人聽見她們的心聲，治療師最好的方式就是先處理另一半，來幫忙證明她們是有用的。

於是我把注意力轉向吉姆。

吉姆愛怎樣就怎樣

我問吉姆：「你是怎麼長大的呢？你是優秀亮眼的英雄型兒童嗎？」

「我不太清楚——」

我繼續問：「還是叛逆型的小孩呢？都有可能喔。」

「我不會想那麼多——」

「重點是，吉姆，基本上你是不是只做自己想做的事呢？」

他看著我。

我補充說：「意思是，在家裡，小時候。」

他想了想，結結巴巴地說：「嗯……沒有耶，家裡算是滿嚴格的，爸媽都是虔誠的教徒。」

我問：「你家住哪？」

布莉插話：「在查爾斯頓，他接下家裡的事業，經營得非常成功。」

我還是把焦點放在吉姆身上，問他：「是福音派嗎？」

吉姆又是那副表情。

「還是重生基督呢？」

他說：「就是這個，而且很嚴格。」

布莉：「而且偏見很深。」

吉姆的臉有點皺了起來：「他們那個年代、那個地區當然會有他們的想法，但我爸媽也不是現在那些無腦的人，你要知道，他們不相信民主黨有在販運兒童。」

「但是他們是管很緊的家長對嗎？」

「對。」

「其中有一個比較嚴？」

「我爸比較不明顯，我媽比較有存在感。」

「怎麼說？」

他傲慢地回答：「噢，我想就是一般那樣，大小聲啊、丟東西啊、打人啊——」

「媽媽會打你嗎？」

他點點頭。

「用什麼打？」

看著我的那一秒吉姆有點茫然，但是他很快就回過神來：「什麼都可以，皮帶、棍子、鞋子。」感覺他有點坐立不安。

「那你有什麼感覺嗎？」

他搖搖頭，用疲憊不耐煩的語氣：「你先繼續。」

「當時你爸在哪裡？他怎麼沒有保護你呢？」

「他不在家，不是在工作、教會，就是去找朋友。我爸滿聰明的，會閃得遠遠的。有時候我們會一起去打獵、釣魚。」

「那爸爸在家的時候呢？」

吉姆回答：「他就是不理媽媽，反正所有事情他都不管就對了。」

我心想：所有事情，那就是包含還小的兒子。我問：「他有喝酒嗎？」

「還好。」

嗑藥？

沒嗑。

我往吉姆那邊靠近一些，我們對望了一陣。我說：「他明明知道會發生什麼事，但還是丟下你了，他丟下你一個人去面對媽媽。」

他再度露出緊繃的笑容，同意我的話：「噢，這還不是最糟糕的。」

「這是什麼意思呢？」

他做了個鬼臉，說：「唉唷『你嘛幫幫忙』，你才是治療師欸。」

我繼續等他回應。

「我爸是把我丟給我媽，但是他也有教我不是嗎？他有教我要怎麼應付我媽。」

我引導他：「意思是說？」

他看著我，眼神裡的倨傲與絕望參半：「離媽媽遠一點，有必要就說謊，心裡絕對不能屈服，但表面上一定要裝笑臉。」接著粗魯地補充：「你有聽懂嗎？」

「現在你也把這套策略用在自己的婚姻。」

他點了點頭，開始挖洞給自己跳：「那是因為我要面對一樣無理、一樣要求很多的——」

我說：「吉姆，請先等一下。」快速舉起手示意他不要再講了。

坐在我左邊的布莉已經怒火中燒，但就在我制止吉姆後她暫時緩和下來。

我說：「好，吉姆，我要問幾個我想大家都已經知道答案的問題。第一，布莉在跟你抱怨的時候你會怎麼回應？」角落的怒火燒得更旺了，於是我修正講法：「她告訴你她不開心的時候你會怎麼回應呢？」

他眼神朝下看：「好吧，通常一開始我會先好好溝通——」

布莉帶著煙硝味打斷他：「喔是嗎？你是不是整個防衛心就起來了，好像我是去吵你的惡老婆，好像你讓我和孩子過好生活我們卻一點都不感激。對！你讓我們過好日子，對！我們都很謝謝你，可是這都不是重點。」

吉姆哼著氣抗議，話有一半含在嘴裡：「我是不知道啦，但至少要先『有重點』啊！」

布莉大喊：「你看，我說的就是『這樣』！他只會諷刺人，只會用鼻子看別人，只會覺得別人都沒有資格說什麼。」她火力全開：「就是——就是聽他在『鬼扯』、在被動攻擊！」

我試著安撫她：「好的，布莉。」

她像脫了韁的野馬：「不要，一點都不好，還有，你知道什麼才真的、真的很不好嗎？」

吉姆插嘴：「聽你在那邊早也講、晚也講嗎？」

布莉火冒三丈：「老天爺啊！」

我對吉姆說：「你知道嗎，我可以想辦法幫忙布莉，但你不可以再繼續激怒她了。」

「我——我哪有——」

我說：「你沒有在聽她說話，你是在跟她吵架，跟她——」

「我是在——」

「那你現在是打算要跟我吵吵架這件事嗎？」

吉姆氣急敗壞地發出一些聲音，但接著他放鬆下來，對著我擠出笑容。

「我可以教你怎麼幫老婆卸下武裝，做一個善解人意的好好先生，我知道這樣的你一直都在。想聽聽看嗎？」

吉姆的臉上還是撐著同樣的笑容：「當然。」

那我呢？

吉姆和布莉陷入無限循環，是因為眼中看到的是兩個人，而不是一個團隊。吉姆不願意聽布莉的，用被動攻擊的態度拒絕老婆希望他做的事，因為他和爸爸一樣，對老婆或是其他人的控制非常感冒。不管他是大聲承認，還是只對自己承認，吉姆的座右銘應該就是「不要騎到我頭上」或「不自由，毋寧死」。然而，跟這種用一塊車牌的長度就能概括人生圭臬的男性相處，實在不容易，只是他自己可能很難看到這點，他們剛硬派自由主義最關心的是自己的權益和自由。他愛換尿布就換，不愛換尿布就不換；他愛走這個門，就走這個門。吉姆裡裡外外都信奉著啟蒙時代比較政治、比較剛硬的個人主義，不喜歡聽到有人叫他戴口罩，不喜歡大政府花他的錢，也不怎麼喜歡老婆指導他該怎麼做。吉姆非常在意公不公平，而現在他就是覺得自己沒有受到公平的對待。為什麼布莉就不能放輕鬆，好好享受老公勞動的成果以及賺回來的錢呢？

我問他：「你知道你們還在吵嗎？可以聽我分享一下別的方法嗎？」我往後靠，看著布莉：「選個話題吧，挑個你不滿意的小地方，輕薄短小就好。」

布莉說：「我想要有錢，很多很多錢。」

我心想「唉唷，這有得吵了。」

她說：「我要有自己的錢，我還想要有自己的藝術工作室。」出乎我意料的是，吉姆並沒有開啟防衛模式，沒有不屑一顧，也沒有要吵架的意思。他微笑看著我，搶在我這個治療師前面問她：「跟我說，對你來說，有自己的錢代表什麼呢？有自己的工作室會怎麼樣呢？」

我心想，「吉姆，讚喔！很開心看到你還會好奇。」布莉繼續認真說：「聽我說，現在不管大錢、小錢，我都得開口跟你要。你還會檢查我的刷卡記錄耶。」

我心想「要記得見好就收啊。」於是我打斷她：「布莉，可以聽聽我的看法嗎？」

她說：「當然可以。」

「好，聽好囉，我可以教你怎麼做嗎？吉姆不是請你抱怨『沒有』自己的錢會怎麼樣，他問的是擁有自己的錢『會怎麼樣』，你有抓到差異嗎？」

她覺得還好，但還是點了點頭。

我說：「很好，我們盡量保持正向。重點不是他哪裡做錯，而是他可以怎麼樣把事情做對。」

她頓了一下，想了想抬頭看著我，笑著說：「我剛發現，講自己不想要的事情比想要的事情還要簡單很多。」

我們都笑了。我告訴她：「最困難的部分就是去理解，並讓自己接受這點。」如果說吉姆是死忠的剛硬自由主義派，那麼布莉對浪漫自由主義的熱烈程度不輸吉姆，覺得一定要展現獨特的自我才行。在吉姆心中，神聖不可侵犯的「個人自由」是比夫妻感情還要重要的價值；而布莉也有不容撼動的信念，那就是自我表達、真實、「做自己」的浪漫理想。

對吉姆這種剛硬派的個人主義者來說，最大的恐懼莫過於對個人自由的限制。不過，對布莉這樣浪漫派的自由主義者來說，他們想要的不只是自由這麼簡單而已，還覺得自己有權利可以分享個人色彩、充分發揮潛能。與其說是個人主義令他們產生共鳴，不如說是個體的獨特還比較精確，也就是個體的天賦、獨特的印記、精神氣質，以及性格。剛硬派的個人主義最怕受到掌控，浪漫派的個人主義最怕被迫服從，因為失去自己的聲音，只能麻木壓抑地活著。

做為剛硬的個人主義者，吉姆主張不被打擾，要用自己的方式追求對自己好的事情是基本權利，換不換尿布都不是重點。做為浪漫的個人主義者，布莉擁護的是找到自己位置的精神，還要行使她的基本權利，原汁原味地讓吉姆知道她對大事小事的所有感受。兩個人都忙著捍衛自己認為的正當權利，幾乎沒有看到更大的整體。這邊就要帶到基本的歷史事實：好幾百年前，不論是哪一種個人主義，剛硬也好、浪漫也好，要成為個體的前提是有錢、白人、男性。女性與兒童不算，奴隸、窮人、有色人種通通不算。在這個概念剛萌芽的時期，英文的「個人」（individual）與「仕紳」（gentry）還是同義詞。

忘記自己有特權

吉姆不覺得自己屬於會員限定的俱樂部成員，他完全相信在美國人人都該擁有公平競爭的機會，而且基本上他也覺得現實世界就是如此。許多與吉姆同屬剛硬個人主義的男性都會「忘記自己有特權」，我會使用這種說法，意思是剛硬派個人主義者大多不會留意到那些被排除在外的群體，吉姆就是這樣。他覺得自己「很自主」，沒能意識到自己對他人的依賴——張羅全家三餐的是拉丁裔的管家，照料花草的是非裔美籍園丁，還有清掃街道的是「移民」。吉姆會感謝為他工作的人，對他們很好，甚至可以說很體貼，只是他不太會把這些人視為「個人」，他沒有讓自己去意識到對這些人的依賴，也沒有去理解他們每天需要面對的壓迫。吉姆在自家社區慢跑，壓根不會需要擔心警察可能會拘留他或是朝他開槍，他不覺得自己在運動這件事就是一種白人特權。

在後來的幾次諮商裡，吉姆清楚地讓我們知道，他認為社會是建立在菁英體制之上，只要肯努力，就能往上爬，是金子總是會發光的：會成功是因為你有努力爭取，會失敗是因為你有一些內在缺陷，可能是缺乏動力、缺乏腦袋、缺乏某些能力。吉姆這種男性相信著他們口中的「美國夢」，勾勒著白手起家的夢幻泡泡，彷彿大家都是站在同樣的起跑線上，彷彿只要個人的意志夠堅強就可以也應該能戰勝性別歧視、種族歧視、階級歧視。吉姆不是會同情心氾濫的自由派。

懷抱浪漫個人主義思想的布莉情緒飽滿，也確實有顆非常柔軟的心。她會同理那些辛苦掙扎、權利被剝奪的人，可以「體會他們的痛苦」。不過就神經學來說，據生物學家羅伯．薩波斯基（Robert Sapolsky）的觀察，同理反應與行動反應走的是兩種截然不同的生理迴路。儘管布莉對於弱勢族群會有深深的共感，但可惜的是這不代表她會因此為他們多付出什麼。許多年來，像布莉這樣擁護進步思想的人會產生虛假的自滿，他們大多會認為我們的社會愈來愈平等，或許還不夠完美但已經有在前進了，已經看到具有非裔血統的人入主白宮，女性權益抬頭，同性婚姻受到認可。然後，二〇一六年的狀況我們都看到了，而且不只美國，世界各地都有同樣的狀況，強人政治民族主義、種族歧視、仇外情緒紛起，美國總統川普（Trump）是很明顯的例子，英國前首相強森（Boris Johnson）、匈牙利總理奧班（Viktor Orbán）、土耳其總統艾爾段（Recep Tayyip Erdoğan）等人的影響也不輸川普，德國右翼聲量以及美國白人至上、上層階級至上的觀念再度興起。

可能有人會忍不住想要說，啟蒙政治思潮的剛硬個人主義是現代右派的前身，而表現情感與思想的浪漫個人主義是現代左派的前身，但是這樣只對了一半。

吉姆在COVID-19疫情期間猶豫要不要戴口罩，其實就是自身「權利」（rights）與政治「右翼」（right）的交會點。不過，把浪漫個人主義與政治左派擺在一起就沒有那麼明顯的脈絡，譬如說，雖然LGBTQ族群（女同性戀、男同性戀、雙性戀、跨性別、酷兒或是尚在摸索性別認同）與女性賦權運動都非常鼓勵要做自己，但是擁有稱頌個體性這個共通點並不代表浪漫個人主義與政治左派完全重疊。

鼓勵表現的浪漫個體與政治左派還有其他共同點，他們都鄙視墨守成規，都喜歡叛逆。然而就本質而言，個體性的發展並不是公共事務關心的範疇，因此，表現自我的浪漫個人主義並不能完全等於政治上的左派思想，因為浪漫個人主義在乎的是自我，不是集體。總之，吉姆與布莉都不認為自己的成就與滿足是來自他們舒適圈以外那些非特權族群的付出，因為他們都不會去看圈子以外的景象，都沒有去接納被推到社會邊緣、資產被掠奪的那群人。

治療的勝利

我自己在一九六〇年代見證到表達自我的浪漫個人主義興起，它做為上個世代剛硬個人主義的反動，想要掙脫從眾與僵化的束縛。當時，人民並不想打越戰，對於反對越戰同時也視徵兵制為威脅的人來說，自我表達的聲音與社會上批判政治的聲音恰好能和諧地交織在一起。然後戰爭結束了，志願役的對象多是窮人與少數族群，因此特權階級便閒了下來。

同一時間，我們這一代的人開始從集體走向個體。個人發展，也就是個人「陶治」（Bildung）這個浪漫個人主義的德國教育哲學，開始變成了最重要的價值。看看心理自助風潮的興起，看看維爾納・愛哈德（Werner Erhard）、東尼・羅賓斯（Tony Robbins）、約翰・布雷蕭（John Bradshaw）這些「激勵型」領袖受歡迎的程度，看看心理治療的出現，看看那麼多十二步教你〇〇〇的標題，就可以觀察到我們這一代已經把焦點從社會行動，轉到個人成長了。不過，個人成長終究只是個人成長，不是關係成長。我問過世界各地的聽眾：「主流文化以及幾乎所有的非主流文化運動有什麼共同的信念呢？」答案是：個人至上。

許多社會學家與文化觀察家指出，啟蒙政治的個人主義成為現代的右翼勢力，而浪漫表達自我的個人主義則成了——心理治療。左派永遠都是生成於公眾議題、勞動權益、公民權、女權。相比之下，個人成長就只是個人成長，不是公眾成長。似乎是在說，縱使這個社會否定了這麼多人實現自我的權利，我們自己依然真的能夠實現自我。換句話說，循著這些個人主義的敘事脈絡，不管剛硬還是浪漫，都是在讓我們遠離公眾議題與集體行動。社會學家羅伯特・貝拉（Robert Bellah）是這樣說的：

缺乏是非善惡的客觀標準，自我與自身感受便會成為我們的道德指南……對的行為只代表最能讓行為人感受到挑戰的刺激，或是最能讓他自我感覺良好……效益取代了職責，自我表達擠走了權威，「要做個好人」變成了「人要感覺好」。

於是，個人主義的文化將社會不平等降到最低，將自己擺在個人關注的中心，從而推波助瀾，合理化當前的狀況，人類過去幾個世紀就是這樣走過來的。

選擇共好

要如何調和個人主義與集體利益呢？歷史學家讓我們看到，至少在美國早先的民主時期，民眾既不自私自利，也不崇尚國族主義。工業化之前，小鄉鎮、小農莊既有的社會風俗是大家生活的依歸，有位歷史學家形容為「地方公社主義」或「小團體的集體主義」。鄰里之間經常見面，比較容易把思想家湯瑪斯．潘恩（Thomas Paine）形容的概念放在心上，那就是「大家好與自己好並不是站在對立面，共好就是集結每個人的好，代表我們所有人都一起好」。

住在天天與鄰居打照面的社區，確實可能比較容易養成「我們思維」。可惜的是，工業革命與迅速發展的都市中心打破了直接即時互動的生活型態。這麼多人都是自己過自己的，就很難保有集體思維的智慧，比較難意識到這樣會更難以充分達到自我實現。現在有許多老派的男性和吉姆一樣，表面上熱愛自由，暗地裡又緊抓著種姓階級的特權，他們在當前的社會中面臨到前所未有的挑戰，現在的小孩堅持要走自己的路，布莉這樣的女性想要的東西更多，她們想要更多決策權、更多話語權，以及更加民主的社會。想要脫離「你我意識」、適應型小孩、個人主義，就意味著要脫離存在好幾個世紀的父權體制，以及背後的男性特權、種族歧視、白人特權、仇外情緒、恐同心理。

吉姆大可不用那麼大方，他可以大玩權力遊戲，甚至可以仗著自由意志欺凌他人。不過，最後他還是做出聰明的選擇，因為他有注意到那樣必須付出什麼樣的代價，也願意放軟身段開始改變，而且他意識到讓布莉開心並不會有損男子風範，所以他開始走側門了。

最後一次諮商我問他「為什麼？」，為什麼會願意犧牲自己開心就好的特權，來換得老婆的開心呢？

他打量著我，手搭在布莉的椅背上：「姑且就說這麼做是為了大家都好。」接著大方地笑了，臉上的緊繃煙消雲散：「誰會想要家裡上演憲政危機啊？」

布莉看著老公，笑著搖了搖頭：「人民啊。人民的聲音終於被聽見了。」

我問吉姆：「你門廊修好了嗎？」

他向我保證：「我會在適當的時候修好的。」

布莉一邊把手放進吉姆手中，一邊告訴我：「會修好的。」

關係生活伴侶治療可以扭轉父權體制與個人主義，我們會一對伴侶、一對伴侶慢慢來。我希望你在感情裡可以跳脫父權框架與個人主義的文化，甚至可以試著轉變思維。如果吉姆真的蛻變成為不一樣的新時代男性，那會是因為他娶了不一樣的新時代女性，就像他之前對我說的，跟這樣的女人在一起他不會厭倦。從歷史可以看到，不管哪一種個人主義都是建築在較弱勢噤聲的壓迫之上，兩種個人主義都是奠基於特權、種姓階級、排他心態，只是大家不太願意承認這樣的社會結構。因此，「你我意識」是基於競爭心理而生，彷彿在有限的資源之下，只有強者才能生存。對比之下，「我們思維」會擁抱整體網絡，會去看到那些孤苦無依、沒有被看到、被群體放逐的族群與自己的關聯。一旦我們可以換位思考，學會用被排擠群體的角度看待社會，自然就能打破現有的優先次序，就像是吉姆學會站在布莉的角度看出去一樣。

是要一起，還是要悲劇

當今社會變化的速度毫不留情，可見「我們思維」的能量不會永遠受到壓制。成千上萬的白人加入抗議的行列，堅定地直視武裝警察，不畏可怕的疫情，要與「黑人的命也是命」站在一起，讓他們走上街頭的不是個人主義。我在華盛頓的女權大遊行看到好幾百位男性的身影，我看到異性戀為「我同志我驕傲」的精神喝采，今天讓他們站出來的都不是個人主義。

在簽署美國《獨立宣言》之前，政治家班傑明．富蘭克林（Benjamin Franklin）說了句著名的幽默妙語：「我們這一掛務必要團結，否則一定會被絞死分開掛起來。」那個時代有那個時代的限制，因此富蘭克林口中的「我們」自始至終指的都是坐擁家產的白人男性仕紳所組成的寡頭政治。假如換到今天，富蘭克林可能會說「我們」一定要包含全體男男女女、非二元性別族群，不分膚色、信仰、出身、性別認同、性傾向，全都涵蓋。因為「我們思維」代表著擁抱團結，也意味著經過幾個世紀的發展，終於能夠初步實現民主真夢，是群體中的民主，也是婚姻裡、家庭裡、自己腦袋裡的民主。民主不是理想，而是指引原則，是個人行為的實踐，也是引導我們如何生活的地圖。民主能夠治癒人類的頑疾，能夠粉碎所謂比較優秀的個人或族群的漫天謊言，能夠戳破個人輸贏無關人際關係的幻想。

如果伴侶也遇到吉姆與布莉那樣的溝通問題，那麼只要開始從關係的角度去思考，便會明白一個人輸、一個人贏的局面，就只是兩敗俱傷而已。一旦跳脫適者生存這類個人主義的誤區，領悟到相互依存的實質關係，就會知道如果恣意否認人際連結，那麼否認與被否認的雙方都會嚐到苦果，而斷開連結的代價就是失去連結。如果說「我們思維」會凝聚大家，那麼「你我意識」就是分散大家，影響包含社群、人際關係，以及內在靈魂。後面我們會再仔細探討這塊，但這裡我想先說的是：個人主義留下的只會是孤獨。

在詩作《療癒》（*Healing*）中，英國作家D．H．羅倫斯（D. H. Lawrence）所傳達的自我表現式浪漫個人主義便十分典型：「我不是機器……我會生病，不是因為機械裝置沒有好好運作；我會生病，是因為靈魂受了傷，傷及深處的自我情感。」那這裡的傷指的是什麼呢？詩中指的是「全人類選擇將之賦予神聖意義」的誤解。

人類將之奉為神聖的根本錯誤即是對於獨立自我的虛幻想法，誤以為自我可以超越全體、超越自然、超越我們排擠到邊緣的群體、超越我們瘋狂想要控制的另一半與孩子、超越我們想要比贏的鄰居、超越我們不尊重的地球。這就是可能會讓人致命的錯誤。如果不覺醒，就只會將悲慘的關係傳給下一代；如果不學習，就只會招致毀滅的結局。

世界並不屬於我們，我們屬於彼此。

第五章　開始培養團隊意識

瑞克第一句話就說：「醫生，我跟你說喔。」但是之前講電話時我才告訴過他我不是醫生。這是我們第一次諮商，瑞克正在回答我一般都會問的開場問題：「假如諮商結束你說：『真是大成功欸』，那麼大成功指的會是什麼呢？」

瑞克開始向我傾吐：「泰瑞，我這個人很簡單。要說諮商真的有轟出全壘打的話，那就是不管怎樣、不管在哪，我們一起想辦法讓我可以成功上床。」

瑞克年約五十，一頭灰金髮剪得極短，身穿長袖運動衫，搭配牛仔褲，有點肚子，看上去完全符合他成功營建人員的形象。我停下來思索他是帶著什麼樣的情緒和想法說出這些話。

我推敲：「你不滿意現在的性生活。」

他說：「噢我不是那個意思，我自己的性生活很讚，只是老婆很偶爾才願意和我一起。」我心裡想著「是這樣啊。」可就在我還沒開口前，他稍微往前靠，又說：「真的非常偶爾，如果你懂的話。」

我問他覺得喬安娜為什麼這幾年都不太願意跟他上床。他思忖著，回說：「不太願意……」，「應該是說，她之前有喜歡上床對嗎？」他聳聳肩，兩手掌心向上稍微往外伸，說著：「我不太確定她有沒有過……你知道的。」

他繼續說：「我的意思是，剛開始我們當然，對啦，就像是兔子那樣頻繁啦，可是後來很快就冷掉了。大概在幾年前吧。你有聽過這個說法嗎？就是說情侶剛在一起的第一年，每次上床就先往罐子裡丟一顆彩色軟糖，一年後變成是每次上床就要從罐子裡拿出一顆，而且根本永遠拿不完——」

我打斷他的話：「有的，我有聽過。聽我說，瑞克你很細心，你覺得為什麼喬安娜會退出你的性生活呢？」

他說：「喔，這就是很難回答的重點問題了，為什麼她不上床呢？就像我剛剛想講的，我覺得一開始她就沒有很喜歡做這件事，我單純覺得她應該沒有很想要，你知道的，就是床上這塊。」

我把球打回去：「她只是比較冷感。」

「呃……」

我講得清楚一點：「在性這方面。」

「我想就……她們全家，她媽媽吧。你知道的，我是義大利人，我們是大家庭。

家人間會吵吵鬧鬧，什麼事都是幾分鐘就會過去，然後大家又開始親親抱抱，你懂吧，我們會講我愛你。可是喬安娜完全就是白人盎格魯—撒克遜新教徒的菁英階級，住在費城鐵路主線的富人區。大家是怎麼形容他們的？那群「天選雪人」？不怎麼抱抱親親的。我會說冷冰冰的，她們全家都這樣。」

我和瑞克坐在一起，很快就開始懷疑他有慢性個人主義障礙的問題。從他講話的樣子我可以感受到，瑞克和我的許多客戶很像，他們都是本質主義者。他認為老婆就是個很冷的人，冷就是她的本質，可是我在猜，當我遇到她本人的時候，說不定會聽到完全不同版本的故事。

喬安娜劈頭就罵：「去他的。」

我問：「什麼意思？」她穿著高價服飾，精心打理的頭髮與指甲很有型，看起來確實像是費城主線區走出來的人。只是那張嘴……

她接著說：「他喔，幹。他是不是跑來這邊靠北我們的性生活？我很了解他，只要人家有耳朵，他就會在那邊嘰嘰歪歪。」

「其實他——」

「所以我就是那個性冷感的婊子是吧？」

我往後退，讓她釋放怒氣。

她輕蔑怒哼：「是說，現在還有誰會這樣講啊？性冷感勒，還有誰會說——你上次聽到有人這樣說是什麼時候——」

我嘗試表現出笨拙：「其實我不記得了。」

她反駁：「吼，拜託，我完全知道是怎樣啦，講得一副他都沒有問題一樣。白痴。」

我心裡因為她的直率笑了起來。就跟她老公一樣，或許他們是來自兩個不同的世界，可是他們兩人並沒有不像。我咀嚼著這句「一副他都沒有問題一樣」。剛才她的嗤之以鼻，現在變成了大笑，她先開口叫我：「泰瑞。」

我心想：天哪，她要叫我醫生了。

她用「這樣好了」的語氣說著：「是這樣的，瑞克是個很糟糕的情人。首先，他很大隻，你懂的吧，可是我需要放鬆，我需要平靜，需要稍微暖身一下，可是他的前戲就是大聲宣布他很想要。喔，『好啊，那你說我該怎麼做啊？』」

「你有沒有試過——」

「怎樣？跟他談嗎？當然有，很多次了啦，但他只會生氣，只會替自己講話，或是會攻擊我，說都是我的錯啦，說是我太緊繃啦，說應該是我有陰道痙攣的問題啦，靠，放過我好嗎！陰道痙攣勒，好啊，不然他可以把陰道痙攣這幾個字給我吞——」

我阻止她：「好的，我理解了。」

她咕噥著：「根本就小孩。」

「你說什麼？」

她提高音量：「他根本就『小孩』。」

好，我想我們可以看到她本質主義的地方了，可以看到她眼中的老公是怎麼樣的一個人。他覺得她「就是」性冷感，她覺得他「就是」小孩子。這是他們的天性、他們的個性，跟誰在一起都一樣。問題是，他們都不知道自己這樣想是錯的。

我問：「如果我可以把瑞克變成更好的情人，你會不會——」

「嘿，我是人欸，女人欸，可能他不覺得，但我還是有……」她的聲音愈來愈小，愈來愈講不下去。

開始進行兩人一起的伴侶治療之前，我找瑞克做最後一次的個別諮商。我笑著告訴他：「我有超級好消息喔！」

好消息就是我看到兩人之間還是有連結，只是他們不知道而已。這對夫妻就坐在蹺蹺板的兩端，高大的瑞克體重比較重，在下面這邊大聲疾呼，拜託對面的老婆從上面降下來，講道理、哄騙、乞求等方式他都試過。瑞克與喬安娜都沒有看到蹺蹺板，但是我看到了，他們還牽在一起。這個大塊頭老公使出渾身解數，希望老婆可以從雲端走下來，但就是沒有想到自己可以站起來換個位置。

把自己和另一半視為兩個截然不同的個體，從「你我意識」看待關係，會容易陷入互扯拔河的控制模式，要嘛是瑞克控制喬安娜，要嘛就是喬安娜控制瑞克。不過，當我們把視角轉換成「我們思維」時，便能夠拉到不同的層次，可以看到關係本身的整體生態。這時就像是進入第四維度，比較重的老公可以選擇腳踩地面，將自己撐起來，而不是一味想要說服老婆降下來。

大家通常會用個人主義的線性模式在思考，所以我們對關係的態度常常很被動。有什麼就接受什麼，然後做出反應。不過，我們不是只能在生活裡、關係裡當個被動的乘客，如果能意識到這點，將會產生扭轉一切的變革力道。

其實對於丟到自己身上的東西，我們是有話要說的。我們可以切換到「我們思維」，拿出學習後並發展出來的做法來應對關係習題。

瑞克無法「叫」喬安娜跟他上床。如果不是拿槍指著腦袋，全面脅迫，我不覺得有誰可以「叫」誰做什麼，所以除了極端狀況，想要單方面控制別人終究只是空想，而且就算是在極端的狀況，只要脅迫的強制力失效，就不可能會有誰受制於誰。這點甘地（Gandhi）已經證明給我們看過，馬丁．路德．金恩博士（Martin Luther King, Jr.）更將這種策略精進為一門藝術。公民不服從可以傾覆整座帝國，如果你赴死如歸，那麼誰也控制不了你。前面提過，人能完全獨立存在是錯覺一場，而單方操控基本上也是痴心妄想；對獨立和控制抱有錯誤幻想而付出的代價是再真切不過了。

智慧就在你身邊

結果，我們發現瑞克握有非常詳盡的「喬安娜指南」，而且內容豐富精確。從早上醒來到晚上睡覺，一直都在身邊。在我這裡進行伴侶諮商的時候，那本手冊就坐立不安地陪在瑞克旁邊。

喬安娜環顧我的諮商室，似乎是想看有沒有什麼比較有品味的東西，但是她找不太到，「老天，我看諮商只比根管治療好一點。」

我對他們微笑：「我很高興再見到你們。」

她趕緊補充：「噢，老天，我沒有別的意思。」

我說：「別在意。」接著用比較中性的眼神看著他們：「好，你們都有提到想要拉近彼此的距離。」

喬安娜說：「我有嗎？」

瑞克抗議：「我是說——」

我舉起手打斷他：「身體上要更靠近，我知道。只是我在想假如各方面都能拉近一些距離，你們應該都會感覺更好。」

喬安娜說：「我不是很相信——」

我再次阻止她說下去，直接對著瑞克說：「如果說我有一本攻略，可以幫你追回喬安娜，幫你重燃性福呢？」

他用眼角看了一下老婆：「我當然想要。好吧，那我該怎麼過五關斬六將呢？」

喬安娜張嘴就罵：「靠，還真謝謝你喔。」

我對她說：「可以幫忙一下嗎？」她安靜下來。我繼續跟瑞克說：「你知道嗎？她是對的。」

他說：「蛤？」

「用開玩笑的態度講話對事情會有幫助嗎？」

「我只是——」

「瑞克，我有好消息也有壞消息。你想先聽哪一個？」

他回答：「我沒差。」

「好，那先講好消息，就是我想我可以幫你。」

他說：「很好，那壞消息是什麼？」

「生氣抱怨很不性感。」

我對瑞克的形容不是很好聽，就是他很會「海尼．楊門」（Henny Youngman）那種單口喜劇的思路。楊門的喜劇充滿紐約州「波希特帶」猶太度假區的濃厚色彩，我想大家應該都聽過他經典的喜劇台詞：「像我老婆啊，『要就送你啊』。」瑞克把自己擺在長期被老婆欺負的受害者位置——確實滿多男性會採取這樣的關係姿態——他講的都是自己卡在一段得不到公平對待的關係裡面，也就是說，重點都是他自己，不是他們夫妻。

聽聽看下面兩種講法有哪裡不一樣，一個是：「我才不要下半輩子都沒有性生活！」另一個是：「我們都值得享有美滿的性生活，我很想你。我們兩個是隊友，要怎麼一起調整會比較好呢？」

我們兩個人是隊友，要怎麼一起處理好呢？

唉，伴侶治療師很少聽到有人會這樣問。瑞克就像是傳統啟蒙時期的剛硬派個人主義，他想到的不是喬安娜，不是兩個人在一起的這件事，他只是在維護自己的「權益」，真是的。雖然這無疑是在自掘墳墓，但他還是很驕傲地為自己站出來。

「我想要多做愛」與「我們需要健康的性生活」這兩種講法是多麼不一樣啊，因為意味著從「個體自我」走向「整體生態」，從「我」走向「我們」。不管是什麼學派、什麼療法，好的伴侶治療師都會在口袋裡準備好「我們」的智慧。

我說：「所以瑞克，你想要兩個人可以有更多的性愛對不對？」

他疲憊地說：「對啊。」

我繼續說：「你一直在做的是想要改變喬安娜，要不要我分享一點新招，或許能幫你更靠近目標？」

「呃……像是什麼？」

我告訴他：「首先，可以釋出善意，像是停止抱怨，打開好奇心。」

「要對什麼有好奇心？」

我說：「要對跟你住在一起的這個女人保有好奇的心。」

他看起來很困惑，好像是在決定要不要生氣。

「你要去好奇說『她』想要什麼、什麼會讓『她』有感覺、怎麼樣可以幫『她』

暖身。」

「幫她暖身？你是在開玩笑嗎？她的暖身就是一公升的腳指甲油還有《時人雜誌》（*People*）欸。」

我停下來仔細思考他說的話，並用溫和的語氣說：「我想你應該不要再那樣了。」

他說：「『哪』樣？」語氣充滿挑戰的意味，感覺像是遭到冒犯想要防衛的樣子。

「把她當作笑柄。」

他想要讓這件事聽起來沒那麼嚴重：「什麼？那我哏要從哪裡來啊？」

問題是我和喬安娜都笑不出來。

我說：「如果你想要她，真的想要她，那就要獻殷勤。」每個星期我都要跟許多男性說這些話。

雖然我覺得我講的概念並不複雜，但是他看起來沒有聽懂。

我問他：「你最近一次耍浪漫是什麼時候？你用什麼方式幫她暖身？」聽到這裡，喬安娜笑了，我不認為她這樣會有什麼幫助，但是我選擇忽略她，繼續說明：

「不好意思，瑞克，但你不是第一個跑到這裡跟我說想要可以多做愛的男人。」

「嗯，當然啦，我——」

「我跟你說，之前有個男生來找我，他人不錯，可是我的天，我問他有做什麼前戲，他說：『沒有前戲。』我說：『那你有親她、摸她、告訴她你想要她嗎？』他說沒有。我告訴他：『好吧，你一定有什麼表示吧。我是說，你會怎麼讓她知道你想要做愛？』他說：『喔這很簡單，我睡覺都會穿內褲，如果晚上想要的話就不穿內褲。』哇嗚，那她一定會被撩到！」

不等我多說什麼，瑞克看著喬安娜，問她：「你還想要我多做點什麼嗎？」

她假裝喘不過氣來：「噢瑞克，我的天，這十五年你都躲去哪裡了？」

我打斷她：「喬安娜，他在釋出好意。這個問題很直白。」

她嘆了口氣，顯然她也很習慣坐在都是自己在忍耐對方的位置。她看著瑞克：「對，沒錯，瑞克。對，我還想要更多。」

我輕聲鼓勵她：「告訴他，『我還想要更多……』」

喬安娜說：「想要更開心，想要更多……更多的愛，靠，要怎麼說。就是更……我不知道，就是你要更『在乎』。」她掉了幾滴眼淚，沒有很多，而且我看得出來，她在氣自己怎麼哭了。可是眼淚是真的。

我問她：「你有什麼感覺？」

她驚呼：「老天，我不曉得。有一半的時間我都不曉得自己感覺怎樣。」

我推進：「那麼現在呢？現在有什麼感覺？」

她開口：「就是……我就是覺得他媽的超級孤單！寶貝，我覺得我們都很孤單。」

看到老婆情緒激動，坐在旁邊的瑞克做得很棒，這時他沒有只想到自己，他也打開了他的心。他伸出手，握住她腿上緊握的雙手。他輕聲溫柔地說：「你說得對，我們之間真的有一片該死的沙漠。」瑞克專注地看著老婆。

我問他：「你想要好好處理嗎？」

他粗聲粗氣地說：「那當然。」但又趕緊克制住自己的不耐，他看著喬安娜淚濕的臉龐，專注地看著她的眼睛，輕聲說：「想，我想好好處理。」

我說：「全部都要處理，不是只有性。」

他重複著：「全部都要，對。」他握著喬安娜交握的雙手，抬頭看著我，在那一刻，他給我的感覺只有單純與老實，沒有什麼臉色、沒有什麼套路。他問：「那我要怎麼開始呢？」

我對他說：「這是我聽你講過最有智慧的一句話了。」我指著兩人的手，他正緊緊握著她的手，我說：「就從這裡開始，如果你們的手會說話，他們會說什麼呢？」

瑞克盯著她看了一下，說：「我想要你，不只是性這件事，而是你，喬安娜。我們曾經很開心，還記得嗎？」

她點點頭，沒有說話，可是瑞克要把手抽回去的時候，她抓住他的手拉了回來。他們持續看著對方，緊握在一起，我說：「很好，那我們開始吧。」

或許我們無法直接控制另一半，不過就像瑞克學習到的，我們還是有機會藉由改變自己的行為，來影響我們與另一半的互動，這就是在「經營關係」。

累了一整天回到家，可以選擇跟另一半挑剔家裡有多亂，也可以拿份貼心小禮物，帶著保姆，還有表演的門票回去。今天你比較想要度過哪一種夜晚呢？那好，那麼就這麼開始吧。先不要以個人為中心來思考，開始嘗試用團隊的角度思考。「我們思維」會說：「我們都會一起。」而「你我意識」會說：「大家都只顧自己。」

我安全嗎？我安全嗎？我安全嗎？我安全嗎？

是什麼讓我們可以保持明智，不要陷入反應模式呢？目前研究清楚指出，關鍵就是人在主觀上覺得安不安全。

請記得，就在我們意識範圍之下的極深處，自律神經會不斷掃描全身去確認「我安全嗎？」，每秒會問四次，而答案會決定身體要啟動大腦與神經系統的哪一個區塊，會決定現在是平常時期還是非常時期。問題是，我們的非常時期可能不是另一半的非常時期，危不危險是取決於人怎麼看，準確來說是取決於另一半的身體。現在老虎對我們來說已經不太算是威脅，但是每一句侮辱、每一回被擋在門外、每一次聽到不友善的言論，都可能足以讓我們的身體覺得現在很不安全。

我不認為另一半有辦法提供永遠安全、無微不至的「護持環境」，畢竟某種程度來說感情具有危險性，否則會沒有可以展現脆弱的地方。假如知道自己會被接住，那麼往下跳還會算是勇敢的事嗎？我都跟客戶說人終有一死，生活本就充滿風險，若想追求絕對安全的話，那早上就乾脆不要起床好了。

我覺得如果治療師鼓勵大家無時無刻都要擔任另一半安全的避風港，那真是大錯特錯，人類應該沒辦法真的對別人做出這樣的承諾吧！不過，當然我們都還是希望有人能這樣對待自己，可以全然理解並接住自己，兩人完美結合。在我們內心深處，都渴望能貼近「神聖的存在」，能靠近那位完美無瑕的男神或女神，他們會讓我們的人生變得完整，而且永遠都不會讓我們失望。然而，你的不完美與我的不完美彼此碰撞，以及我們如何面對這樣的碰撞，恰恰才是構成親密關係的核心要素。

英美作家T．S．艾略特（T. S. Eliot）的詩作《空心人》（*The Hollow Men*）就寫道：「在想法與現實之間……落下的是暗影。」而這個中間地帶，就是技巧的用武之地。我會告訴客戶要學習與現在的另一半磨合，而不是去找「我值得擁有的對的人」。

將彼此視為分開的個體，而不是整個有機體的一部分，只會讓人在互相責怪之際丟失自身的權力。瑞克認為他與喬安娜之間的性愛距離與他無關，覺得都是她一個人的錯。真是辛苦了，我猜他要不離開她，要不只能繼續忍耐。不過，學會關係思考可以打通新的行動路徑與發展可能，與其不斷想要去改變另一半，不如從自己開始，嘗試用新互動的方式，說不定會有什麼變化。

我遞給瑞克一本折角滿滿的書，那是性治療師伊恩・寇納（Ian Kerner）二〇〇九年的經典著作 *She Comes First: The Thinking Man's Guide to Pleasuring a Woman*（暫譯《讓她先爽：男人必讀的性愛聖經》），告訴他這本書認為舌頭比刀劍還要厲害。我先確認瑞克與喬安娜都同意接下來的練習，明確講好大家隨時都可以喊停，接著我安排了一場「他與她之夜」，請他們盡量不要用講的方式，來告訴對方自己喜歡什麼樣的床第互動。這不是什麼點歌就一定要唱的表演，而是單純的資訊交流，讓他們知道怎麼樣才比較能取悅對方。關於怎麼取悅她，他願意學，她願意教，如此一來，便能抵銷掉本質主義在彼此心中建立的負面形象。

覺得自己與另一半是兩個個體，不是一個團隊，等於是把望遠鏡倒過來去看人家，所以對方才會看起來很遙遠、很可悲，講話尖銳不好聽，所以才會覺得對方在步步步迫近、咄咄逼人，讓人喘不過氣。我們被觸發的時候，另一半會變成諷刺漫畫裡的誇張人物，讓人一時間會覺得沒希望了啦、走不下去了啦。

核心負面形象

家庭治療流傳著一句老話，那就是同樣的事情一對伴侶可以吵上四十年。為什麼會這樣呢？因為每次吵架的都是我們的某一面，在和我們吵架的都是另一半失真滑稽的漫畫形象。我們把另一半歪曲成的諷刺漫畫人物，就是他們在我們心中的「核心負面形象」。值得慶幸的是，這些形象大多不會變來變去，通常會維持穩定的樣貌，也就是說，望遠鏡拿反的時候，適應型小孩帶著「你我意識」的時候，另一半令人完全受不了的時候，他們讓我們難以忍受的地方基本上都一樣。或許我們是在相互折磨，但至少我們都很一致。只要抓對方法，就能好好利用這個一致的特性。

你在另一半心中的核心負面形象會是你狀態最糟糕的樣子，只是變成卡通版。不是狀態最好的樣子，不是狀態一般的樣子，甚至根本不像你最幼稚的樣子，就只是個七彩的浮誇版本而已。雖然話是這麼說，但是除了很少數的例外，這邊另一半畫的依舊是……你，可不是什麼站在你旁邊的誰喔。

讓我來舉例說明。在貝琳達眼中，我的核心負面形象就是不可靠、以自我為中心，有魅力但很自戀的男孩。她在我心中的核心負面形象則是永遠都不會滿足的控制狂，是滿口怨言的巫婆。（我可以比較輕鬆地分享出來，是因為我知道這在異性戀的組合中並不少見。）我跟貝琳達說，她把我看成這樣的人，就表示她的心有多不安。聽完後她通常都笑不出來。

發現另一半又在用核心負面形象的濾鏡抹黑我們的時候，我們通常會想要去對抗。大家會有強烈反應的幾乎都是那份誇大——他們居然是這樣想我們的，真的讓人很受傷、很忿忿不平，但這樣反而會忽略裡面包藏的一絲真實。畢竟貝琳達在講的就是我啊，沒有人會說我貪得無厭、要求很多，沒有人會說貝琳達是覺得地球繞著她轉的萬人迷。我們要傷害對方太容易了，因為對彼此太熟悉，一出手常會不饒人到不像話。

瑞克說喬安娜性冷感、性趣缺缺，他都沒有講錯，可是當他覺得她「本質上」就是一個性冷感的人，那就錯得離譜了。因為這樣是把自己當成局外人，站在外面責怪她，結果自己也很無助。這時，喬安娜的反應和大部分的人一樣，她不加思索就直接反駁：「靠，我才沒有冷感。」後來諮商時她有澄清：「不是我不想上床，我只是不想和『你』上床！」其中隱藏的問題是，全面駁斥自己在另一半心中的諷刺漫畫形象，往往會讓對方覺得你很不負責任，反而會讓自己黑上加黑。

假設我接小孩遲到了，貝琳達才不會管是不是工人在馬路中間挖出一塊大石頭造成交通大亂，她也不在乎是不是外星人駕著太空船摧毀了我車子的兩顆前輪。我都還沒開口，她就知道我為什麼會遲到，因為我就是個迷人但靠不住的自私男孩。好，現在我在她心中的核心負面形象跑出來了，請注意看我的反應。我沒有因為自己遲到的事實做出反應，我是因為她這麼誇張在講我而被激怒：「拜託，貝琳達，我沒有那麼晚到，而且你要知道……」

問題是，我反應愈大，她就愈會覺得我就是不可靠的小男生，可是這樣反過來又會召喚出她在我心中的核心負面形象。她覺得自己是在跟不負責任的小孩子講話，我覺得自己面對的是一個抱怨個沒完、反正別人怎麼做都不對的人。於是我們都會深深陷入「你我意識」的混亂局面，兩個適應型小孩拉拉扯扯了起來。

「貝琳達，我只遲到十五分鐘，我又不是像開膛手傑克那麼壞！」

「難道你不能說句對不起就好嗎？有這麼難嗎？為什麼你就是這麼沒有肩膀勒？」

看到了嗎？我們都卯起來打算拚個輸贏，核心負面形象你一言我一語地吵了起來，可是這都沒有意義，我和老婆完全可以坐下來喝杯啤酒，在旁邊等負面形象打完。

不要對抗，放鬆就好

跟另一半的核心負面形象硬碰硬並沒有辦法停止大亂鬥，就像在玩長條形的手指陷阱玩具，往外拉手指只會愈卡愈緊，往內推才能夠解開。我大可以直接說：「對，我遲到了。」結束這回合，全劇終。「而且你講得沒錯，這樣很不負責任，我也常有不負責任的問題。」這才是道歉該講的話。因此，處理另一半對你的核心負面形象，第一個技巧就是：你愈反駁，只會愈強化這個形象；反過來說，只要你願意承認另一半誇大其辭裡面有那麼一丁點的道理，對方會比較容易不要再那麼放大了。大家可以試試看，試著不要為自己辯解，把身段放軟，放棄對抗可以化解核心負面形象。

伴侶如果已經發展出一些自尊與內在界線時，通常我會鼓勵他們把對彼此的核心負面形象拿出來討論。請注意：這種做法衝擊力道很大，而且風險很高。如果你們有人反應會很大、情緒起伏會很大、防衛心會變很重的話，建議「不要」在沒有教練或治療師的狀況下輕易嘗試。

分享的時候要講清楚，這是你把對方描繪成壞透了、糟透了的樣子，請對自己描繪出來的人物負責，說不定還可以降低這種誇張側寫對另一半的傷害程度。聽完另一半對自己的形容，還沒有崩潰、還沒有氣沖沖離開現場的話，這樣的交流可以帶來很多好處。其中一個好處就是，認識自己在另一半心中的核心負面形象，可以減少一點不愉快，因為可以減少被針對的感受，也比較能劃好界線，像我狀況比較好的時候會想：「唉唷貝琳達又來了，她現在不是在跟我講話，她覺得自己是在跟那個超級不負責任的小男生講話。」但是我沒有什麼資格自以為高明，因為我知道自己很有可能會在十秒內就被觸發。

意識到自己在另一半心中的核心負面形象，就像是拿到操作指南一樣，是非常可靠的反指標，萬一當下自己想要往東，先往西就對了。因為知道貝琳達是怎麼看我的，所以我很清楚只要自己有不負責任的嫌疑，就很可能會惹她生氣，但反過來說，只要我表現得超級有擔當（「嘿，我看到清潔劑快用完了，就順路買了一些回來。」），就有可能會讓她非常驚喜。我們可以調整自己的行為，去回應伴侶對我們的某些期待。這不是什麼律令，但一定會是很有用的資訊。

喬安娜願意教瑞克怎麼愛她，也有能力在他學習的過程中提供回饋，直接削弱了她在瑞克心中性冷感的核心負面形象；而瑞克願意學習、願意取悅她，也打破了喬安娜堅信他「就是個小孩」的想法。

如果伴侶覺得他們是兩個人，那麼衝突很容易會愈演愈烈。覺得另一半「就是」怎樣怎樣，去撇清、開脫，可是這樣你也沒有什麼機會可以去調整或是修復關係。衝突惡化通常會從單一事件演變成傾向式的思考（比如：她「每次都」怎樣、他「永遠都不」怎樣），再進展到性格本質（比如：她「就是」個冷冰冰的人、他「就是」個還沒長大的小孩）。一旦認定眼前的問題是個性問題，那麼除了拜託另一半改變他本來的樣子之外，我們能做的其實並不多。那只能祝你好運囉。

這裡我們需要學習的概念很簡單，但是要做到很不簡單，那就是要就事論事。如果吵的是這次我沒有接好小孩，那我就有修復的機會，可以說對不起，並盡力彌補；如果是把我不負責任的舊帳全部翻出來，我能做的就很有限。萬一吵的是我骨子裡就是個不負責任的小男生，那我還能說什麼？我們留個電話，等我先去做精神分析，十年後再打給你嗎？每次從特定問題氾濫到全面檢討的時候，我都會覺得愈來愈無助，然後我就會生氣，結果愈吵愈難看。

有個概念很重要，「在感情的世界裡，具有建設性的行動能提供另一半支持並成為陪伴我們的力量，沒有建設性的失調行為則會讓另一半很無力。」吵架的指控愈偏離特定具體的事情，愈會讓伴侶覺得無能為力，進而做出更傷人的反應。這時，可以用冷靜中性的角度檢視關係的全貌，只處理觀察到的模式問題，提醒說「我們離題了」或是「你太常跟我大發脾氣了」，像這樣拿出宏觀的視野來分析並沒有關係，前提是，說這些話的自己必須是前額葉皮質主控的明智型大人。請記住，「被觸發的時候，不要從微觀的不開心，貿然跳到宏觀的分析思考。」喝醉、吸毒的時候人不應該處理深層的問題，同樣的道理，我們也不應該在生氣、受傷的狀態下處理深層的課題。

請記好第一個、「最初始」的技能，因為其他技能都是源自「關係正念」這個技能。休息一下，洗把臉。用鼻子吸氣，再由嘴巴慢慢吐氣，將負面的感受清出去。接著，出去走走。

不過，不要讓適應型小孩的那個自己出來解決關係問題，開始修復之前，要先讓自己重新回到明智型大人的狀態。問問自己，現在講話的是哪個你，現在的這個你真正想要的是什麼，假如當下只想證明自己是對的，想要取得控制權，想要發洩、報復、退縮的話，那麼就先停下來，必要時可以表明自己需要暫時抽離一下，等整理好自己再回來，因為想要解決問題是唯一的正解，也只有這樣才有機會使用剛學到的新技巧。

我幾乎可以隔著書頁聽到大家對這項行動計畫的反對聲音：「萬一我全都努力試了，但另一半還是爛咖怎麼辦？為什麼他這麼……我卻要那麼努力呢？」我想告訴大家，這些都是適應型小孩在說話，但可能你會想要抗議：「可是這樣不公平啊！」請大家理解，追求公平是陷阱題，眼睛裡請暫時先不要只看到自己的權利，不要表現得像是剛硬個人主義者，請提醒自己要把整體生態的智慧放在心上，要看到關係的有機生物圈。

我們大多都有過這樣的經驗，看到另一半堅持繼續不成熟的行為，但對比之下我們還算保有理智。你做得很好！我的建議是繼續保持，不要跟著另一半一起鬧。

感情走得久，大家難免都會有抓狂的時候，可是我們需要輪流來，我稱之為「關係的完整性」。意思是另一半跑偏變成適應型小孩的時候，你要暫時守住明智型大人的位置。要做到並不容易，但是可以讓關係更強健。

如果今天你表現很好，另一半的回應也很和善，那麼對大家來說這都是美好的一天；如果今天你表現很好，另一半表現不好，但就算對方一再刺激你，你還是設法維持明智型大人的狀態，那麼今天對另一半來說很不開心，對兩人的關係來說算好壞參半，對你來說很值得給自己鼓鼓掌，雖然結果可能不如人意，但是你有穩住自己，今天的你是你希望的那個樣子。

艾琳與威廉的故事：學習維持關係的完整性

艾琳對我說：「我就是控制不了自己，氣死我了，我每次都會上鉤。」

我自言自語：「每分鐘都有一個傻瓜誕生。」

艾琳咯咯笑了出來，笑聲溫暖大方，很有感染力。不過，一同坐在長沙發上的威廉對她的魅力似乎不為所動。兩人的年紀都接近四十，非裔美國人，充滿活力，反應都很快。我心想跟他們共事應該很有趣，但是要同住應該就沒那麼好玩了。

她首先發聲：「因為威廉動手戳人，所以艾琳才會爆炸。」

他說：「根本不必用力戳好嗎。」

她翹起腳，順了順高雅的銀色裙子，然後說：「好吧，要我說的話，這句話就是『戳』。」

威廉縮了一下。他駝著背，身體僵住，看起來受傷又生氣，可是沒有回話。

我問他：「你現在有什麼感覺？」

他回答：「我沒事。」

「我從來就不覺得你有事，只是你看起來有一點不開心。」其實他看起來滿不高興的，只是我覺得「有一點」可能可以緩和一下氣氛。

他聳了聳肩，用眼角餘光瞥了艾琳一眼。

我注意到他的眼神，所以試著詢問：「她的話會讓你緊張，你會在意她的感受對嗎？」

威廉嘆了口氣，伸展修長的雙腿，說：「就是——」我看見他腳上翼紋紳士鞋的鞋尖碰在一起。

我試著推進：「威廉？」

他對我說：「你知道嗎？她講『爆炸』講得很輕描淡寫。其實……」這時他又緊張地瞥了老婆一眼，才繼續說：「或許你應該要問問我們的女兒。」

艾琳突然厲聲攻擊：「你說什麼？」

威廉又縮得更小了：「就是這樣啊，去問以琳有沒有覺得你的爆炸只是還好而已。」

艾琳的怒意正在飆高：「她才『五歲』耶！」

他沒有讓步：「已經夠大了。」

我開始理解兩人之間的狀況了，我看到他們在彼此心中的本質形象，她有提到「威廉會戳人，艾琳會爆炸」，這是真的。聽著他們形容家裡的情形，事情愈來愈明顯，艾琳是不好搞的那個，威廉是幫不上什麼忙的那個，但是他們都沒有發現這個無限的循環左右了自己的行為。

請記住，想要擁有關係式、生態式的生活，就必須先學會看懂重複出現的模式，看懂你們的雙人共舞是什麼樣子，要能夠整理出「愈……，就會愈……」的句型。譬如說，艾琳抱怨得愈用力，威廉的怒氣就愈會用側漏的方式發出來，但是反過來說，套句艾琳的形容，威廉「愈丟手榴彈」，她就會愈抓狂。很明顯艾琳是比較吸引大家注意的那個人，可是在聽了雙方的說詞之後，我並不覺得她有比較壞，她只是比較大聲，但沒錯，在親友的眼中艾琳是他們婚姻裡有問題的那個人：她太愛生氣了。

她確實太愛生氣了，我這樣說也沒有要縱容愛生氣這件事，只是我想要放在脈絡裡面來談。

時間推回一九六〇年代早期，卡爾・華特克（Carl Whitaker）這位家庭治療領域的先驅正領著年輕的住院醫師，在美國辛辛那提市某間精神病院巡視。當時華特克訪視的女性病患有憂鬱、自殺的問題，哭到幾乎說不出話來。旁邊一臉擔憂的老公不畏眼淚，不斷鼓勵她要振作起來。他給她看孫子孫女的照片，照片裡小朋友的笑容天真無邪。儘管老公給她非常輕快正向的安慰，可是她還是撇過頭去，一下又激動地嗚咽了起來。華特克非常著名的觀察是「大家都看到老婆哭得太過分了，可是有人注意到老公笑得太過分了嗎？」。

威廉在生艾琳的氣，他在氣艾琳怎麼那麼氣他，他在氣艾琳當著女兒以琳的面「失控對我生氣」，他在氣自己沒有辦法在不讓她更氣的狀況下討論這件事。然而，這種覺得不能直接表達的感受往往會用比較間接的方式跑出來，心理學用的術語是「被動攻擊」，威廉就很典型，平常他沒有說出來的感受，會變成隱微的奚落，以及肢體上的怨懟。他會嘆氣、做鬼臉、翻白眼，拱起肩膀，彷彿全世界的煩心事都落在他身上一樣。威廉的關係姿態很清楚：他是老被欺負的委屈老公。

我沒有將他們當作兩個個體分開來看，我關注的是連結兩人的模式：艾琳扮演的是憤怒的野孩子，所以威廉變成傷透腦筋的父親。站在旁觀者的角度，我可以從外面幫忙做當局者沒辦法在裡面做的事情，來改善他們的關係。譬如說，我可以試著把艾琳從壞人的位置上「挖」起來，這在家庭治療裡面叫作「重新分配角色」，就是把原本在某人身上的特質拿掉，放到別的地方，像是撕掉壞蛋的標籤。

我回應艾琳：「所以說威廉一直都是順順溫溫的。」

她立即說：「太溫了，太冷靜了、太理性了……還有嘴巴太刻薄了。」

「跟我講一個他說過最刻薄的話。」

她雙手在胸前交叉，說：「他說我不配擁有自己的小孩。」

威廉張開嘴巴：「我說的是——」艾琳看了他一眼，他就又縮了回去。

做為伴侶治療師，我會特別留意關係裡的模式。但是我們光有想法並不會產生改變，只是把某個人從關係裡面拿掉也不會有用，必須要有一方或是雙方都願意調整才可以。我會把這樣的動態關係放在心上，而我的工作就是要與兩個人一起努力，缺一不可。

我先從威廉開始。我盡量用溫和的方式告訴他，他有在被動攻擊，我先說明了這是什麼意思，並舉出我在諮商過程中觀察到他隱性敵意的幾個具體例子。他聽了不是很開心。

我告訴他：「關於會被動攻擊的人，尤其是男人，我有個理論。我自己遇到會被動攻擊的人，他們的成長環境都不允許明目張膽的攻擊表現，否則不是會被揍得鼻青臉腫，就是精神上會被狠狠蹂躪。」

艾琳搖著頭說：「講的就是他爸爸，鼻青臉腫那句有中，而且還有很多呢。」

威廉快速看了她一眼。

她沒有看回去：「他是這區最惡劣的人了，就是『很惡劣』。」

我問威廉：「你有覺得可以想講什麼就講什麼嗎？」

他低頭看著地板：「小時候沒有，現在也沒有。」

我說：「威廉，請看著我。」

他抬起頭。

我告訴他：「你必須要勇敢面對老婆，要直球對決。你願意的話我可以幫忙，每一步我都會引導你。小時候你沒有機會看到該怎麼有尊嚴地為自己站出來，對嗎？」

他搖了搖頭。

「現在你需要做到這點來打破循環，我需要你勇敢起來，不要逃避，要正面迎戰。你願意做嗎？你願意學嗎？」

接著，威廉突然自己轉頭看著艾琳：「聽好囉，我就直接說囉，可以吧？我不喜歡我們兩個在以琳面前吵架，這樣對她很不好。你不可以再——不可以再這樣大小聲了。」

敢直視內心的恐懼與負面預期，在沒有保護罩的狀況下做出新的嘗試並不容易。我告訴他我很佩服他的勇氣，接著我說：「還有艾琳，你——」

她說：「我知道，他是對的。」

我稍微解釋了目睹兒少的虐待概念，我對艾琳說：「小孩子不會劃界限，他們是完全開放的系統，聽到你對威廉大小聲的時候，在她聽來就像是你也在對她大小聲一樣。如果我來處理的話，幫以琳處理創傷跟幫直接被罵的孩子是一樣的。」

艾琳看著我。

「我們有很多做法可以選擇，你可以先暫時抽離一下，可以報名憤怒管理課程，可以試試看吃一點點的藥，可以——」

她說：「還是說我乾脆閉嘴就好了呢？」

我提出警告：「你有可能需要暫時離開現場才做得到喔。」

「好，我會努力看看。」

我告訴她：「就三十天，你們有三十天的時間停止現在的狀況，否則你們有人會需要搬出去住一陣子。」她看起來好像有話要說，但我繼續說下去：「我們在這邊講話的同時，你們正在帶給以琳創傷。老實說，她現在是我的第一考量。」這句話讓艾琳停了下來。

「好，那你們理解了嗎？」

她保證：「沒有人需要搬出去。」

結果真的沒有人需要搬出去。

聚焦處理伴侶互動的模式時，我不會去怪罪哪一方，不過看到什麼我會平實地說出來。關係生活伴侶治療師會「帶著事實加入並陪伴」客戶，會運用「愛的對抗」這門藝術：治療師會舉起難以面對的真相之鏡，承擔起導師與教練的角色，不會退縮。雖然點出客戶的一些特質與行為可能會令人不舒服，但是我們會帶著慈愛的態度——這有助於拉近彼此的距離，他們也比較會願意信任我們，而不是抗拒。藉由與現實正面對決，我們與客戶站在同一陣線。雖然客戶可能會說希望改善感情裡的溝通品質，希望學到實際的操作技能，但是基本上他們真正想要的是另一半的思維大翻新；他們想要的是更有關係意識的伴侶。

顧名思義，關係生活伴侶治療會協助伴侶提升關係力。我常看到客戶從諮商室的沙發站起來，保證要改掉某些已經做了一輩子的行為，而且在輔助之下真的永遠戒掉了。我這個治療師的工作就是繞過適應型小孩，把明智型大人召喚出來，這就是我需要參與的地方，因為我可以看到客戶——也就是各位——沒有看到的那些部分。不過，在大家長出新的神經路徑之前，可以先借用我的前額葉皮質，我們會一起喚醒你體內的觀察家，喚醒裡面握有控制權的那個你，喚醒視角沒有扭曲的自己：就是可以思考、決定行動、做出改變的自己。

各位親愛的讀者，你可能會很驚訝自己在沒有治療師的狀況下可以走到這麼遠，光是與書中的文字同頻共振就可能足以讓某部分的你甦醒過來。

想想，現在有沒有哪一段重要的關係卡關了，當然我說的是親密伴侶，不過也可以是與一般人的關係，與孩子、朋友、家人、同事的關係。那個人在你心中的核心負面形象是什麼呢？是很霸道，還是都會缺席呢？是愛欺負人嗎？愛控制人嗎？還是會把自己關起來，堅持不肯分享呢？當你這樣看待他們的時候，你會有什麼典型的反應呢？是會拜託對方、跟對方講道理、哄騙對方，還是想要解決問題呢？還是說你會退縮、封閉、逃走呢？你覺得自己在對方眼中的核心負面形象可能會長什麼樣子呢？你有辦法承認有些描述確實是對的嗎？你們彼此在蹺蹺板上扮演的是什樣的角色呢？兩人的動態關係是什麼呢？愈怎樣，就會愈哪樣呢？像是貝琳達愈是抱怨我不負責任，我就會愈想要躲進工作堆裡。那麼你們的模式又是什麼呢？要怎麼做才有機會跳脫模式，用有趣、有創意，甚至是好玩的方式來面對呢？

我有朋友的老公是美國的禪宗大師，我問她：與禪學老師一起生活是什麼樣子？

她說：「怎麼說呢，就是說真的滿難跟這傢伙生氣的。前幾天我們去逛超市，我才開始因為鬼才知道是什麼樣的事情在那邊哇哇叫，結果我回過頭，沒看到人，因為他人已經趴在地上親我的腳，還說：『問題就是因為這雙腳沒有得到足夠的重視！』你說這樣我是要怎麼氣得下去？」

我希望閱讀這章的大家都可以下定決心，改掉你在感情裡面的一個壞習慣，像是抱怨、控制、不溝通。先停止想要改變對方那些徒勞無功的嘗試，嘗試去做一些能為自己帶來驚喜的事情。關係生活伴侶治療會希望能扶起弱者，軟化強者。假如你習慣把自己放得很大、比較膨脹，愛生氣、愛憤慨、愛控制，那麼可以放鬆一點、放軟一點，擁抱脆弱，跟著脆弱走看看，所以「我很生氣」會變成「我很受傷」。反過來說，假如你常常都很害怕，那麼可以試著找到自己的聲音，勇敢說出來，用對另一半的愛以及對感情的在乎，捍衛自己想要的東西。我稱之為「軟實力」，第八章會花更多的篇幅來說明可以怎麼做。

最後，如果想要掙脫既有模式，從關係中獲得更多東西，可以試著從給予開始。與其抱怨感情生活變得沒有滋味，不如安排某天晚上出去玩；不要哀怨性生活不美滿，而是要積極去了解怎麼樣可以讓另一半性奮起來，並且試著滿足對方。有次我開車差點出車禍，因為被前車保險桿上的貼紙迷住了：「想要改變世界，就要先從自己開始。」這句話是甘地（Gandhi）說的。想要更多的善意，那就善待他人；想要更多的笑聲，那就讓自己變得有趣。大家可以用新招來實驗看看，看看會有什麼事情發生。

然而，萬一怎麼嘗試都找不到出路，那就代表你需要幫助。簡單來說，感覺你推不動現在的關係時，就會知道自己需要幫忙了。不過，你也可能會很驚喜地發現，當你停止挑剔另一半怎麼都不改變，選擇展現誠意，用比較和顏悅色（或是更加堅定、更不強硬，可以填入任何你選擇的改變）的方式表達時，可能會發現原來自己這端的大幅調整，真的可以得到對方不同的回應。不要落入對方「就是」這樣或那樣的陷阱，不要把自己變成局外人。

可以問另一半自己能夠怎麼調整，好讓他們有機會做出不同的回應，當他們真的提出一兩個建議時，你就先照做——當然建議不能是要你去跳家裡附近的橋喔。為什麼要照做呢？因為有用啊，傻瓜。這樣做可以滋養你想要的緊密感，帶領你穿過陰暗迷惘的樹林，抵達生命、關係、連結永流不竭的河川，你可以把每段感情當成是自我轉變與蛻變的冶煉爐，當成是支持力量與深度療癒的泉源。如果我們願意放下自我，全心投入，愛真的能夠治癒我們，愛真的會有質變的力量。

第六章　愛的世界沒有尊卑

將自己視為獨立於自然之外的個體，只會讓人感到孤獨，可是眼前的障礙不只是這樣，個人主義文化從一開始就與一個更古老的文化傳統緊密扣在一起：父權體制。如果你覺得自己是獨立存在的個體，其實很有可能代表你正是住在父權文化的社會裡，而父權思想不僅告訴我們人類與自然是分開的存在，還認為人類是自然的主人。個人主義讚揚分立的存在，父權主義讚揚支配的優越。上帝賦予亞當「管理」地球上所有飛禽走獸游魚的權力，真的不是什麼好主意。

布魯斯與莉亞的故事：有毒的控制欲

莉亞對我說：「這婚姻我沒辦法再繼續下去了。」她四十歲出頭，頂著一頭濃密黑髮，張著藍色的眼睛，此時她痛苦的神色蓋過了嫵媚的風采。她的婚姻即將分崩離析，而她就是開口喊停的那個人。

布魯斯面無表情地坐在她旁邊。他穿著西裝，沒有繫領帶，配上筆挺的襯衫與昂貴的鞋款。健壯的身軀朝向著我，緊繃的坐姿彷彿隨時準備好要大幹一場——臉上戴著面具，可是身體姿勢卻是在說：「來吧！」

雖然說不上為什麼，但我立刻就不喜歡他了。

是不是很驚訝居然有治療師會承認自己不喜歡客戶呢？而且還只是剛認識的人耶！請讓我揭開心理治療的布幕，向大家展示這行的後台裝置；在做治療的時候，我會刻意打開感官，接受客戶帶給我的所有感受，因為我相信這些往往都會是很有用的資訊。可以想像成這是我的腦中的接待室，就像是潛水艇裡的氣閘艙，我會讓一部分的自己沉浸在自然產生的種種情緒裡面，不管是厭煩、無助、反感都可以，但是這些情緒只會放在接待室這個空間，至於要怎麼善用這些感受會比較好，則會交由觀察家的那個我來決定。

因此，除非客戶直接拿塊牌子寫著「我會讓你想到你家裡煩人的媽媽」走進諮商室，否則我想我從客戶身上感受到的應該和大部分的人差不多。再者，至少我可以將自身的反應納入數據庫，幫助自己做出診斷（這裡講的是關係診斷，不是精神科的診斷）。此外，有時候我會選擇分享自己的感覺，做為介入治療的一部分。不過，現在我先默默擱下自己對布魯斯的感受，把重點放在莉亞身上，她已經講完話，正等著我的回應。

我先問布魯斯：「我可以先花點時間討論這塊嗎？」他點頭同意。接著我問莉亞：「你在考慮要離婚對嗎？」

「我已經搬走了，我們現在是分居，布魯斯現在一個人住。」

我點點頭，問：「那麼你們今天是來……」

「我們想要給這段婚姻最後一次機會。」

「為什麼？」

她沉吟了一會兒，接著開始條列：「因為我們有三個小孩，我們在一起快要二十年了……我曾經愛過他……」

我精神一振：「你有愛過他？」

她沒有看老公，回答：「有，我有，很愛。」

我問布魯斯：「你還好嗎？」

他表示：「我很好。」只是語氣和內容對不太起來。

「她想要離婚你有很意外嗎？」

他搖頭：「沒有，我不意外。」

「如果諮商沒有用……」

他說：「我知道，那就只能這樣了。」

「你想要失去她嗎？」

他回答：「不想，可是其實我也不確定自己想不想要維持這段婚姻。」

我想：這下可好了，他們兩個一隻腳都踏出婚姻的門了。

我問他：「為什麼你會想離婚？」

布魯斯再度搖頭，只是這次他獨自神秘地笑了起來，好像他剛剛告訴了自己什麼好笑的事情一樣。

我問他：「這很好笑嗎？我想知道你怎麼會——」

接著布魯斯開始出招了，他打斷我並指著莉亞說：「剛剛你跟『她』談的時候都好好的。」不確定他怎麼做到的，但是他只用一個手勢，就傳達了想要指揮我，以及完全不認同我這兩種訊息。他告訴我們：「你們兩個先繼續，等輪到我的時候我再加入。」

我心想「很好，他已經開始在秀肌肉，想要主導諮商了。」同時，把他歸類在自我膨脹、有優越感、愛控制人的那一邊——這些是我工作上的假設。

布魯斯跋扈的態度讓我想起某位來自巴黎的客戶，第一次見面我們連招呼都還沒打，他就遞給了我一張問題清單，並說：「如果你不介意的話，我希望你現在把這張印兩份，諮商開始前要還給我。」第一條他寫的是「自戀」。我說：「看來，你第一條就寫對了！」

我選擇不要與布魯斯對著來，於是先問莉亞：「為什麼會想要離婚？」

她坐得很直，沒有流露太多情緒，但她反應很快：「我想你只看到了一部分而已。」

布魯斯坐在她旁邊一動也不動，但總之就是在生悶氣。

她偷看了老公一眼，擔心他會有什麼反應：「他很難相處。」

我注意到了那一眼，說：「你在看他，是在擔心說——」

「是關心。」

「關心什麼？」

「今天諮商完他會做什麼。」

我想知道她怕的是老公的什麼反應，而且從剛剛講的內容來看，我也在思考再講下去她的情緒承不承受得住。

通常這個時候我可能會請布魯斯先到等候室，因為需要先釐清有沒有家暴的疑慮，我也不會要求女性在有人身安全的疑慮之下，在強勢的另一半面前說實話，而且關係生活伴侶治療師也不認為這種情況適合進行伴侶諮商。不過關於這點，我已經在莉亞打電話來的時候就確認過了，布魯斯從來沒有對她有過肢體暴力，但可以確定的是，他生起氣來會讓人非常恐懼，他會搥牆，還會打破玻璃。雖然這些不常發生，可是莉亞覺得非常可怕。儘管如此，布魯斯的暴力行為從來都不是肢體暴力，也不是針對任何人，謝天謝地*。

＊假如你在目前的感情關係裡面臨肢體暴力或是人身威脅，請撥打「110」報警或是「113」二十四小時保護專線。

因為狀況是這樣，所以我可以當著他的面問她：「你怕他會怎麼樣呢？」莉亞像是要分享秘密那樣靠近我，她只說：「他會『懲罰』我！」

「怎麼懲罰？具體來說他會怎麼做呢？」

她想了一下，依然維持前傾的姿勢，頭髮垂下來遮住了半張臉，最後她終於說：「冷戰、熱吵都有可能，吵架就是吼我——」這時沙發上的布魯斯動了一下，好像有話要說，可是莉亞硬著頭皮繼續說：「罵人之類的——」

我說：「他會辱罵你嗎？」接著我轉頭對布魯斯說：「這就是她經歷的現實，雖然不見得和你的版本一樣，但我保證後面會談到那裡。」然後我回到莉亞身上，再問了一次：「他會辱罵你嗎？」而且我補充說明：「只要開頭是『你這個——』就算。」

莉亞悶哼回答：「你這個賤人。最重的字眼就是這個，前面還會有形容詞：他媽的賤人、冷冰冰的賤人、骯髒的賤人……」

布魯斯聽不下去了：「欸等等，等一下——」

我問他：「你沒有這樣說過她嗎？」

他哀求說：「嘿，哪對夫妻不吵架？我是說，你問我這二十幾年來我有沒有講過這些？可能有吧，那我也可以列出一張她講過什麼的清單——」

莉亞直視老公的臉：「你嘴巴很壞。夫妻是會吵架，但沒有到你這樣，你很殘忍。」

他試圖想要為自己說話：「你知道，你也不是一直都很好。」

她說：「你說的不是真的，你自己也知道。要不要想想上個星期六？」

「我——呃，我——」

「我去睡書房的那件事。」莉亞一邊說，一邊轉頭告訴我：「布魯斯想要上床，但是我們還在吵架。」接著對老公說：「你還記得嗎？」沒有反應。「所以我拜託說我不想做，因為沒有那個心情。」

她轉頭看著老公，已經沒有之前那麼焦慮，可是現在混雜著強烈的憤怒、憐憫、厭惡：「結果看看我老公做了什麼，他一個字也沒說，摺好我的浴袍、睡衣，把它們和拖鞋、梳子整齊地放成一堆，再放到外面，就放在房門外的地板。然後把門鎖上，整晚都不打開，留我一個人去跟兩個青春期的女兒解釋剛剛到底發生了什麼該死的事情。」

我問布魯斯：「她說的是真的嗎？」

他開口：「這個……」

「你有這樣做嗎？」

他抗議：「我才不要躺在性致缺缺的老婆旁邊。」

我問莉亞：「你有性致缺缺嗎？」

她回答：「像我講的，我們已經吵一整天了，我才沒有——」

我告訴布魯斯：「你是在報復。」

「你說什麼？」

我說：「這很明顯就是要對方還的意思。」

莉亞補充說明：「布魯斯覺得只要說『不』就是性致缺缺。」

布魯斯翹起腳，又放下來，全身似乎氣到劈啪作響。他看著我們兩個（他認為在折磨他的人）斥喝：「我才不要坐在這邊被你們圍剿。」

「布魯斯，沒有人要聯合起來對付你，我正在努力挽救你的婚姻。」但是他的肢體反彈更大了。當他第三次用肢體語言表達不滿時，我決定先和老婆對話，不跟老公硬碰硬。我問她：「他回家就是這個樣子嗎？」

莉亞告訴我：「每次我想要討論什麼事情，就搞得好像我是壞人一樣，他只會扮演受害者。」她說布魯斯會喝到凌晨四點才東倒西歪地回到家裡，非常想要跟她上床；他會大手筆招待位高權重的大客戶去脫衣舞俱樂部快活；他會在盛怒之下把小女兒趕出家門，因為他覺得小孩「不服從他」，她諷刺地問他：「你瘋了嗎？那是你『女兒』欸。」

我說：「好的，我覺得資訊夠多了。」我目前看到的、聽到的，都已經足以證明莉亞描述的老公確實就是那個樣子，我相信她，是因為布魯斯在我面前的表現與她對他在家裡的描述一模一樣，還因為我自己與布魯斯共處一室的感覺。做為治療師，我有三個資訊來源：每位客戶的說法、諮商室裡我看到的事情，以及我與他們坐在一起的感覺。

我和莉亞對話的時候，布魯斯全程都盯著窗外，某個程度上他既情感抽離，又非常不滿。

我問他：「布魯斯你真的有這樣嗎？」

「好吧，如果要斷章取義的話，我想我應該——」

我說：「我有一條『七十比三十就定案的守則』，假如我聽到的事情有百分之七十是正確的，那對治療的目的來說足夠了。」

他用寬宏大量的語氣接受了：「那就百分之七十。」

我看著他一陣子，他也回盯著我，最後我說：「我們現在到了要嘛治療成功、要嘛治療失敗的時刻。」

他用挑戰的口吻問：「所以勒？」

「你要嘛加入、要嘛退出。」

他等著我繼續說完。

我跨出嘗試的一步：「布魯斯，我有好消息，也有壞消息。你想先聽哪一個？」

他想了不到一秒就說：「好消息。」

「如果沒能成功挽回你們的婚姻，我會覺得很意外。」

他點點頭。

「要聽壞消息了嗎？」

他再度點頭。

我說：「你是個惡霸，為所欲為又自私，不順你意就懲罰別人。」

他被逗笑了，但有點不屑：「這是你花三十分鐘得出來的結論？」

有一部分的我想要把他臉上不屑的笑容給擦掉，但是我沒有被嚇倒：「真的夠了，你想知道原因嗎？」

他大方回答：「當然想。」反正他也沒有什麼可以失去的了。

我開始說明：「首先，你沒有否認這點。但是不只這樣，請容我這麼說，你剛剛就是笨到在我面前表現出惡霸的樣子。」

他不可置信地問：「你是說現在嗎？」

「諮商的時候。」

終於，他爆發了，砲火猛烈地衝著我來：「聽你在那邊『胡說八道』，你哪間學校畢業的？」接著質問老婆：「你是從哪裡找來這個江湖郎中的啊？」

我平靜地說明：「現在就是，你現在就是在欺負人。」

他咬著牙解釋：「那不一樣，我沒有在欺負你們，我只是在——」

我一邊說：「嘿布魯斯，看好囉。」一邊問莉亞：「從一到十分，我現在對你老公的描述有多準確？」

莉亞毫不猶豫地給了：「十分。」

「那從一到十分，他欺負人的問題對你來說有多嚴重？」

她說：「十五分，不對，一百分。」

我回頭問布魯斯：「如果你還想要留她在身邊，雖然我也理解你可能不想要了，但是如果你真的還想要的話，我會非常認真看待這件事情。」

他靠在沙發上看著我思考了好長一段時間，我想他應該是在思考要不要接受治療。

最後他說：「好吧，反正她就是在說我是個畜生嘛。那我想抱怨的事情呢？」

我猜是在指：「她很冷淡，不陪你，沒有性致，沒有愛的表現？」我已經聽過許許多多像布魯斯這樣的男人說過這些話了。他就是坐在蹺蹺板上的大個子，只會抱怨老婆都不下來，還完全不曉得原來都是自己行為造成的。

他揚起下巴，像是被激到要接受挑戰的男孩：「沒錯，對，就是那樣。」

「這些全都是真的，布魯斯，我也想要一併處理，全都需要改變。」

他幫忙說：「可是？」

我告訴他：「可是要從你先開始，你要先讓自己放軟下來，她才能放心討論。」

又是那種不屑的笑容：「放軟下來？從哪裡下來？」

我吸了一口氣：「布魯斯，我們來談談自我膨脹這件事。」

名為自我膨脹的誘人毒藥

半個世紀以來，心理學花了非常多的功夫在教大家如何從自卑的羞恥感中站起來，至於消除自我膨脹的優越感卻比較少著墨，我們不太會處理鼻子翹得老高、視規則如無物的個案。健康的自尊會持有「對等」的心態，不會覺得自己比別人優，也不會覺得自己比別人差；不健康的自尊可能會以羞恥的樣貌呈現，會有自卑感，覺得自己「不如別人」、有缺陷。然而，不健康的自尊也可能會以自我膨脹的方式展現出來，會有優越感，覺得自己「優於別人」、比別人更有資格。

我們來談談自我膨脹這個特質，特別是自我膨脹與自卑羞恥之間的差別。首先，兩者都是謊言，純粹只是錯覺。從根本上來說，沒有誰可以優於或劣於誰，不論你是連環殺手還是聖人，是聖雄甘地，還是無家可歸的酒鬼，每個人的重要性、價值、尊嚴在本質上都不會有高低之分，每個人最根本的價值都是由內而外的存在，沒辦法爭取，也沒辦法丟棄，出生時跟著你，死後還是跟著你。

顯然這條原則是民主堅實的堡壘，我們的社會是建立在人生而平等的概念上，每個人都握有一張選票，都適用同樣一套的法治標準。至少理論上應該如此。不過，我們都曉得人類社會距離完美落實平等這回事還很遠，而問題就出在這裡。雖然我們都擁有平等且不可減損的價值，但是日常生活還是很難看到這樣的平等。不論我們願不願意承認，大部分的人其實都很敏感，隨時都會留意自己站在社會地位的哪一階，而且也會去留意別人站在哪裡。不過，現在有一個問題，那就是判斷站位的高低一點意義都沒有。

可能你網球打得還好，常常被電得很慘，於是花錢上課苦練一番，就這樣努力了六個月，而有一天終於換你打趴之前電慘你的人，有沒有覺得棒透了呢？希望你有開心，這是努力得到的成果，現在你網球打得比競爭對手還要好了，恭喜你！不過，你並沒有因此變成別人（另外一個人）。你可以變聰明、變有錢，可以是高是矮，這些都有一定程度的重要性，但是本質上這些又全都不那麼重要，因為本質的價值來自內在。

大家相互依存的「我們思維」是建立在協作之上，與自然、與他人協作，有時候也會與通過身體顯現的一閃靈光協作，這種思維是一座充滿創新與豐盛的國度，這裡是「創造共贏」的世界。然而，個人主義世界的建立基礎是競爭，要與自然競爭、要與他人競爭，還讓人不可一世地認為自己就是靈感的來源，這裡是「爭個輸贏」的世界。至於要活在哪種世界，取決於當下神經迴路的模式，是左腦還是右腦；是皮質系統主導，還是皮質下系統主導；活躍的是交感神經，還是副交感神經。

我協助過許多成功男性，他們和布魯斯大多都是使用「你我意識」在生活，而且也因此在社會上獲得許多不錯的回饋，但是這樣的意識卻對他們生活當中的人際關係帶來災難。我們的文化習慣會去獎勵適應型小孩，因為比較不成熟、個人主義、非關係導向的價值觀與常規，反映出的正好是個人主義社會的價值觀與常規。我們活在反關係的自戀社會，累積數個世紀的底層本質，正是資本主義裡有人往上爬、有人往下跌的競爭機制。

以前孩子還小的時候，我去參加學校的親師晚餐聚會。當時大家都坐在一起，我和一對有一陣子沒見到的年輕夫妻聊了起來。當下我立刻注意到這位爸爸變瘦了，看起來體態更好了，我敏銳地注意到自己不再年輕的肚子，開始陷入羞恥的思考漩渦中，覺得自己真是又老又肥。接著我突然想起來，這位爸爸坐擁家裡留給他的信託基金，這輩子都不用工作。我想：「對吼，他想要狂上健身房就狂上健身房，反正家裡會買單。」啪！我的地位瞬間往上升了，因為我花的都是自己賺的錢啊，而當這想像的地位爬上去之後，我低頭注意到自己的髮量還比他多。哈！

可是我接著又想：「等等，人家是啣著金湯匙出生的，人家很有錢，但我沒有。為什麼我沒有很有錢呢？我是做錯了什麼嗎？」然後啪的一聲，我的地位又猛地跌下來了。我就這樣在小劇場裡上上下下、來來回回，後來才趕緊提醒自己要跳出來，並且告訴自己：「嘿，怎麼不聽聽眼前這個人有什麼話想說呢？！」

布魯斯一副高高在上、自我膨脹，是狂妄自大的典型代表。如果不順著他的話，他就會想要控制、貶損、處罰別人。儘管已經結婚有小孩，他還是覺得自己可以像兄弟會大男生那樣愛喝就喝，可以跑去脫衣舞俱樂部大撒鈔票，而且他還對老婆很殘酷。我心想，「『他』自己都做到這樣，還在思考要不要離開『她』！」他看不起老婆，也瞧不起規矩，而且現在已經在幫自己做好準備，萬一離婚的話他才不會太痛苦。

不過確實，他講的也沒錯，莉亞開始變得比較冷淡，在性事上不再那麼聽話，這陣子許多事情她都不再那麼乖乖聽話了，因為莉亞找到了自己的聲音，她正在改變兩人之間的相處規則，這點我們必須承認。不過，為了他們兩個都好，現在勢必要打破個人主義、沙文主義底下的規則。請記得，我希望強勢方可以軟化，弱勢方可以硬起來。

幾個世紀以來，女性一直被灌輸要「為了感情」犧牲自己的需求，這裡我必須要講得非常清楚，我要說的並不是這個意思。對許多女性來說，大聲、完整地說出自己的需求才是進入關係，「我們思維」需要真實的主張，不是默許。莉亞後來生出來的自信與堅定對他們的婚姻是好的，只是我覺得布魯斯應該很難接受這個觀點。

我對他說：「跟我聊聊你的童年吧。」

「你想知道什麼？」

「談談你爸媽好了。」

「我沒有爸媽。」

我說：「什麼意思？」

「大概三歲的時候我媽就離開了，後來就再也沒有她的消息。」

我說：「想必不好過。」

他只是點了點頭。

「我爸超愛賭，還愛喝酒。」

我說：「噢——」

「我小時候就是在拉斯維加斯裡度過的，我們會和庸俗的二線明星一起吃晚餐，那時我爸還是個很愛豪賭的土豪。」

「他表現得還可以嗎？」

他回答：「他沒辦法不賭。你知道嗎？有一次我們還飛去阿拉斯加躲地下錢莊躲了一年。」

我冒險提出推測：「你從幾歲的時候開始需要照顧爸爸的情感呢？」

一開始布魯斯不太理解我的問題，然後他明白了：「我不只是他情感上的依靠，還得在他醉倒的時候把他可悲的身體拖到床上去。他很重。」

我問：「關於這部分，你最小的記憶是幾歲？」

「天啊，最早的記憶喔，大概四、五歲吧。」

「所以你也拖不遠。」

「對，我記得我們待的汽車旅館很簡陋，我想要讓他跟我一起躺在床上，我一直拉啊扯啊，可是我爸就是不起來，我實在……我實在拖不動，他太重了。」

我補充：「而且你還太小了。」

「對。」

「你還只是個小男孩。」

「對。」他看起來若有所思。

「你現在有什麼感覺？」

「什麼？」

「現在我們在討論這件事情，我想知道你對你爸有什麼感覺。」

他抬起下巴，用帶有挑戰意味的語氣問：「為什麼你想知道？」

「為什麼我想知道你對你爸有什麼感覺嗎？」

他用防備的語氣說：「對，為什麼你要知道？」

「我是你的治療師，當時你對你爸有什麼感覺對我來說很重要，而且現在這樣的感覺可能還是沒有消失。」

「因為什麼啊？」

我直視布魯斯的眼睛，回答：「因為你變成你爸了。」

虛妄充權的詛咒

我們選擇的對象通常會投射出我們自己待解的愛情課題以及我們父母親的模樣，而且大家在最親密的關係裡也很容易會變成自己父母親的樣子。小男孩徒勞無功地試圖扶起癱倒在地上的爸爸，他經歷的就是典型的消權。他才五歲！同時，就在陰暗的角落裡，布魯斯正一點一點被灌輸這樣的觀念：「等你長大成人，你也可以像我一樣自甘墮落。」布魯斯的權力很明顯被剝奪了，於是造成內心巨大的恥辱黑洞，但他也悄悄地被賦予了不該有的權力，導致膨脹、殘酷、攻擊，以及性資格感的問題。他的恥辱感藏在喝酒與發洩裡頭，而他爸爸比較外顯，幾乎可以說是酒鬼與性成癮者，而且肯定很愛發飆。布魯斯小時候要把爸爸從吧台椅上拉下來，而現在莉亞要在家等老公好幾個小時，等他從脫衣舞俱樂部回來。

然而，問題就出在布魯斯小時候是愛著爸爸，因為爸爸是他當時僅有的依附對象與學習對象。在意識層面，布魯斯鄙視把人生活成一灘爛泥的爸爸，可是卻會下意識地加入爸爸的行列，過著一樣的生活，我的形容是「精神上需要有爸媽的陪伴」。布魯斯只是從賭場換到有脫衣舞表演的紳士會所，從擲骰子豪賭改成投機投資，但是爸爸失敗的地方他成功了，爸爸還在世的時候覺得金錢至上，而布魯斯賺的錢已經夠花一輩子了。

我們討論到他的財富時，布魯斯說：「我想我已經證明給他看了。」

我非常同意，接著說：「只是證明嗎？你彌補了他的缺憾，把錯誤糾正過來，完成你們父子都想完成的目標。」

布魯斯抬頭看著我，眼裡噙著淚水。

我對他說：「你是個忠誠的兒子。」

當我在面對「你我意識」的適應型小孩，像是在處理暴怒、生悶氣、氣急敗壞對人窮追猛打等狀況時，我都會從關係上著手，會去思考眼前這個適應型小孩需要適應的是什麼？請記得，形塑適應型小孩的有兩條內化路徑，而「反抗」就是其一，通常是因為想要去抵抗。布魯斯非常想要在爸爸一敗塗地的地方獲得成功，不想要走上與爸爸一樣的缺錢命運，這股抵抗的力量讓他成為了工作狂。另一條路徑「模仿」，比較常會在無意識的狀況下發生，我們反倒會去模仿自己在意識層面看不起的行徑。

我開口：「聽好囉，布魯斯。聽起來你爸愛酗酒、好賭成性，而且還愛發飆對嗎？」

「賓果。」

「他會發洩在你身上？」

「賓果。」

我說：「可是你愛他。儘管如此，你還是愛他。」

他說：「我們相依為命。」

我靠在椅子上看著他，有一瞬間他的表情卸下了防備。我說：「你現在對他還是有相依為命的感覺。布魯斯，但你可憐的爸爸真的很廢，他有賭癮、有酒癮——」

布魯斯同意：「他是有。」

「實際上，他對你根本沒有盡到做爸爸的義務。」

「對啊。」

我靠向他，輕聲地說：「我可以教你一個辦法，讓你能夠靠近那個完全沒有能力跟兒子親近的爸爸，雖然你不會從他那裡得到情感上的支持或連結，但還是能夠有親近他的感覺。」

他問：「那要怎麼做呢？」

我回答：「『表現得』像他一樣，跟你爸一起活在他的世界裡。以你來說，就是活在憤怒、膨脹、自我放縱的世界，讓自我當家。」

布魯斯往後靠，雙手交握，一反常態地很安靜。

我輕輕說：「我覺得你愛你爸。」

布魯斯哭了，不是很多眼淚，也幾乎不能算有抽泣，但是他確實開始哀悼、開始軟化了。

我跟眼前的男人說：「你救不了他，你沒有辦法修好他。」但我更是在跟內在的小男孩說話。

「他已經死了。」

「沒有關係。」我們沉默地一起坐了很久。

最後他問：「那現在怎麼辦？」

我告訴他：「決定權在你，你必須決定自己要屬於哪個世界，是要在膨脹不羈的爸爸那邊，還是要在老婆孩子那邊。你想成為什麼樣的人，是像爸爸那樣放縱自我的人，還是真正顧家的男人？」

布魯斯非常微弱地說：「我愛我的家人。」

「哪一個家？長大的那個家，還是以後要一起變老的那個家？」

布魯斯膽怯地看著莉亞：「我不要像我爸那樣。」他伸出手去拉莉亞的手，她把手交給他。

我對布魯斯說：「你幾乎是在沒有什麼管教的狀態下長大，可是現在你有自己的家庭了。你選得很好，布魯斯，你的家庭很美好，這個家唯一缺少的就是你。」

莉亞抓著一團用過的衛生紙，微彎著腰哭了起來。

布魯斯撫摸著她的手。

我對布魯斯說：「這些眼淚是為你流的，她想要你。她想要你回家，想要過正常的生活。」

他說：「正常對我來說很陌生。」

「我知道，我會幫你。如果你選擇正常，我會引導你一步一步來。」

布魯斯緊盯著莉亞皺成一團的臉：「我選擇正常。」

我回應：「好，那你現在應該要跟老婆和孩子說哈囉。」

他說：「好吧。」

我說：「然後跟爸爸說再見。」

他倔強著不願意讓眼淚掉下來，他說：「我想可能也該這樣了。」

我附和：「是的，可能也該這樣了。」

暗中作祟的自我膨脹

大家一再出現的失調關係姿態與適應型小孩有關，適應型小孩混雜著抵抗與模仿的情結，努力想要適應小時候的遭遇。雖然我們大多能夠清楚意識到童年時期不當消權的時刻，可是不論是父母直接抬升我們的地位，還是透過模仿他們的膨脹思維與行為而間接習得，我們通常會看不到自己虛妄充權的膨脹時刻。讓自己消除自我膨脹的關係姿態，意味著要拋下將這種姿態深深刻進心裡的早期依附。

布魯斯與爸爸的關係糾結不清，還是孩子的他就必須撐起照顧爸爸情感與身體的擔子，但是照理說應該要反過來。我們都看得出客戶有沒有糾結的親子關係，因為他們會說小時候的自己會替爸爸媽媽感到難過。我告訴布魯斯：「孩子不用為爸媽感到難過，因為大人夠大了，可以自己照顧自己。」

為什麼我們比較容易看到不當消權的遭遇，卻沒能意識到虛妄充權的經歷呢？

因為自我膨脹會在暗中作祟。人在感到羞恥的狀態會覺得很糟糕，自己會意識到，也會想要甩掉它。然而，有一半人不會注意到自我膨脹的問題，就算注意到了，感覺也不糟，而這算是治療師公開的秘密。老實說，自我膨脹時的感覺其實還算不錯，什麼框架通通丟掉，可以指著老闆的鼻子大罵，對著小孩大吼，跟同事搞一下曖昧，當下的感覺都很讚。感覺是很讚沒錯，但是只顧一時爽很可能會毀了你的人生。

我們必須在腦中幫自己從自我膨脹的狀態消風，就像是要抵抗第三杯飲料、第二份美食的誘惑那樣，我們需要為了身體、內在平靜、孩子的情緒健康等更巨大的利益，去拒絕當下立即的享受；為了家人、連結、健康這些更長遠更深層的幸福，我們要放下一時享樂的刺激。請為自己這樣做，幫自己從高高在上的自我膨脹心態走下來，是對自己長期幸福的關鍵投資。當然我們需要為家人走下來，但是更重要的是，要為自己走下來。我會對布魯斯這樣自我膨脹的人說，自以為有資格享有特權，就像是耍著沒有刀柄的刀，持刀的人也會受傷。走下來吧。從寒冷的外太空，回到溫暖的人間關係吧。我們回家吧。

幫助自卑的客戶走出羞恥的感受一直是心理治療非常執著的工作，這點很好理解。不過，要協助客戶享受真正的親密關係，就必須幫大家都站在「對等」的位置上。愛沒辦法由上而下，也沒辦法由下而上，愛需要平等的民主精神。更重要的是，根本就沒有誰上誰下這種事，比別人好、比別人差全都只是錯覺，是帶有刺人尖牙的錯覺。

不要帶著輕視的姿態活著

有天我要去開車，突然有個想法，那就是自我膨脹與自卑羞恥這兩者的情緒與心理能量並不是不相干的感受，應該說是「相同的感受，只是方向不同而已」。推動自我膨脹與自卑羞恥的感受都是輕視。

拿手電筒來說明好了，假設輕視的光束是直接射出去，那就是「自我膨脹」，會覺得「真不敢相信他怎麼會那麼白痴！」而如果輕視的光束是照回來，那就是「自卑羞恥」，會覺得「真不敢相信我怎麼會那麼白痴！」。都是同樣的感覺，只是有時是用不同的文字表達出來。

在我執業的生涯裡，我一直在告訴大家輕視屬於情緒暴力，羞辱別人、用上對下的姿態對待別人，都會造成心理創傷。書寫種族議題的心理學家創造了「微歧視」（microaggression）一詞來描述有色人種時常需要面對的輕蔑與侮辱，微歧視往往會藏在出於無心的日常言行裡，而這就是輕視這種情緒暴力的一個例子。

輕視不是情緒暴力的根源，不管是針對自己還是針對他人，輕視本身「就是」情緒暴力。現在，我想邀請正在思索這段文字的大家，一起做出可能足以改變人生的承諾，一起下定決心要讓生活零暴力，人際關係要零暴力，自我關係也要零暴力。

可以參考我寫的書《新婚姻守則》（*The New Rules of Marriage*），裡面有提到如何培養「全然尊重的生活心態」，會教你如何落實零暴力、零輕視。想要實踐全然尊重的生活心態，每一分鐘都需要持續修練，這本書會介紹的做法幾乎都是如此。話說出口之前，先停下來問自己：「我等等要講的話有沒有保持最基本的尊重呢？」如果覺得這樣說沒有尊重別人，那我有個非常好的建議：閉嘴。我想邀請大家，真心承諾要從現在開始，盡己所能不要說出或是做出會羞辱他人的事情。

同樣地，萬一有人不尊重你，你也不要默默承受、什麼都不做，或許我們無法控制對方，但是只要覺得這樣做對自己是最好的，我們大多可以選擇為自己站出來，或是在必要的時候離開現場。這時，我們沒有不經大腦衝口亂講話，也沒有默默接受對方的攻擊，就只是終結輕視與不敬而已，做這些都是為了自己，這點一定要放在心上。因為自我膨脹常會讓人自我感覺非常良好，而且常會包藏在自以為比較正確高尚的底下，所以我們需要調整思維，叫自己消風並走下來。剛剛在高速公路超你車的混帳東西或許真的該罵，可是你值得擁有不用生氣的生活，今天會有其他人去跟他說他的車品有多糟糕，但那不是你。

我想請你開始練習寫自尊日誌，進行大概十到十四天，每天晚上花幾分鐘，在手機、電腦或是紙上，簡單記下自卑和自大的時刻。觸發因子是什麼？內在上下移動之前發生了什麼事？當時有什麼想法和感受？最後，身體有什麼感覺？因為我們的身體是自卑羞恥與自我膨脹的容器，感到自卑或自負的時候身體是什麼樣子呢？多去了解自己在這些時刻會呈現的姿勢，一旦熟悉這些反應，就可以拿來做為標記，去覺察身體透露出的上下移動訊號。

觀察一兩個星期之後，我建議大家可以開始練習介入調整。雖然執行起來不太容易，但是介入調整並不難學。怎麼做呢？發現自己沉下去的時候，可以在心裡用雙手環抱自己，真的要有把手往下伸過去的畫面，將自己抱回「對等」的位置，就在眼睛平視的高度，不卑也不亢；發現自己飄上去的時候，一樣伸出雙手，把自己拉下來。這時，可以一邊唸出派雅・梅樂蒂（Pia Mellody）的誦讀文字：「每個人都擁有內在價值，沒有人比較多，沒有人比較少。」我會說，這就是民主運轉的齒輪，就在我們的腦袋裡運轉。

我們與自己的關係

過去別人怎麼對待自己，我們通常就會怎麼對待自己。假如以前有人對你很嚴厲，那麼你對自己說的話也容易會很嚴厲；假如以前別人都很放縱你，那麼……以此類推。

揭開個人主義、優越感、自卑感的巨大謊言，就能更靠近健康的自尊。對我來說，健康的自尊正如字面上的意思：在自己搞砸、表現不完美的時候，我們有能力尊重自己，用溫暖溫柔的方式對待自己。梅樂蒂會說我們的不完美很完美。

關係生活伴侶治療會使用美國傑出兒科醫師班傑明．斯波克（Benjamin Spock）教導我們這代人的重要概念，那就是：行為與人本身是不同的。

在斯波克博士開始倡導這個觀念之前，大人管教的是小孩的為人：「不要那麼皮！不要那麼壞！」但是，斯波克博士教我們要這樣說：「迪克，你是個好孩子，現在請把那塊木頭從弟弟身邊拿開。」他教我們把注意力放在人的行為，而不是性格。

對不好的行為會有不好的感受是件好事，因為這會讓我們負起責任、想到別人。如果做出不好的行為卻不覺得有哪裡不好，那就是不知羞恥、自大膨脹；如果是對自己做為人的存在產生負面的感覺，那麼就會從懊悔變成人身攻擊，變成覺得丟臉了。針對自己不好行為的不好感受應該要與行為的嚴重程度成正比，碾過小朋友的玩具不用太過自責，但是碾過小朋友就不應該覺得沒什麼大不了。不過，無論對不起別人的情節是大是小，萬一發現你開始「把自己批評得一無是處」，請記得要停止我講的這種內在習慣。

諮商結束後，布魯斯陷入重度憂鬱，起初我以為這是好的徵兆，代表他正在卸下防備。可是後來狀況愈來愈嚴重，早上幾乎無法起床，幾乎無法好好把一天過完，他陷入了許多治療師和另一半很膨脹的人都非常害怕的情況，因為有人正面點出他的防禦性思考與冒犯性行為，所以布魯斯從自負滿滿轉為自尊消風，從膨脹轉為羞恥。他很震驚原來以前的自己是那個樣子，而且極度反感。

而這，就是我想要的效果。請記住，想要解開冰封的神經迴路，我和客戶需要先把隱微的東西翻出來明白講，而以布魯斯來說，要翻出來的就是過去從來沒有承認但與爸爸非常相似的膨脹態度。一旦挑明了這點，他就需要去感受現在過的生活以及想過的生活之間有什麼落差，這時應該會出現一些反彈的厭惡感，應該會想要說「不！」

紐約的「阿克曼家庭治療研究機構」（Ackerman Institute for the Family）有位優秀的女性主義家庭治療師——歐嘉．史福斯坦（Olga Silverstein），她曾教導我該如何協助客戶，去面對「他們眼中的自己」以及「真正的自己」之間的碰撞。

現在的布魯斯就像是洩了氣的皮球，大部分的人，尤其是男性，都會有同樣的反應。從厚顏無恥轉變為有毒羞愧，只是從某一種只想到自己的心態轉換成另一種只想到自己的心態，雖然是在跟自己說自己是個多麼糟糕的人，但這代表關心的還是只有自己，因為羞恥感還是以自我為中心，罪惡感才是把重點放在被你傷害的人身上。

想要修復關係，不停責備自己無濟於事，你需要關注的是被你傷害的人，無論如何你都不會是重點，負責任的回應應該是：「對不起，我傷害了你，我怎麼做可以讓你好過一點呢？」

後來的諮商布魯斯喋喋不休地數落著自己，我先打斷他並說明覺得丟臉和覺得愧疚有什麼差別：「你需要花點力氣才能把自己從自憐的泥沼中拉起來，開始專心思考：『我可以為你做些什麼呢？』丟臉的感覺不是那麼容易就能消除，我給你六十秒的時間。」

布魯斯明顯放鬆了下來。

我說：「太好了，那就從這裡開始，看著老婆，真心誠意地說出你覺得她現在需要聽到你講什麼。」

在我的引導下，他轉過去握住老婆的手，深吸一口氣，一邊顫抖，一邊慢慢吐氣，結結巴巴地開口：「呃，我一直都……『表現得』像是個蠢蛋，我很自私，我很頑固。」

莉亞揚起一邊的眉毛等著。

他說：「好好好，要直接講才行，我一直都很壞。」

她哭了。

他說：「我再也不會把你鎖在外面了。」

我幫忙輕輕推一把：「這標準有點低耶。」

他繼續對著莉亞說，沒有管我：「我承認，我就是一坨大便，我也把你當作大便那樣對待。」

她對他說：「我不是你的員工欸。」

他溫順地說：「我知道。」

她掉了幾滴眼淚，有點生氣自己怎麼哭了，接著說：「而且我也不是什麼俱樂部的女生。」

他伸手撥開老婆眼睛上的頭髮，擦了擦她的眼淚：「對不起，你說得對。」

我對布魯斯說：「我想你應該不能再去那些俱樂部囉，你可能得跟那些滿心期待的客戶說你已經結婚了。」

布魯斯搖了搖頭，告訴我們：「他們也結婚了啊！」但是他心裡也明白自己不能再去了。

我告訴他：「現在應該要把自己有家庭這件事放在心上。」

他看著莉亞：「對，好，我知道。」

布魯斯真的說到做到，接下來幾個月他們還是有來諮商，但是最辛苦的那段已經過去了。

整個諮商的尾聲我對布魯斯說：「男孩會問世界：『你可以給我什麼？』但男人會問：『這時候我需要做什麼？我需要給予什麼？』」如果說親密伴侶還是無法讓你長大，那麼孩子肯定會把你推出舒適圈，而且推得很遠，但前提是要你願意。

我常和男性客戶討論如何真正成為顧家的男人，如何踏出舒適圈，多付出一點。

有次朋友對我和貝琳達說一些我們覺得是很奢侈的煩惱：「每天下午三點我一定

要睡午覺，不然我就會沒電。」我們會用「他一定沒有小孩」的眼神對看一下。

有天晚上，那時我們的孩子還是嬰兒，貝琳達已經連續三個晚上沒有好好睡覺了，而且她自己有全職經營的診所。大概凌晨兩點的時候，我聽到小隻的在嚎啕大哭，而且有隻手肘在頂我的肋骨，老婆迷迷糊糊地說：「親愛的，輪到你了。」

我說：「可是貝琳達，明天我有一場大型講座，會有一千多位治療師來聽我演講欸！」

結果，我親愛的老婆講了一句很簡單但是改變我一生的話，她說：「那你就帶著疲倦演講啊。」

這才是顧家的男人，你不能把自己擺在第一位。

研究顯示，施比受更能帶來持久的幸福感。看清事實，戳破自傲與自卑的巨大謊言，就能謙卑地意識到自己並不是超脫於婚姻、家庭、社會、地球之上，我們都是其中的一分子。許多有怨言的客戶會希望另一半可以不要常缺席，希望他們能夠多陪自己來滋潤感情生活，可是如果你人在心不在，那就不是真正的陪伴。問題是過去的陰影常會蓋過我們所在的當下，所以我們並沒有真的活在「現在這裡」，很明顯我們還在「以前那裡」。

走出創傷意味著要走進現在，走進與自己、與他人的人際連結，完全不會覺得自己需要去控制或是去形塑什麼東西；超越創傷意味著要擁抱生命的自然進程，接受現實的樣貌才能好好生活。放下狂妄的心態，就能放鬆下來，就會發現自己更能看到表面之下的東西、聽見他人的聲音、聽出沒有說出口的那些話。此外，不論現在各位幾歲，都可以開始培養心理學家希望大家兩、三歲就能發展出來的信任基礎——如此單純的信任感會告訴我們船到橋頭自然直，我們不需要強行加入自己的意志。

看到自我膨脹的問題之後，布魯斯那幾個星期大部分的時間都在睡覺。最後一次諮商他告訴我：「我以前都不曉得自己已經累到不行了，真的就是精疲力盡。」

我說：「要讓自己撐過每一步、推著自己穿過整片宇宙會耗費很多精力。」

布魯斯很同意，看著莉亞說：「很冷漠無情的宇宙。」

我說：「結果發現，冷漠無情的人一直是你自己。」

布魯斯深深看進老婆的眼睛，用心碎的脆弱語氣問：「你都會在嗎？就算以前我一直在把你推開，你還是都會在嗎？」

她用眼淚回答。

他對她說：「我以前真的很蠢，你可以原諒我這個之前很混帳的更生人嗎？」

她放聲大笑，然後兩個人都笑了起來。

她說：「『更生人』這個字很重喔。」

他糾正她：「那不是『字』，是『詞』。」

莉亞表示：「那這個改過自新的『更生人』好像沒什麼說服力喔。」

他握住她的手：「我只是開玩笑的，真的，我只是在逗你。」他咧嘴一笑：「可是時機不對，吼？」

莉亞開口：「你知道嗎？布魯斯——」

不過我先打斷她：「我們就先當你老公還是塊待磨的璞玉好了。」

布魯斯試著想要逗她：「一閃一閃亮晶晶喔。」但她似乎不覺得好笑。

我對她說：「走到這個階段，我通常會說你需要學習與現在的另一半一起努力，而不是只想著我值得擁有哪一個對的人。」

她對我說：「是有些落差啦。」

「一閃一閃亮晶晶喔。」

看著老公罕見的舉動，她受不了地呻吟：「天啊，有人解放自己了，只是你可能有點希望他不要那麼放飛自我。」

我同意：「許願要小心喔。」

那是我最後一次看到他們兩個。

我想分享的訊息很簡單，即使是像調整自尊這種看上去很個人主義的事情，結果還是可以具有社會互動的意義。我們沒有比人家厲害，也沒有比人家差勁。我們腦中有許許多多的雜音，對自己品頭論足，也對別人品頭論足，劃分著誰上誰下、誰對誰錯。快醒醒吧，這些都不重要。莉亞與她的「更生人」新老公讓我想起了古時波斯詩人魯米（Rumi）的詩句，內容很簡單：

有片原野

超越是與非……

我將在那與你相見。

第七章　粉紅泡泡幻滅之後，才真的是在過日子

氣。

「我喘不過氣了！噢天啊，我喘不過氣了！」安潔是白人，身材嬌小，髮色偏深，身穿領口綴著白色蕾絲的紫色絲絨洋裝，兩手焦急地捲在一起，正大口大口吸著氣。

我試圖安撫她：「好，試著慢慢來。」

她抓著胸口：「我沒辦法，我的心臟——」

我對她說：「我想你可能是恐慌症發作了。」

老公邁克坐在她旁邊，他在椅子上動了一下。他塊頭很大，身材挺拔，前臂放在張開的膝蓋上，身體往前，滿臉關切。

我說：「安潔，我需要你慢慢深呼吸，吐氣的時間要比較長，像這樣。」我示範給她看：「把腳平放在地板上，感受腳踩著地板的感覺。」

黑髮往後用髮夾別住的安潔緊盯著我的眼睛，她把穿著合宜黑鞋的雙腳平放在地面，開始慢慢深呼吸。雖然她逐漸平靜下來，但是纖瘦的身體還是在微微顫抖。

我說：「沒錯，就是這樣，慢慢來，妳做得很好。」

她繼續呼吸，雙手在膝上握緊又鬆開，她閉上眼睛集中注意力，幾秒鐘後再度睜開時依舊帶著驚恐的神情。

我對她說：「慢慢來，專心呼吸就好，妳做得很好。」

儘管痛苦、儘管緩慢，但是安潔還是恢復了一點平靜，最後她終於抬起頭，笑著對我說：「哇嗚！真是太恐怖了。」接著她突然哭了起來：「該死！」她用力拍打自己的腿，「該死！」她的身體搖晃著，一邊嗚咽痛哭，一邊喃喃自語：「我受不了了，我再也受不了了。」

我一邊安慰她：「我知道，我知道。」一邊心想，「哭吧，親愛的，想發洩沒有關係。你一腳踏入了名為外遇、不忠、背叛的世界。彷彿有把熱刀捅進妳的肚子，有塊木板插進你的頭骨。在這裡，我會盡我所能減輕這場煉獄裡的悲慘遭遇。」

三個星期前，安潔的世界天旋地轉，原本她的日子過得安穩且幸福，有三個孩子，老大十四歲，她工作穩定，老公也很完美；只是現在已經回不去了。

有天早上，或許是出於衝動，或許是出於直覺，她趁老公洗澡的時候仔細檢查了他的手機。結果，她在老公的分身帳號裡看到了一些email，很多、很多封的email，內容火辣煽情。寄件者是羅琳，有時候是暱稱羅兒，羅兒已經等不及要再次品嚐他的身體，想要他抵著她喉嚨的後方，想要他進入她的體內。

我的心在為安潔淌血。以前女人聞到的是某人的香水味，看到的是襯衫上面的口紅印，但是現在多虧有了網路，女人可能會清楚直擊露骨的所有細節，好比禁受千刀萬剮而死，而且有些還深到見骨。安潔質問老公：「我有必要知道她光滑的大腿摸起來像奶油般軟嫩嗎？去你的！」她看起來好像要打老公的樣子，但卻只是湧出了更多的淚水：「去你的。」語氣已經沒有剛剛那麼強烈了。

幻滅，破碎

不忠、劈腿、欺騙、背叛：那種難以言喻的痛徹心扉會從人的心臟開始撕裂，接著繼續摧毀現實世界。所以說，這些年來我看到的都只是你裝出來的樣子囉？所以說，我以為的那個你不是你囉？我都不認識你了耶。你是誰？過去和我住在一起的人到底是誰？

二〇〇二年，心理學家羅妮．賈諾夫—布爾曼（Ronnie Janoff-Bulman）的書

Shattered Assumptions（暫譯《破滅：原來世界不是我想的那樣》）談的正是創傷，書名點出了創傷的許多本質，創傷會將人撕個粉碎，只是不會在我們預期的那些地方，我們立足的地毯被撕裂了，我們立足的地面被撕裂了。創傷瞄準的是我們原先對世界的設定，那些日常當中不加思索就會相信的事情，好比另一半說他在開會，不是在什麼情人的懷中。本來我們好好地靠在廚房的牆上，但不知道怎麼了，這道牆卻突然崩塌，而這就是創傷。於是，我們不再能夠相信世界運行的方式，這樣的變化不是只讓人感到一絲寒意那麼簡單，而是會讓人覺得既然牆都會塌了，那接下來還會發生什麼事呢？

一旦意識到這點，人的五臟六腑會瞬間降到冰點：如果「這種事」另一半都做了，那他還會做出哪種事呢？因此原先相信的所有事情全都動搖了。你會問：「你們這樣多久了？你對我說了多少謊？這是你第一次出軌嗎？還有別人嗎？你是不是一直都在劈腿？」這股巨大的情緒洪流狂暴強勁，混亂到已經不曉得可以相信什麼，因為你最常尋求安慰的那個他，如今卻成了痛苦的來源。這時，愛、恨、絕望、反感、情慾、厭惡、單純出於盲目而有的需求等種種感受，全都猛烈地旋轉了起來，是這輩子從沒經歷過的情緒漩渦。

現在，我要提出的想法非常前衛大膽。

我剛剛的描述是不是代表安潔和邁克擁有不幸的婚姻呢？其實並不是。他們現在的狀況確實很糟，但是拉長時間來看，這段婚姻可能會十分美滿，現在要下結論都還太早。關係生活伴侶治療的觀念比較不一樣，我們並不想協助遭逢重大背叛事件的伴侶重拾往日的平衡，我們有更遠大的目標。在這個故事中，我不只是想幫安潔和邁克度過危機，還想化危機為轉機，從根本上促成他們兩個人以及這段婚姻的蛻變。做為受過一般系統理論訓練的家庭治療師，我很清楚機會就藏在危機裡，轉變與瓦解會始於危機與失衡，甚至失衡的力道夠大還可能會傾覆系統，導致系統衰亡。不過即便如此，故事的結局還很難說。

我對安潔和邁克說：「你們曾經擁有的婚姻已經不存在了，現在只有一個問題，那就是你們可不可以創造一段新的婚姻？」

我同事埃絲特．佩雷爾（Esther Perel）曾經開玩笑說：「希望我這輩子可以結六次婚，而且我要嫁的都是同一個男人！」沒錯，不忠有時是以離婚收場，但就統計上來說，大部分的人不會離婚，有三分之二的婚姻會繼續走下去，不過數據並沒有把尋求治療這個因素算進去。現在，安潔和邁克正努力想逃出這股狂暴的漩渦，他們正處在婚姻靈魂的暗夜之中。

你經歷過的暗夜又是什麼呢？

我們大多都經歷過漆黑的夜晚，可能是大到出軌那樣揪心的事情，也可能是小至柴米油鹽醬醋茶的摩擦，彼此漸行漸遠，慢慢消磨到愛火熄滅。不論大小，我們幾乎都會經歷某程度上的砍掉重練，受到某些傷害或是被迫面對幻滅的現實，雖然以前這些都難以想像，但是這一切已經沉重到你會開始懷疑自己是不是真的走不出來了。我想再次提醒大家，人終有一死。死亡是人類本身不可分割的一塊，正如生命中的限制、不完美、不平衡，全都是我們的一部分。我們的不完美會彼此碰撞，會令人失望、讓人受傷，而且——沒錯，甚至還會帶來背叛。

伴侶治療之父詹姆斯．弗拉莫（James Framo）曾說，假如有天你轉頭看著枕邊人，發現其實他和你當初愛上的那個人並不一樣，原來這一切都只是個可怕的錯誤，那麼恭喜你，這才是婚姻真正的開始。歡迎體驗人性的滋味，這裡沒有男神、沒有女神。可是這樣的醒悟是多麼美好的一件事啊！雖然我們可能都渴望與完美的他步入婚姻，然而，正是不完美的兩個人彼此碰撞，才能擦出完美的火花，而且雙方如何以伴侶的身分一同處理碰撞也同樣重要，因為這才是親密關係的真實本色。

本質上，緊密關係的節奏都會是和諧、失和、修復的迴環紛沓，就像是走路一樣，原本平衡得很好，然後不小心絆了一下，接著趕緊穩住自己，重新平衡。

這種和諧、失和、修復的循環始於嬰兒時期。研究嬰兒發展的愛德華・楚尼克博士（Ed Tronick）有段知名的影片，開頭可以看到小女嬰整個軟綿綿的身體依偎在媽媽懷裡，一臉滿足，但是，突然有什麼東西打破了這份寧靜：可能是脹氣，可能是聲響，或是寶寶肚子餓了。嬰兒受到驚嚇，開始亂踢亂扭，放聲大哭無法平復。媽媽也嚇壞了，臉色緊繃了起來，安撫孩子的搖晃動作更大了，媽媽因為喪氣而生氣的臉朝寶寶貼近，這時，嬰兒本能地舉起小小的前臂，交叉來擋住媽媽的臉。接著，神奇的事情發生了，嬰兒願意咬奶嘴了，但也可能是因為身體排氣了或是聲響不見了，然後呢，啊哈，寶寶軟軟的身子再次鑽進了媽媽懷中。整個過程只花了四十秒。

佛洛伊德把早期的母嬰關係形容為「海洋般波波不息的幸福」。不過，是楚尼克博士與兒科醫師T．貝瑞．布列茲頓（T. Berry Brazelton）等研究員實際錄下了母嬰互動的畫面，去觀察尋求連結、失去連結、找回連結的真實過程。遮住臉假裝不見、張開手又回來了，這種沒完沒了的輪迴是許多嬰兒早期會接觸的遊戲，而且還樂此不疲：出現啦、不見啦，又出現啦。

我們都很清楚和諧的蜜月期長什麼樣子，多種化學物質衝進腦門，濃烈得令人陶醉，覺得渾身被愛包圍，心滿得要開出花來。這種讓人輕飄飄的化學配方包含會產生獎勵感受的多巴胺，與古柯鹼釋出讓人成癮的化學物質一模一樣。另一種化學物質是降麻黃鹼，會引發主導戰逃警覺機制的神經作用，帶來類似「跑者高潮」愈跑愈嗨的愉悅感。此時，睪固酮與雌激素的濃度也會增加，催動臉紅心跳的情慾感受。年輕眷侶的戀愛腦非常像上癮腦，當愛戀對象不在身邊時，甚至可以觀察到戒斷的生理症狀。心理學家早就注意到浪漫或愛情上癮的現象，我也有遇過為愛痴狂的人，他們陷入的正是這種內源性的「毒品套餐」，症狀與有毒癮的人完全相同。

蘿菈是白皙的美女，有著南方薩凡納上層階級發電機的風韻魅力。套句業內的講法，當時我是「坐在諮商室的另一端」，我不是以諮商師的身分去參加週末的深度療癒互助團體。蘿菈與我們分享走出人生低潮的故事，訴說她是如何掙脫長期的愛情成癮模式——她的精神醫師說那是「情愛妄想症」。

她瘋狂愛上某位知名作家。而這位作家最近剛好搬到她鄉間小路的住家附近，兩人成了鄰居。

蘿菈說，在某個夏夜，令她癡狂崇拜的作家帶著輕便的週末行李開車離開，留下兩隻杜賓犬繫著長長的鍊子在後院裡。這時，機會來了的快感在她的體內蕩漾。不由自主地跑到冰箱裡翻來翻去，啊哈，有漢堡，太適合了。她把絞肉鋪在盤子上，打開八顆鎮靜劑膠囊，把藥粉揉進絞肉裡面。接著，她跑去作家鄰居的後院，餵狗狗吃加了鎮定劑的食物，不出三十分鐘，兩隻狗就跪倒在地上呼呼大睡了起來。蘿菈很滿意自己剛剛做的事情，接著跳上鄰居的棚架上，慢慢爬到二樓的臥室，她在棚架上調整身體的角度，朝臥室的窗台探過去，她凝視著鄰居的臥室，仔細看著散落一地的衣物與書本，彷彿是在參拜一座神殿。

蘿菈告訴我們：「我幾乎可以聞到他的味道，我的內心感到無比平靜……居然可以這樣靠近他，這樣靠近如此閃閃發亮的人。但就在『那時』，狗醒過來了。」

我們大家都不知道該怎麼回應比較好，應該要笑嗎？要擺出惋惜的表情嗎？瘦竹竿布萊克只說了：「啊靠——」臉皺了起來，好像舔到了什麼酸酸的東西。

蘿菈繼續說：「所以我就吊在那裡，踮在棚架上，真的只剩手指頭和指甲掛在上面，下面還有兩隻杜賓犬在對我低吼。」她掃視著我們的臉：「就是在那個時候，我說出了改變自己一生的話。我看著自己在玻璃窗上那張可憐兮兮的臉，一字一句大聲地說：『小姐，你需要幫助！』」

總之，蘿菈設法爬下棚架，而且沒有受什麼傷，接著跑去報名人生的第一場病態依存關係匿名互助會（Codependents Anonymous）。從此以後，她好多了。

假如沒有治療處理，許多愛情上癮的人只是會從這一段蜜月期，跳到另一段蜜月期，而且往往會留下一片狼藉。

昆恩七十五歲上下，因為口袋夠深，所以可以不斷演出一段又一段的愛情悲歌。他會瘋狂墜入愛河並閃婚，好日子通常可以持續好幾年，可是大概到了第三、第四年，就會看到對方真正的樣子。「真是令人頭痛啊！」老婆愈是抱怨，他就愈是退縮；要等他找到下一個出軌對象才能結束這回合。幾年過去，他甩了第一任老婆，投向情婦的懷抱；接著小三扶正成為第二任老婆；只是之後又上演同樣的戲碼。我們認識的時候，他正在與「成為第五任老婆的女生乙」交往，他解釋說：「原本我是先跟有機會成為第五任老婆的女生甲求婚，可是她腦袋很清楚，所以沒有答應，最後我就跑去跟女生乙結婚了。」昆恩總共有五任老婆，生了七個孩子；膝下兒孫成群，可是他覺得人生「一直都非常空虛」。

蘿菈和昆恩就像是開車時無法打到低速前進的二檔那樣，總是一直卡在關係的第一階段，在感情裡沒付出什麼努力，只會用幻想覆蓋現實，用滿足感代替親密感。此時還在感情的第一階段，我稱之為「無知的愛」，在這個階段，我們可能會有種很強烈的直覺，連靈魂都會認定眼前這位就是對的人。問題是，你現在根本不曉得對方習慣怎麼結帳、怎麼與家人相處、浴室地板乾不乾淨……

然而，兩人遲早都要面對現實的考驗，琴瑟和鳴會變成琴瑟不調，開始走進感情的第二階段。第一階段我們會去美化對方，可是到了第二階段，夢幻泡泡可能就會「啪」一聲破滅，發現「原來你根本就不是我當初想的那樣」。

大部分人的幻滅是漸進式，從你儂我儂的愉悅顛峰轉換到無聊平凡的現實生活，可是對某些人來說，幻滅卻是一夕之間排山倒海而來，安潔就是如此。換句話說，若是透過日常相處而愈來愈熟悉彼此，大家就可以慢慢適應幻滅；但若像不忠這種背叛的遭遇則是大手一撕，狠狠扯開遮住錯覺的布幕，硬生生將血淋淋的事實擺在眼前。

身材精瘦但看上去神情脆弱的安潔在世界瞬間崩壞的那五分鐘掙扎著要消化現實，因為她還處於極度震驚的情緒之中。得知邁克外遇之後，她一再重複地問他：「你怎麼可以這樣？」被劈腿的那一方幾乎都會不斷想起兩個問題，這就是其中一個。「你才剛從她的床上溫存完，轉身立刻就能跟家人溫馨晚餐，你到底在想什麼？你怎麼可以這樣？」

由於不忠帶來的幻滅幾乎都會伴隨著震驚，因此被劈腿的人也都會想問：「我怎麼知道你不會再犯了呢？」如今現實被撕裂了，被刺傷的那個人會和經歷過創傷的人一樣，想要把破碎的現實重新拼湊回來。安潔有一百個不曉得答案是什麼的問題，像是「所以去年聖誕節你說你在芝加哥，但其實是……」她需要知道剛剛碾過她名為現實的卡車有多大台、型號是什麼。不過，所有感情都會經歷這樣的過程，大家都會遇到心裡一沉、事情不應該是這樣子的感受，而不忠只是最天翻地覆的那一種形式。

家庭治療中，我們會認為伴侶代表的是進入某種「婚姻契約」，只是他們通常不會講出來，在一起可能代表的是「我會保護你，永遠都不會讓你受傷」、「我的眼中永遠都會有你，以前從來沒有人像我這樣會永遠站在你這邊」、「你是我安定的港灣，我會為我們的生活帶來熱情的火花」。這些沒有明講的約定通常不會有什麼問題，只是可能在哪天好景不常，「你就是我堅實的靠山」變調為「我才不需要一個老爸」；「我會為我們的生活帶來熱情的火花」成了「我也會為哈利和比爾的生活帶來熱情的火花」。感情的粉紅泡泡遲早都會破掉，而且某程度上，生小孩幾乎鐵定會讓它破掉，從前另一半會幫你逃離某種東西，但現在他反而會精心把那種東西擺得美美地再端到你面前。

不管自己承不承認，墜入愛河其實就表示我們覺得「有了他，我就會被療癒，或是至少可以避開從前的不足與傷痛，彌補缺憾與創痕」。因此，隨幻滅而來的會是冷冰冰的醒悟，你會揪心的意識到另一半不僅無法直接治癒自己，甚至可以說他們這種角色是精心設計來拿著熾熱長矛刺進我們眼睛的存在。

進入失和階段人一定會痛、會受傷，我得強調這真的會很痛、很受傷。過去二十幾年來，我一直在與聽眾分享的概念是：「婚姻裡有怨恨很正常」。而且演講結束後從來沒有人跑到後台問我說：「泰瑞，那是什麼意思呀？」

考量到安潔的身心狀況，我最擔心的東西很具體，那就是她有在吃東西嗎？有在睡覺嗎？腦海中是不是有些東西就是揮之不去，讓她很折磨呢？要不要藉助一點藥物來改善睡眠，或是減輕憂鬱、沮喪的程度呢？是不是應該要直接來處理創傷，幫助她復原呢？是不是可以做一些「眼動減敏與歷程更新治療」（Eye Movement Desensitization and Reprocessing, EMDR），幫她停下腦中循環播放卻又啃食著她的性愛細節呢？

接著，我看著邁克，思考為什麼他要外遇？出軌那方無可避免地會被問到「為什麼？」

基本上，我會聽到兩種答案。第一種單純就是自私：「我不知道，那時就是出差，大家都喝了酒，就只是……」好，很好。第二種是：「我的天，不曉得怎樣，反正事情就那樣發生了，我不是故意的，當時我腦袋也不是很清楚。」好，最好是這樣。這類說詞的問題在於，他們完全不負責任，光是劈腿就已經是不負責任的表現了，現在還怎麼敢承擔下來，還有，什麼叫「好像就是那樣發生了」？

我說：「邁克，治療師不會去問人家為什麼要出軌，因為答案很明顯，偷情很新鮮、很刺激，會讓人覺得自己很有魅力，而且可以享受魚水之歡。通常我們會問的是，為什麼不會出軌，是什麼東西會讓人向出軌說不？」

邁克在椅子上動了動，正想開口說話。

但是我繼續說下去：「現在我會對出軌說不，而且已經維持好一陣子了，可以跟你分享我的原因嗎？」

邁克點頭。

「因為我不想傷害我的另一半，我不想看著孩子的眼睛，跟他們解釋為什麼爸爸要背著媽媽偷吃。我不想要毀了自己的名譽，而且你信也好不信也罷，我真的寧可活得坦蕩光明。這就是我的為什麼。可是你心中有某些東西蓋過了『不』的聲音，我們的工作就是要把那些東西找出來。」

幾年下來，我歸納出幾種會蓋過「不」的因素，發現人會偷情可能是因為下列某一種原因：

一、會劈腿的人不夠自律，也就是說自私心態蓋過了關係思維。不論現在是跟誰交往，他們出軌都只是遲早的事。這類個案往往會有自戀和資格感的問題，覺得：「人生苦短，我應該要好好享受。」

二、現在的感情關係已經愈來愈不能滿足自己，可能是兩個人愈來愈愛吵架、漸行漸遠，或是變得像是一灘死水，所以偷吃的人會認為這段感情已經不值得他好好保護並維繫，覺得：「被抓到的話，那就好吧，反正這段婚姻也好不到哪裡去。」

以治療師的身分協助伴侶找回緊密的感情時，我通常會先判斷主要的問題是出在出軌那個人的性格，還是兩人的感情狀態，或是其實都有問題。

結果發現邁克的情況相對單純，雖然已經結婚十六年了，可是他一直沒有完全脫離高中生活，還是會像十九歲的大男孩那樣，經常週末找兄弟出去玩，瘋狂喝酒，跑趴狂歡。邁克完全覺得自己有資格可以這樣過生活，幾乎不太會分攤家務或是照顧孩子。他的工時很長，收入穩定，回到家基本上只想一個人待著，覺得自己辛苦做電氣師傅賺錢養家，就已經算做得夠多了。

邁克與安潔高中認識的時候，他很「不羈」，她很「乖巧」。這樣的組合是兩人沒有明白講出來的婚姻契約。他可以幫她鬆一下，帶著她跳舞、享受性愛，而她是他安穩的船錨與道德的羅盤。邁克的爸爸愛酗酒、愛玩女人，家裡充斥著爭吵與混亂，相比之下，安潔的家庭很幸運、很美好。簡單來說，邁克負責教安潔玩耍，安潔負責教邁克什麼叫責任。現在的問題是，安潔正常發揮，她是學得比較好的那一個，床笫生活她能做到無痛轉換，脫下天鵝絨連身裙，穿上挑逗的女性內衣，套上軟滑的情趣束縛絲絨裝扮；而邁克也做得到無痛轉換，他可以拋下安潔，改成跟任何願意跟他上床的人上床。

邁克有過一段兄弟會男生會有的風流韻事：總是和那群他口中的「孩子」混在一起，一起喝酒、一起釣魚，有時一起打打獵、「有時一起泡泡妞」。他一直沒有完全接受自己不再單身的事實。邁克看不起的爸爸是他下意識會模仿的對象，加上南波士頓那群兄弟的煽風點火，他會覺得家庭只是出去外面探險回來的休息據點而已。他沒有想過要和妻兒好好待在家裡，一起享受家庭時光，在他眼中家庭只是義務——想找樂子就要跑去後面的巷子玩才行。他的生活就是某些治療師口中形容的「愛慾分離」。家庭代表的是穩定、美好、責任、了無生氣；屋外的街頭代表的是探險、使壞、自私、充滿活力。

聽完我的解釋，邁克說：「你知道嗎？我是很博愛的。」關於這點，我有注意到。他說：「我不是可以停下來、關起來，不去感受的那種人。你懂嗎？」他轉向安潔，安潔頭幾乎點都沒點，他繼續說明：「我會跟著自己的身體走，就是說，我可以讓體內的情慾帶著我走。」

「嗯哼。」我回。

「我就是沒有辦法把愛情和性慾放在同一個女人身上。」

我說：「好的。」頓了一下，說道：「嘿，邁克，我們來談談你的媽媽。」

他對媽媽的描述我不是太意外，幾乎是活菩薩一般的存在，也可說是長期受苦受難的殉教者，體內刻著波士頓愛爾蘭天主教的基因。他爸把世界燒成焦土的同時，是媽媽顧著家裡的爐火。

我對他說：「好，現在我理解了，我知道你的資格感是從哪裡來的了。」

「資格感？那是什麼？」

「邁克，就是說你期待安潔會吞下你那些亂七八糟的行徑。」

他生氣地低下頭。

我繼續：「你期待她像你媽一樣會遷就你，你正在複製你爸媽的婚姻。」

邁克很驚訝，但我抱著謹慎樂觀的態度，因為至少他有來做伴侶治療，而且有在試著努力。這幾十年我遇過無數忍氣吞聲的女性，面對老公多年來的糟糕行徑，她們選擇隱忍，就怕生活會起什麼波瀾，結果老公卻奔向其他女人的懷抱。在伴侶治療時，我會與客戶討論「激烈的親密關係」這種概念*，也就是有摩擦的時候，要有勇氣用有技巧的方式與對方正面處理問題。

安潔和邁克是在高中認識的，都是「住在附近」的人，也就是南波士頓的愛爾蘭社群，因此邁克認為安潔會自行克服老公種種誇張行徑所帶來的傷害——這種想法其實不算太離譜，畢竟他媽媽就是這樣走過來的。不過就像我告訴他的，現在時代不同了。

安潔說：「我不喜歡你喝酒，不喜歡你離開我，不喜歡你和朋友聚會狂歡。我以為有一天你會長大，你就會看清楚，可是今天這件事實在——」她一邊說一邊攤開手，盯著兩手中間的地方，彷彿她在攤開一張地圖似的說：「我從來沒想到你會這樣。邁克，我那麼相信你，我以為我們兩個之間是有什麼連結的。」

他出聲抱怨：「安，我們有啊。」

「本來是有，邁克，可是你把它切斷了。」她轉頭看著別的地方，繼續說：「我不曉得我們現在到底是走到了哪一步。」

我心想：「他們現在走進了打穀場，走進了屠宰場。」他們夫妻正身處鍊金爐中，必須先熔解，才有機會蛻變，而痛苦已經將安潔熔得只剩本質。面對這樣的局面，我有辦法幫助他們安全走過這道關卡嗎？還有破鏡重圓的可能嗎？

＊想知道更多「激烈的親密關係」相關資訊，請參考網站Terryreal.com的線上課程「讓我們繼續相愛：親密關係裡激烈溝通的藝術」(Staying in Love: The Art of Fierce Intimacy)。

我問安潔：「你還想要他嗎？」

她的回答直接有力，令人欽佩：「現在這樣的他我不要。」

「那有哪邊需要調整呢？」

她大聲說：「要改變的就是『他』！身上每一顆該死的細胞都得調整。」她突然向老公發難：「邁克，事情很簡單，你要嘛給我長大，要嘛給我收拾走人。」

我想：「安潔，為什麼你現在才拿出骨氣這樣說呢？」

她附加條件：「我是說現在就得改變，不然就算了，我沒有辦法等太久。」

他求她：「嘿，安，寶貝不要這樣——」

她理智斷線：「不准叫我『寶貝』！你去叫女朋友『寶貝』啊。」

他一臉無助抬頭看著我，看起來是在說：「拜託你做點什麼吧！」

「邁克，你想聽聽我的看法嗎？」

他大力點頭，好像是在說「快救救我！快把救生圈丟給我！」

「好吧，那我來說說我的想法。」我頓了一下，說：「她是對的，你一直在搞破壞。」接著，我向邁克說明有種自我膨脹的資格感叫作「壞小子」。「你是個自以為是的高中屁孩，只是已經三十六歲了。」

他說：「嘿，我哪有──」

我把球打回去：「你知道我在講什麼，說不定你耳朵後面還卡了根菸，褲子後面口袋還放了保險套。」

他突然哈哈大笑，他是在笑我：「我想你應該搞錯現在是什麼時代了。」他的臉上掛著笑容。

可是我笑不出來：「你為什麼要結婚？為什麼要生小孩？」

他覺得被戳痛了，聲明：「我愛老婆，我愛我的小孩。」

我往前靠，看著他說：「那就整理好自己，保護他們。每次你有婚外情，就是在置他們於險境。」

他不是很高興我這樣說。

我總結道：「邁克，我要跟你分享一件很棒的事情，但我覺得你應該還沒有完全接受這件事。」

他問：「接受什麼？」

「你有家庭這件事。」

回頭。修復。可是要怎麼把破碎的東西拼湊回來呢？到底為什麼還要嘗試呢？我會把感情裡的和諧期稱為「無知的愛」，失和期稱為「無愛的知」。因為現在另一半的缺點和瑕疵我們已經全部看清摸透了，可謂一覽無遺，可是這時的你沒有那麼愛另一半，而且完全處在「你我意識」裡頭，眼中的另一半站在對手的位置，你只想要保全自己的心理狀態。

至於安潔會如何處理她與邁克的關係，則取決於她內在的適應型小孩。然而，過去她用還就乖順去適應的世界已經天崩地裂，賞了她一記耳光。或許該是時候做出改變了，儘管非常痛苦，但卻是失和才能給我們的禮物，而且得來不易。

請記得，想要解鎖神經路徑，內隱訊息必須要外顯出來。邁克需要知道自己是個「年紀很大的青少年」，安潔需要知道自己就是個「逆來順受的受氣包」。現在，既有的習慣想必已經不再吸引人，因此會變成：「我還比較想要學習怎麼多和家人相處」、「我正在學習如何把心裡的話講出來，堅定自己的立場」。也就是說，雖然邁克的婚外情傷了兩個人，但是在我的協助之下，他們可能有機會炸出一條通往成熟行為與性格的道路，迎來明智型大人的那個自己。升級版的邁克會想：「家人需要我多陪他們。」升級版的安潔會想：「我最好要為自己挺身而出，勇敢講出來。」於是，兩個人的個性都能夠經歷一番大蛻變，婚姻也能邁入嶄新的階段，他們能夠經常拿出修復的技巧來經營感情。

想要永遠改變適應型小孩的姿態，就會涉及神經生物學家口中的「記憶再固化」，這跟改掉自動冒出核心負面形象的預設立場是同樣的道理。

安潔之前的情緒認知是：「保持被動並遷就對方，自己就很安全。」所以那段期間她表現得特別溫順，可是婚外情粉碎了原先的認知。不過，如之前所說，夫妻失和帶來的是記憶再固化的契機，因此安潔新的認知是「為自己挺身而出才會安全，我自己的安全，不用靠邁克來保障。」由於遷就老公與為自己發聲不可能同時保障自身的安全，所以她推翻了既有的認知，而她剛領略到的情感真理也嵌入了內隱的神經網路。

「記憶再固化」直接改變的是適應型小孩（皮質下系統、內隱的情感認知），比較不是明智型大人（連結前額葉皮質，會對皮質下系統做出回應）。由於不太需要分神去調節皮質下系統，因此明智型大人更能好好主導心智。假如現實生活中能夠一次又一次見證負面預期根本不會發生，就能夠長出修復親密關係的力量，甚至在天時地利人和的狀況下，還有機會能撫平嚴重的創傷。好意具有療癒的力量，同理心也有療癒的力量，而且即使只能間接影響，同理心還是會有效果。事實證明，打開別人心房最好的辦法，就是先敞開自己的心扉。

隨修復而來的祝福

走過和諧與失和之後，會進入三合一循環的最後階段，那就是修復，我把這個階段稱為「領會愛」。這時，你已經摸清另一半的弱點與缺點，像是愛發脾氣、對你不夠熱情、個性懶散、小氣巴拉、控制欲強等等，儘管如此，你還是選擇繼續愛下去。因為這段感情能帶給我們的好處遠超過其中的不足之處，所以雖然單看上述的負面特質時，你會盡量避免和這種人在一起，但是現在你還是選擇去擁抱帶著這些特質的另一半。

邁克極度自私、極度不成熟到令人頭痛的地步，雖然他是愛妻小的，只是從他的行為上完全看不出來。安潔還想要和他在一起嗎？她還想，可是他必須趕快長大，對婚姻忠誠，畢竟她愛的是當初那個強大的男人。

邁克是超級善解人意的老公嗎？絕對不是，可是他用憨憨的笑容點亮了安潔的世界，看著一家五口聚在一起，這時候的她是不是很滿足呢？因為這就是家。

我對邁克說：「你需要做出選擇，看是要繼續待在婚姻裡，還是要恢復自由單身，可是你不能兩個都要。」

邁克難過地看著老婆好久好久，他幾乎不會表達自己的情感，連話都講不清楚，我都差點要為這麼笨拙的他感到難過了，不過，一想到他造成的那些傷害，我收起了對他的同情。

他說：「小安，對不起，我不知道我還可以怎麼……親愛的，我真的很抱歉。」

坐在旁邊的安潔滿腔怒火，這時我決定出手，並對她說：「好啦，我們就先聽聽他要說什麼。」

邁克低頭盯著地板。

我跟他說：「眼睛看著她，對著她說話。」

他開口說話，語氣十分挫折，因為不知道怎麼措辭比較好：「嗯……安潔，就是，嗯……遇見你，是我這輩子遇到最美好的事情，我是說，你跟小孩都是。你們就是我的『全世界』。」

她冷冷地回應：「那你就要表現出來啊。」

「我知道、我知道，我現在知道了，我一直都表現得很爛。」這時，她抬起頭看著他。邁克繼續說：「我知道我很渣，我不配跟你們在一起，可是小安，如果你願意的話，如果你可以原諒我之類的，我以後絕對不會……」

她還是沒有被打動，等著看他要怎麼說：「絕對不會怎樣？」

「我絕對不會再傷害你了，不會再這樣傷害你了，永遠都不會了，小安。我也不會再做什麼會傷害我們家的事，你可不可以……我知道，我知道，其實我也想不出你有什麼理由要原諒我，只是說如果你『有辦法』原諒我，有辦法試著選擇再一次相信我的話。」講到這裡他停下來，看著她。

她抬起頭看著老公。

「我不會再那樣了，親愛的老婆，我真的不曉得該怎麼說，但我不會了。」

邁克放下防備，用柔軟的姿態乞求安潔的原諒：「我不會再那樣傷害你了，永遠都不會，什麼我都願意做。」

我對邁克說：「很好，希望你說到做到。」

接著，在我的指示下，邁克前往亞利桑那州接受為期一週的密集治療。在那裡，我們這位波士頓的大粗漢進行了晤談、心理劇、身體放鬆治療、眼動減敏與歷程更新治療、馬術治療等各種課程，你想得到的幾乎都有。最後也如同我期待的那樣，回來後的邁克變得更加柔軟，更加能夠珍惜人際連結。回來後的第一次諮商，他懊悔地痛哭流涕。（安潔人很好，她相信老公講的都是真的。）

接下來的幾個月，我把兩個人的諮商時間錯開，一週是伴侶諮商、一週是邁克的個人諮商，我從旁引導他去熟悉關係技巧，去進入丈夫與父親的角色。我不只是邁克的治療師，還是他的導師。

這塊也是關係生活伴侶治療與傳統心理治療不同的地方，不論治療師的性別是什麼，他們都會很明確地拉出這層指導的關係。當然，這樣的導師身分是奠基於專業訓練與臨床經驗，不過，我們更堅實的基礎是來自於自身感情的修復經驗。如果說傳統治療師是抽離客觀的角色，那麼我們比較接近互助會裡面分享十二大步驟的導師角色。假如治療師只是躲在「中立」與「專業素養」的高牆背後，那麼很可惜，因為影響力會削弱很多。

我說：「邁克，如果說是社會帶給你不夠健全的個人主義與父權思想，那麼我也是；如果說你原生家庭的功能失調，那麼我也是。雖然故事的版本不同，但其實之前我也跟你一樣，自己受過傷，卻也在傷害別人，覺得自己有資格這樣、有資格那樣，但其實就是無知，可是後來有人引導我走上正確的方向，於是我長大了。而且老兄你知道嗎？如果我做得到，那你也可以。」

邁克沒有在看我，他一邊聽我講話，一邊凝視著老婆。

我說：「你剛剛那樣看著她很棒，可以試著把你那樣的神情翻譯成語言嗎？」

「說——我——就是說我——」

我說：「對著她說。」

他轉身，讓自己整個人面向老婆：「我不知道，就是，小安，我可以懂你為什麼不相信我。」說著他低下了頭。

我指示他：「要看著她。」當他再次抬起頭，眼淚安靜地流了下來。

「就是，我不曉得為什麼，就是，你是怎麼可以，你知道的，願意再給我一次機會，願意相信我。」他伸出手，她握住他的手。「可是你真的可以相信我。不用現在就相信沒關係，就是，我知道自己必須要向你證明才行。」他嘆了口氣：「這些『我』心裡都很清楚，雖然你可能還不曉得，但是我心裡都知道，我學到教訓了。」現在邁克落下的是真誠的淚水：「你知道嗎？能夠遇到你，真的是我這輩子最美好的事情。反正，我是這樣覺得啦。」他頓了一下，深深吸了一口氣，只是吸得不太順：「我對你有什麼感覺，就應該要那樣對你，我認真的。」

她轉向他。

他握住她的小手，然後按在胸口上，就在心的位置，說：「這裡。」他把她的手壓在胸口：「就從這裡面開始。」

安潔激動地朝邁克靠過去。

我問：「你想要他抱抱你嗎？」她點頭；我說：「去吧。」他們兩個早就忍不住抱緊了對方。「好好抱緊，好好抱緊。」

和諧，失和，修復。

我們的文化非常癡迷感情裡的蜜月期，認為一段好的關係不會有什麼不合拍的地方，就像是腹部沒有堆積脂肪的好體態一樣，而性生活就要像二十幾歲那樣熱情才算美滿。不過，至少在我們這行，當前最紅的關鍵字是「情感調和」（attunement）。現在大家會告誡家長要不斷去配合孩子，會教導結婚的人要成為能夠悉心包納彼此的「護持環境」。不過假如你來問我，我的看法和楚尼克博士一樣，不論是親子還是婚姻關係，信任都不是生於永遠融洽的甜蜜泡泡裡面，反而是一起走過大大小小的混亂殘局，才能堆疊出信任的基礎。楚尼克博士認為：

經歷無數次試圖重新建立連結的挫敗之後，嬰兒不是覺得無助，而是會學到如何滿懷希望地與這個世界互動。小寶寶會賦予這些經歷特殊的意義，轉化為懷抱樂觀的期望，進而培養出心理韌性。

各位焦慮的直升機父母，請聽仔細囉：零失和、零摩擦並不是生養韌性的環境，反而是「兩人一起」度過這些吵吵鬧鬧的時刻才能萌發出韌性。生活本來就會吵吵鬧鬧，但至少你們是一起吵吵鬧鬧地度過，相處上總會有不協調、不順眼、不同調的時候，但是這些顛簸不至於會造成難以挽回的撕裂。

另外，不論談的是感情還是教養，我都想與大家分享一些我自己和大部分的客戶都覺得比較安心的地方。雖然磨合在某程度上對關係是好的，可是要多少才不會太多呢？究竟磨合的量要控制在多少以內，才不會把合都磨掉呢？關於這點，楚尼克博士以及追隨他的兒童發展專家是有公式的。

調和與失和的比例各要抓多少，才能養育出健康的孩子呢？一段關係最多只能承受多少磨合，才可以繼續維持在「還算健全」的護持環境呢？研究員的原則是「七十比三十」，意思是可以容受不協調是百分之七十以及協調是百分之三十的比例，前提是不協調的地方需要調得回來才行。這跟在棒球場上打擊是同樣的道理，十次打擊有三次上壘的話，那就很棒了，前提是當你被接殺出局的時候，隊友要願意抱你、幫你打打氣。

既然如此，具體來說修復該怎麼做呢？關係遇到顛簸的時候，該如何重新建立連結呢？

對於父母和嬰兒來說相對簡單，因為只需要再次找到彼此就可以了。不過，對於身上背著許多包袱的成年人而言，狀況會比較複雜。因為大人會被觸發，新的傷口會喚起舊的傷痕，包裹眼前衝突的是陳舊傷痛的疤痕組織，我們看到的會是過往經驗形成的預期思維，所以會認為「你也會像以前他們那樣對我」。

神經生物學家將這種負面預期視為內隱記憶的一塊，也就是對於自己在這個世界的預設投射，以及世界會如何與自己互動。我們習得的負面預期是過去遺留的陰影，可能是由於感情不睦的經驗太多、太嚴重，進而形成創傷；可能是由於相處不融洽，卻又老是沒有修復關係，最後自暴自棄：「好啊，反正我會這樣都是因為你啦！我比你傷得還要深耶。」

安全的感受經驗就是化解負面預期的關鍵，從我家庭治療的觀點來看，安全就是設立界線，就是拉出合適的距離。你不會把門關上，將我丟在外面；你也不會侵犯我的界線，想要控制我。關於這點，神經科學家史蒂芬．波吉斯（Stephen Porges）提出可能的解釋，那就是在人際互動裡想找到安全感，需要有兩項重要的因素：對方要沒心眼、不批判，「我不會隨便亂踩線，也不會隨便搞失蹤」。關於波吉斯的看法，還需要補充的概念是，這種動態的感覺單靠一個人無法維持，因為伴侶間往往需要相互調節，帶給彼此安全感。譬如說，覺得對方越界時，我們可能會抗議：「嘿，可不可以不要用腳踩在我的脖子上啊？我不喜歡。」覺得另一半搞消失時，我們可能會提醒：「嘿親愛的，你是不是跑到外太空了，可不可以回到地球。我很想你。」關係健康的伴侶會不斷地將對方推出去再拉回來，拉回來再推出去，維持著彼此距離的動態平衡，而這也是摩擦帶來的美好禮物，代表關係中的人可以表達自己的想法，重塑關係的樣貌。

不要只是自己生命中的過客

在個人主義的主流文化裡，我們對關係的態度常常很被動，事情遇到了那就遇到了，只好做出反應。不過，假如可以學習關係思維的藝術與技巧，我們就有機會共同掌握關係的話語權，於是，我們將不再只是無法掌握方向盤的無助乘客，腦中不再充斥著負面預期，不再需要仰賴適應型小孩終會失敗的互動模式。因此，即使是在被觸發的時刻，依然有辦法可以先停個一分鐘，或是二十分鐘也可以，召喚出內在的明智型大人，請他出來告訴自己要先停下來，思考並觀察，再下決定。

關係中會有摩擦就像身體會痛是同樣的道理，都是在告訴我們哪邊出錯了，比如不可以用手去碰火爐，而前額葉皮質會去解讀這層訊號，並決定要如何處理。反觀「你我意識」，這樣的自己好像完全知道出現摩擦的時候該怎麼做：（一）用「我是對的」武裝自己；（二）試圖去控制另一半；（三）覺得有情緒、被冒犯就要全部發洩出來；（四）報復；（五）算了不管了；或者使出上面五種排列組合的手段。總之這些做法基本上都不會有效。

人被觸發時，過去的傷痛會跟著跑出來，神經感知對於「我安全嗎？我安全嗎？我安全嗎？我安全嗎？」進行全身掃描。當結果是「不安全！」時，身體的自動反應會把人推入「你我意識」，接著新傷喚起舊傷，而且不管另一半一開始看起來有多完美，偏偏選來選去，總是那麼剛好會選到生來就是要把我們一腳踢回童年泥淖的那個人。這種婚姻並不糟糕，對大部分的人來說，這就是婚姻。感情的好壞不是取決於摩擦有多嚴重，而是兩個人有沒有修復。

我的客戶幾乎都和邁克與安潔一樣，不是很清楚什麼是關係修復。邁克長大的過程中鐵定沒看過關係該如何修復，顯然安潔也是。衝突與和解並沒有在安潔家裡造成太大的漣漪，因為他們幾乎不會把事情攤開來討論或是處理，大家只是默默承受，而且有人問的話，他們還會說生活已經很幸福了，反正忍過去就是了。而這，一直都是安潔在婚姻中採取的策略：不去承認，甚至是閉上眼睛不去看。她適應型小孩的姿態乖巧順從，付出的代價就是不去看陰暗面，而且或許就是因為這樣她才選擇嫁了個壞小子。順應卻犧牲了她自己的本質、真實、勇氣，但如今的婚姻危機反而促使她重拾這些壓抑的特質。

我們選擇的對象身上都會有我們自己還沒完成的愛情課題，另一半身上的那些失敗、那些限制、那些討厭的表現，往往都是我們極其熟悉的東西，而在這些時刻，我們又會被丟回童年關係創傷的漩渦裡頭。建立良好關係的重點並不是防止再度受創，而是要去處理課題，而且夠幸運的話，我們也可以和安潔一樣，在婚後找到進化版的自己。安潔選擇了邁克來幫她解放、開竅，至於邁克，埋藏在意識深處的他其實知道安潔早晚都會對他嚴加質問。

不過，想要化危機為轉機，就需要先穩住內心，不要讓反應模式的洪水將自己帶走，你需要培養並強化自我調節的技能。楚尼克博士以及所有研究人際關係的神經生物學家都在告訴我們，自我調節的技能來自於成功的修復經驗，假如從來沒有過修復的相關經驗，要保持樂觀並不容易。

我會跟貝琳達開玩笑說，有一天要寫我們兩個的婚姻回憶錄（老天保佑，希望不要喔），甚至還已經有個暫訂的書名 *A Fight Worth Having*（暫譯《婚姻這場仗，值得一打》）。人生如書名，我們人就是這樣，有些傷害就是值得去經歷，要堅守自身不完美帶來的謙遜態度，我們哪有什麼資格可以高高在上、自以為是呢？英美詩人W．

H．奧登（W. H. Auden）的優美詩作〈當我漫步於夜晚時分〉（*As I Walked Out One Evening*）寫道：「你當用你扭曲陰暗的心　去愛你那扭曲陰暗的鄰居」。

可能你會想問自己：現在這段感情靈魂的暗夜究竟是什麼？我缺少的是什麼？一直在走偏的是什麼？接著你可能又會問：那我自己通常都是怎麼處理這些問題的呢？我是不是會來勢洶洶地抱怨個不停？我是不是會用很犀利明確的詞彙想「把事情講清楚」，要證明自己是對的呢？我是不是會發洩情緒呢？會報復對方嗎？會逃避不溝通嗎？最後，假如自己狀態還不錯，假如還可以保有明智型大人的模式再多幾分鐘，我有沒有可能會用什麼不同的方式來處理關係課題呢？如果我可以對另一半將心比心，不要對他擺出批判、控制的嘴臉，那麼講出來的話會給人什麼感覺呢？我的內心需要做出什麼改變，才能不論另一半有什麼反應，我都能喚醒並且穩住成熟的自己呢？

第八章我將會介紹修復的實用工具與步驟，關鍵的第一步就是要記得愛，記得要先切換到想要修復的那個自己。雖然當下可能很受傷、很失望、很生氣，但還是要記得告訴愁眉苦臉的另一半：「到底是怎樣，你有時候真的是很壞耶。說真的，有的時候我甚至會懷疑自己還愛不愛你，也會懷疑你還愛不愛我。可是，雖然這樣，看在老天的份上，你不要一身濕答答地站在門口，那樣很冷。有的時候你真的是很令人失望，你很傷人、很不完美、很亂七八糟，可是嘿，沒關係的，我跟你半斤八兩，都不完美。你還在等什麼？門沒有關，趕快進來好嗎？」

第八章　感情需要激烈的親密火花與柔軟的溝通力量

從來沒有人開口跟她說這段感情已經走不下去了，她當教授的老公沒說，朋友沒說，家人沒說，一起養育的小孩當然也沒說。可是，一切都是有跡可循的，已經出現一些危險訊號了，聰明一點的女人應該就會察覺到：他會很晚才回家；會需要突然出差而且不願意解釋清楚，會閃爍其辭態度還很差；會動不動就生氣，問得仔細一點的時候特別容易發脾氣。朋友都告訴她趕快離開渣夫，可是她心裡沒有真的怪老公。

連現在回過頭看這段婚姻，她也沒有非常怪老公，因為她曉得如果說婚姻已經變成一灘死水，那也是兩個人一起造成的。

現在，看著前方無盡延伸的孤獨高原，她心裡有多氣老公，就有多氣自己。其實，早在好久以前他們就已經放棄這段婚姻了，好幾年前就放棄了。她不斷告訴自己，這只是漫漫人生裡頭一小段辛苦的日子而已，老公工作非常忙碌，要照顧三個孩子也不簡單。她很清楚夫妻倆都不快樂，可是她覺得現在還不能享受兩人時光，要先等孩子大一點再說，要先等老公在事業上有所成就再說。以前他們如膠似漆，未來這段兩人時光還會回來的，至少她是這麼想的，所以覺得老公也是這麼想的。問題是，她錯了。

我們第一次——但可能也是最後一次——晤談時，菲爾就直接宣布：「我跟你講，親愛的，那時我坐在樓梯下面哭得像個小嬰兒，跟你說你就要失去我了，你連這個都不記得了嗎？」

莉莎坐在老公旁邊，在沙發椅上不自覺地摸著一頭棕色長髮。她戴著圓形無框眼鏡，身穿簡約褐灰洋裝，看起來隨時都有可能會高唱抗議歌曲，跑去加入遊行，為某種理想上街倡議，總之就是不想和老公待在這裡。聽到菲爾已經這樣叫了她四百遍，她張開雙手，哀求著說：「可是，我以為你很開心呀。」她是發自內心在困惑，這份真心與不解不相上下。

他反擊：「對啊，我知道你以為我很開心，你知道為什麼嗎？」

我坐直了身體，隨時準備好在必要的時候介入。

「你想知道為什麼你會以為我們都很快樂嗎？」

椅子上，莉莎的身體明顯縮了起來。

他說：「因為、因為你就是他媽的什麼都不知道，就是這樣！」

她試著回應：「嗯，可能，對。」

菲爾轉頭對我說：「一切都很好啊，只是搞不好哪天起床下樓，看到我的喉嚨被割開，身體攤在樓梯上，她也會直接跨過我，說：『親愛的，早安』，然後去泡一杯咖啡給我。」

她被刺痛了：「這樣講太不公平了。」

菲爾高高瘦瘦，他用霸道的語氣繼續說：「莉莎，我說過了，我很大聲地說過了，只是電腦畫面剛好顯示的是那該死的email——」

她說：「噢菲爾，原本我以為沒什麼，就只是女學生迷戀老師那樣，我是說，你很有魅力啊，我以為——」

「可是沒有什麼迷戀不迷戀，她不是小女生，她也不是我學生。」

莉莎得到教訓了，順著老公說：「這些我現在都知道了。」

菲爾氣沖沖地繼續質問：「好啊，你是想要看到什麼？口紅畫的箭頭嗎？」

我打斷他：「好的，這樣夠了。」

他靠回沙發上坐著，讓自己平靜下來，靜靜地說：「小莉，是我們先放開手的。」我可以感受到他生氣的語氣底下，壓抑著沉痛的受傷感受。

我輕聲提醒：「菲爾，如果捫心自問，應該要說是她放開你的。」

他搖著頭，露出苦澀，補充：「不對，不對，這不是一個人的問題，是我們兩個都疏忽了。」

「這是什麼意思？」

「你聽過『我們漸行漸遠』這種說法嗎？」

我點點頭。

「應該這樣說，我們沒有漸行漸遠，我們分頭跑得很快，根本是全速衝刺，她把全部的心力都放在孩子身上，我則是努力工作，然後——」他轉過去看著老婆說：「結果一回過神，才發現我們都已經被淘空了、被榨乾了，力氣在外面已經全都耗盡了。」

莉莎在他旁邊安靜地哭著。

我問她：「你沒注意到嗎？你沒有注意到他這麼不開心嗎？」

她搖頭，擦掉眼淚：「我就是……」

菲爾替她回答：「我們沒有在講話的，我和莉莎，你有懂嗎？我們都是行動型的，不是講話型的。有什麼事情需要做的嗎？還是有人需要幫忙嗎？約個雙打啊，出去走走啊之類的，這些我們都很擅長。」

莉莎臉色蒼白，又受傷又崩潰：「老天，我以為大家都很開心啊。」

他說：「親愛的，是有開心啊，而且全是多虧有你的付出，你就是家裡的暖爐，你陪小朋友玩、陪他們滑雪、一起看兒童歌劇，這些我都很感謝——」

「那好啊，那你哇哇叫是在——」

「可是你都沒有留一點時間和力氣給我，給我們兩個人。」

她抗議：「可是我們都在啊，你剛剛講的那些，全部都——」

他往前靠，語氣緊繃且不滿：「都是全家一起行動，伊莉莎白，是全家五個人一起，都不是留給『我一個人』的，這樣已經很多年了。」

莉莎精疲力盡，她嘆了口氣但沒有繼續反擊，轉頭看著老公，用脆弱心碎的聲音問：「那現在怎麼辦？」

這也是我心裡的問題。

他們什麼都有，就是沒有彼此

莉莎與菲爾讓我想起了一九八〇年代汽車保險桿上的貼紙：「我的生活方式吃掉了我的人生」。

照理說，他們什麼都不缺，應該是人人稱羨的家庭。夫妻外表出色，表現出來的觀念也很正確，還會為有需要的人挺身而出。車庫裡停著豪華的休旅車，準備好要送孩子到自由安全的學校上課，可是這四年來，他們幾乎沒有性生活——問題是，小朋友老是硬要擠在床上一起睡覺，而且還有那麼多事情要忙，哪還有時間上床？

他們夫妻很少吵架，不同意也不會明白表示出來，但這其實也是問題的一部分，因為這意味著他們從來沒有自和諧期走到失和期，再到修復期，而是從和諧期直接回到各自的角落。可以說這段婚姻當中的莉莎與菲爾都是極端的個人主義者，他們都任由自己埋首在各自的工作。菲爾專心教學與研究，莉莎把心力放在孩子與家庭。在分配時間與精力時，伴侶關係永遠被擺到最後，只能仰賴所剩無幾的資源額度。這段婚姻之所以會走不下去，不是因為菲爾當前的不忠危機，而是兩人時光的年久失修；這座名為婚姻的花園早就因為長年疏於照料而失去生氣，與其說是有什麼戲劇性的內部事件導致感情凋亡，不如說是這段關係早已慢慢腐爛還比較精確。

莉莎屬於比較會表達自我的浪漫個人主義者，她跟其他浪漫主義者一樣很重視發展，很在意每個人獨特的進化旅程，也就是德國浪漫主義的「陶冶」（Bildung）概念。只是她並沒有跑去參加冥想課程，或是做皮拉提斯，她關注的不是自己的個人發展，而是三個孩子獨一無二、不容忽視的內在成長歷程。莉莎是開明的媽媽，透過孩子活出她的浪漫個人主義，陪著他們參加各種體育練習與藝術課程，她全心全意地投入教養，是孩子的發展、孩子的「陶冶」賦予了她人生的意義。

菲爾投入的程度不亞於莉莎。儘管在家裡偶爾提出的抗議沒有什麼效果，但他還是摸摸鼻子踏上美國傳統男性的路線，他負責上班養家，回來也是個會參與親子活動的爸爸。可是基本上，他已經放棄去管家裡面的其他事情，也沒有在管夫妻情趣了。

我們長年聽到的許多故事是像莉莎這樣的女性，講的是她們在關係裡的聲音不被重視，講的是女性為了配合家裡而放棄自己的需求。在傳統父權的觀念裡，莉莎這樣的賢良女性不會有自己的需求，否則就是自私的表現，賢良的女性生來就應該要服務別人。可是像菲爾這樣的男性，他們的聲音其實也沒有被聽到，可能除了應該隨時都會想要的肉體慾望之外，堅強的男性不應該會有情感需求，當然也不會有脆弱的一面。堅強的男性應該要像自己的老婆一樣無欲無求，老婆負責賢良，老公負責堅強。當被噤聲的「賢良女性」遇上沉默的「堅強男性」，可以看到雙方都不太會表達「嘿，我需要抱一下」的這種需求。

莉莎與菲爾是洋基美國佬的新英格蘭人，在他們身上就可以看到這脈傳統，彷彿生來就是要活得像是節日賀卡的全家福一樣，昭告親友他們一家成功的人生故事，比如菲爾獲得升遷，奧利維亞在學校活躍於戲劇表演，布萊恩在網球場上表現亮眼，小艾咪口齒不清的講著法文；而莉莎站在協調全家的位置，負責擔綱全心養育、沒有性慾的女神媽媽。莉莎與菲爾確實什麼都有，但就是沒有彼此。

菲爾說：「我們不會談事情，我們是『做』事情。」假如兩人都同意只做不說，那麼可能不會有什麼問題，而且原本也確實運作得很好，可是後來菲爾發現自己還有更多的需求無法滿足，他發現想要把莉莎從孩子身邊拔開幾乎是不可能的。

我插嘴問：「所以說，那個女人是誰？」菲爾縮了起來，莉莎非常生氣。沒有人說話。

最後是莉莎出聲：「有人會說那是個『小女生』喔……」

菲爾想劃下句點：「都過去了，她不重要。」

莉莎問：「怎麼會不重要？是說她毛長齊了嗎？」

菲爾搖搖頭，想甩掉惱怒，他強調：「重點不是我跟她有什麼，莉莎，重點是我跟你沒有什麼，是我們兩個人失去了什麼。」

她終於生氣了：「所以你是在怪我囉？是我叫你外遇的嗎？現在就是要這樣講就對了？」

他像洩了氣的皮球說：「我們兩個只是有點失去方向。」

她激動地大喊：「那你就說啊！你可以來掐住我的喉嚨，叫我注意聽啊。」

他大聲講：「我有啊！」

莉莎愈來愈生氣，不可置信地說：「蛤，你是說就那麼一次？就那麼該死的一次而已，而且那時候我根本聽不懂你在講什麼。」她用嫌惡的語氣轉述菲爾的話：「『你就要失去我了』，菲爾，就這樣？好啊，為什麼會失去？是怎樣失去？你說啊，我是應該怎麼辦啊？」

他弱弱的問：「可是你有問過我嗎？」

她反擊：「可是你有主動講嗎？」

我心想「啊，終於講到重點了，僵局啊——一個不問，一個不說。」

莉莎與菲爾自小家教都很好，對別人都很客氣，兩人的爸媽都是和和氣氣、心門緊閉的疏離類型。他們就像是繞著彼此打轉的幽魂，但就是碰不到對方。在愛情裡，這對夫妻都屬於第一型逃避依戀的人格，都是在高牆聳立的家庭長大，都不太會應付原始衝突、傷害、需求的爆發場面。

菲爾早就告訴我了，『我們很會做事，就是不會講話。』

我心想「好，真是太好了——是吧，所以現在才會來這裡找我。」

新聞人約翰．泰勒（John Taylor）曾親身分享是怎麼走向離異：「我們的婚姻並不糟糕，只是令人很氣餒而已，感情這台裝置布滿了細微的失望與瑣碎的怨恨，兩人的齒輪已經合不來了。」泰勒筆下的那些「小失望、小怨恨」大多沒能好好修復，跟莉莎與菲爾的狀況很像。

我遇到的伴侶和這對夫婦幾乎都有同樣的問題，關係中並沒有「修正機制」。健康的伴侶會彼此調節，會有衝突爆發，會因為疏遠而覺得壓抑，可是他們會講開來，所以會磨合得愈來愈好。可是，對於莉莎與菲爾這樣的伴侶來說，他們不會吵架，疏離是互動的常態，於是什麼問題都沒有解決。直到哪一天，有人引爆了危機，像是家裡有人病倒了、大人感情不睦影響到小孩了，或是其中一方開始繞過伴侶，從某些東西、某些對象身上尋求慰藉。如同美國作家亨利．大衛．梭羅（Henry David Thoreau）在《湖濱散記》（*Walden*）寫的，大部分的人都是活在死寂的萬念俱灰當中。至於其他人，就沒那麼死寂了。莉莎已經接受現在的生活並安頓下來，但是菲爾還有更多的需求。雖然我完全不贊同他做的事情，前面也表達過我的不贊同，不過，確實有人需要來撼動一下目前的關係，否則這段婚姻會完全土崩瓦解。

我同事埃絲特．佩雷爾（Esther Perel）的觀察十分一針見血，她認為外遇不是想要去找不同的對象，而是想要找到不同的自己。我以治療師的角色在處理感情不忠的問題時，會想要知道劈腿的那方是在外遇的關係中找到什麼樣的心靈回春泉水，這樣我才能舀個幾瓢注回原本的感情。然而，談到感情要保鮮的時候，大家講的都是和諧的甜蜜期，莉莎與菲爾也不例外。確實，我們的文化認為熱戀就是要熱熱烈烈，但是，婚姻裡真正的火花來自打得火熱的兩個人，真正支持熱烈激情的柴火是真實的衝突、全心的參與、直接的面對。假如想要濃情蜜意，那就要學會擁抱低迷沉悶。我想我需要做的，就是告訴莉莎與菲爾，大家風平浪靜地順順過下去，繼續逃避問題，只會扼殺浪漫，伴侶間偶爾會需要硬起來，感情才能更深一層。

親愛的，讓我們激烈地在一起

親密關係裡要避免激烈溝通，需要能面對問題、面對彼此的核心能力，這是莉莎與菲爾結婚以來從沒做過的事情。莉莎將這個家視為潤滑良好的機器，需要維持順暢的運轉，連一點小碰撞、小顛簸都不能有，可是如果我們進入關係、生態的思維，就會意識到正是那些磕磕碰碰才能形塑真正的親密關係，而這也是失和帶來的豐厚大禮。愛爾蘭詩人葉慈（Yeats）寫過「愛會立起大宅，建築於污穢之上」，莉莎經營家裡的方式正在榨乾老公的生命——有一次菲爾用「美國軍艦般的鋼鐵家庭」來形容老婆打理的家，還開玩笑地敬了個舉手禮。

可是，菲爾之前有把這種想法說出來嗎？有像莉莎說的「要掐住她的脖子大力搖晃」那樣說出來嗎？莉莎有沒有注意到老公對於家裡的事情愈來愈提不起勁呢？她會想念他嗎？看起來沒有，她看起來很好。菲爾現在看著老婆的眼神有點絕望，他說：「我們乏味祥和的表象下面，藏著更乏味祥和的熔融核心。」

莉莎又受傷又生氣，說：「我的天，菲爾，你嘴巴真的很壞。」

我心想，確實很壞，而且很悲哀，但不代表他講的不對。

我在波士頓執業，看過許多莉莎與菲爾這樣的原生家庭。整個家庭系統都處於和氣美滿的階段——精準來說應該是偽和諧，但不是出於浪漫，而是出於否認的心態。之前我看過一幅諷刺漫畫，畫中的女生拿著紅色口紅在客廳的牆上塗鴉：「這裡什麼事情都沒有發生過！」有些家庭非常文明、非常克制，情緒這種不得體的東西，像是受傷、生氣、恐慌等都不敢探出頭，因為這個家不歡迎它們。譬如說，小孩子哭鬧會被送進房間去「好好冷靜一下」。家裡沒有人會學習如何從失和的狀態回到修復的階段，因為這個家的字典裡沒有失和，或是至少不願意承認有失和這回事。

做為長女，莉莎是那個英雄般的好女孩，這種經營表面、操守端正、否認問題的文化在她身上運作得很好。反觀菲爾，雖然稱不上叛逆，但他身上確實帶有那麼一點火熱的激情，而莉莎正是被這股隱微的活力所吸引，所以剛開始兩人之間是有火花的。只是後來三個孩子陸陸續續蹦出來，從此夫妻的世界塞滿了活動、責任、鋼琴課、親師會議、週末滑雪、曲棍球賽。對此，莉莎感到很充實，但是菲爾覺得很孤獨，他告訴我：「家庭經營我們得甲上，可是夫妻感情只有丁下。」有好幾次他想要說服莉莎：「小朋友先給你爸媽帶，我們溜去享受兩個人的週末時光！」然而，最後總是會冒出個什麼事情阻止他們成行，不過菲爾十分隨和，好脾氣地接受了家庭需要他的事實，於是先把自己想要的東西擺在一邊，但是你也可以看到，他不是很想面對自己可能會爆發的感受，也不是很想面對其他人可能會爆發的感受。

某天下午，菲爾與年輕同事在河邊散步。其實原本他並沒有要跟對方掏心掏肺的打算，只是不曉得為什麼，他開始講起了心事。戴安娜殷殷詢問，讓他挖出了以為自己已經放下的內在感受。許多有婚外情的人並不是因為想要性，而是渴望尋找更廣義的情慾，同樣的道理，戴安娜帶給菲爾的不只是性愛，還有單純被好好關注的快感，那是人與人的接觸。當男性投入年輕女性的懷抱時，會說對方幫他們找回了年輕的自己，大致上就是在說對方重新喚醒了他們失去的生命力，普天之下出軌的人講的幾乎都是老掉牙：「因為讓我覺得自己還活著。」

第七章我提到自己在處理外遇議題的時候會去看兩個面向，那就是劈腿那方有沒有顯現出資格感，以及感情關係健不健康。在這個案例中，我並不覺得菲爾是個超級自戀的人，只是他們需要有人來幫忙打開窗戶，屋子裡需要新鮮的空氣。基本上，我們治療師會遇到的伴侶分成兩種，一種是會吵架的，一種是會疏遠的。如果是愛吵架的，我常會從客戶的怨聲載道裡面尋找關係的美好，尋找那些把兩個人牽在一起的點點滴滴，也就是他們的「我們思維」；如果是愛疏遠的，則會反過來，我需要先讓他們看到不願意仔細檢視的失修問題，反而不會一開始就動手修復。因為在他們結合為

「我們」之前，需要先有兩個「我」的存在才行。

做為治療師，我會幫每個人勇敢說出心裡話，將自己沒有說出口的需求和痛苦表達出來。面對彼此疏離的伴侶，我們沒有辦法遞給他們一束花，然後期待兩人奔向夕陽，成功找回緊緊相依的感覺。我們要做的是先遞給他們一把槌子，請他們摧毀兩人共築卻又禁錮彼此的宏偉大宅，接著，才會開始教他們與對方正面對決應該長什麼樣子。

看對方不順眼的時候，你是屬於哪一種類型的伴侶呢？你是會拔刀開戰，還是會築牆疏離呢？會不會需要換個更有建設性的方式來與對方談呢？像是少一點責備與批評，多一點經驗感受的交流，柔軟地分享自己的想法，並真心邀請另一半一起分享。還是說，要來場精彩的對打，像夏日暴雨那樣，在掃掉幾片樹葉之後，能夠帶來清新的空氣呢？

一般來說，我會請弱勢的那方挺起腰桿，請強勢的那方軟化縮小。請記得這個原則，假如你既有的反應是很激動、很生氣，那麼可以試著縮小自己、展現脆弱、放軟身段，不要想著講清楚是非對錯，應該要打開心房與對方溝通；假如你比較偏向逃避，或是已經太習慣去討好別人，那麼建議你鼓起勇氣，不要害怕搖晃船身會激起浪花，萬一惹另一半生氣那又怎樣？不要就這樣倒下，要繼續往前，堅定說明想講的話，持續挺進。

有許多自己出軌的人跑來找我，不安地搓著手，聲稱自己很焦慮、很憂鬱，完全不知道該怎麼辦，卡在另一半與情人之間左右為難，他們會大聲的說：「我一定要搞清楚才行！這根本是場噩夢，很煩，要趕快做個了結才行。」假如有治療師相信這些說法，我會覺得他們「太菜、太天真」，這些人大部分的時間都是在兩邊周旋。一邊是充滿激情、感官饗宴、情感豐沛的情人；一邊是代表穩定、家庭、安居的枕邊人，於是，劈腿的人常常是對兩邊都不誠實。會這樣延長痛苦與困惑的折磨其實非常簡單，因為他們兩個都要。我希望客戶可以同時擁有激情與穩定，顯然難就難在要做到一段感情、兩種滿足。

莉莎與菲爾的婚姻激情不再，不是因為莉莎只顧著照顧小孩，而是因為菲爾沒能有效表達想法，沒能好好讓老婆知道這樣對他來說其實還不夠，而且他的需求非常合理。

諮商快要結束時，莉莎說：「好吧，菲爾，我現在就聽你講話，我洗耳恭聽。」就在那一刻，菲爾的反應出乎我的意料，他往前一彎，開始大聲啜泣，哭得讓人替他難過。他想拉老婆的手，可是她沒有理老公，菲爾擦著眼淚說：「你知道嗎？莉莎，你知道嗎？我一直想要的就是這個。」

她問：「什麼東西？專心聽你講話嗎？」

他氣惱地回應：「不是，我想要你，就是你。我不要其他人，我只要你，我要真正的你，醒著、活生生、陪在我身邊的你。」

我說：「嗯，菲爾，我有好消息，也有壞消息。」

他說：「你說。」

「好消息是，你已經有她了，現在她全身心都在這裡，和你一起。任務完成。」

「那壞消息呢？」

「你們來諮商，是因為你傷了她的心。」

莉莎與菲爾都同意把自己受傷的感覺先放到一邊——只是他很急切，她很不情不願——攜手挽救兩人的婚姻。他們跟許多身陷同樣難關的伴侶一樣，都需要面對出軌的潛藏原因——兩人之間的距離——以及外遇加諸的明顯傷害。

菲爾問我：「那還有希望嗎？依照你專業的判斷，你覺得我們要面對的是什麼？」他脆弱的聲音令人同情。

我說：「很簡單，就是彼此。」

直接面對另一半

「面對彼此。」這句話到底是什麼意思？從最基本來說，就是要與對方面對面，有什麼不滿要說出來、有什麼想要的東西要講清楚，具體說明怎麼做你可能會比較舒服。接下來，一切順利的話，請攜手合作，一起修正。

修復的意思是，不開心的人需要堅定（但不是激進）的溝通，另一個人需要用關懷與回饋（但不是防衛）來回應，而修復是有技術的，只是這套技巧很難在我們不重關係、強調個人的社會裡學到。

回想一下，你自己有沒有接觸過關係修復技巧的相關經驗呢？放眼整個社會呢？我想應該沒有吧。那在我們稱為「家庭」的關係學校裡有看過嗎？顯然絕大多數的人應該也都沒有。老實說，除非你非常幸運生長在非常具有關係意識的家庭，否則學習修復的技能等於是要你消除已經內化的觀念，而且還需要像我這樣的角色從旁指導——可以是面對面引導，可以透過工作坊或線上課程，也可以像各位藉由閱讀來學習。

大家有辦法在沒有專業協助的狀況下與另一半自行學會這些技巧嗎？可以。有許多人可以透過像是這本書、講座、線上工作坊等自學的方式，改變自己、改善感情。尤其是兩個人一起學習，效果會更好。不過，即使只有一個人比較能掌握關係之道，還是有機會轉變兩人相處的模式。那麼要怎麼知道自己需不需要協助呢？很簡單，假如單靠自己的力量沒有辦法朝這個方向調整，沒有辦法做到在審視自己的同時專心體察，那麼你們會需要一起接受協助，因為在此之前會看不太到什麼修復與改變。

我會建議伴侶要在生活中認真培養關係技能，可以拉著對方參加週末增能課程，聽聽具有思維領導力的人怎麼談關係，分享自己學到了什麼，以及在感情互動上正在努力的方向。同時，要讓孩子看到你們正在修復與對方的關係，假如小朋友聽到大人在爭吵，記得也要讓他們看到你們在和好，因為不管我們自以為有多小心，其實大人吵架小孩都知道。雖然各位的爸媽應該都沒有教過和諧、失和、修復的三部曲，不過我們還是要教給小孩這樣的觀念，教他們技巧，教他們知識，幫他們做好應對的準備。

修復的技巧有哪些呢？我之前的書《新婚姻守則》（*The New Rules of Marriage*）有列出相關的內容，不過請讓我在這邊再說明一次，並更新一些重點概念。首先，修復並「不是」雙向道，關於這點大家幾乎都搞錯了。另一半不開心的時候，那麼這就是他的時間，因為這不是兩人對話的時機。當莉莎在訴說自己滿腹委屈的時候，並不是在邀請菲爾接著也分享自己的不滿、兩個人輪流來。修復需要大家都專心在同一個方向才行，當另一半覺得有哪邊需要處理的時候，我們唯一要做的就是幫助他們回到和諧的狀態，要去解決讓他們難過的事情，要給他們力量重新建立連結。另一半不開心的時候，請大家放下自己的需求，先專心處理另一半不開心的地方，為什麼要這樣做呢？因為這樣做對你有好處。從生態的角度來看，假如分出贏家與輸家，那麼最後兩個人都不會開心，請把這點放在心上，因為「輸的人」會讓「贏的人」付出代價。過去菲爾一直都順著家裡，讓大家開心，他沒有抱怨，但是也沒有滿足，這個家一直是由莉莎作主，只是那天午後的河畔散步代表她該償還的時刻到了。

其實大部分的伴侶還是會修復關係，只是不太擅長而已。菲爾確實有試圖要讓莉莎知道他需要什麼，但就只有那麼一次。大部分的人會多試個幾次，想把事情講開，讓大家都好過一點，可惜的是，我們很快就會發現，這樣的嘗試不是徒勞無功，就是會引起對方的防衛機制，結果狀況變得更加嚴重。

就像是坐在蹺蹺板上的大塊頭一樣，他在下面不斷大喊要老婆趕快下來，一開始就搞錯重點，只去看另一半做得不好的地方，而不是去看自己可能可以做些什麼；只在意自己沒有被聽見的不舒服，而不是去思考怎麼更有效地表達自己的想法。

大家可以試著換個說法：「對不起讓你難過了。」何不就先從這裡開始呢？先從設身處地為對方著想開始，感同身受才不會去爭誰對誰錯。

我們必須先拋下有毒的個人主義，避免這樣的思維會誤導大家往下面的兩種方向走。第一個容易搞錯的重點是所謂的客觀事實，另一半不開心的時候，我們很容易會這樣回應：「沒錯，我是遲到了，但其實是因為路上……」可是沒有人在乎你的藉口跟解釋。另一半不開心的時候，第二個容易搞錯的就是把重點放在自己身上，會說：「唉唷拜託，我之前等過你多少次了？你會在那邊弄……」不好意思，現在可沒有人在乎你，另一半只想知道你有沒有在關心他們。

可以想像自己是在做客服，有人來抱怨新買的微波爐不能用時，他們可不想聽你說你家的烤吐司機也不能用。另外，顧客也不想聽你解釋原因，他們只想要一台沒有問題的微波爐。這時，要先安撫好顧客，他們要先滿意，才會有餘裕把時間分給你和你想講的話。

簡單來說，修復等於有人能有技巧地好好說話，加上有人能有技巧地好好回應。我們用案例一個一個來看。

讓我們用莉莎與菲爾的故事來提醒自己。感情裡有什麼不滿意的地方，說出來非常重要，而不要只是放著不處理。不過，用當今社會習慣的方式表達並不等於用別人願意聽進去的方式表達。首先，我們可以不要用手指著另一半做出指控。有些人一踏進諮商室就說：「我一定要把憋在心裡的感受講出來！」結果立刻數落「你做了這個、你做了那個；你每次都不會怎樣，你每次都怎樣；你你你你……」這個我看得太多了。每次遇到這樣的狀況，我都會往後一靠，伸展身體並說：「等你講到感受的部分再叫我。」

分享的時候，記得不要指責對方，而是談談自己的感受。不要說：「莉莎，你在逃避。」而要說：「莉莎，我覺得有需求沒有被滿足。」

當我們開始會從關係與生態的思維來生活，就開始會為自己的想法負責。請謹記，感情世界裡容不下客觀事實這種東西，這裡只有我的記憶、我怎麼看待發生的事情，以及你的記憶、你怎麼看待發生的事情。

某個星期二早上，貝琳達說：「希望今天都順利喔。」我認為她是在關心我，可是那天晚上我們吵架了。隔天早上她又說：「希望今天都順利喔。」我卻覺得她是在諷刺我。也就是說，同樣一句話，我會有完全不同的感受，因為「情緒會跟著認知走」，你的想法會決定感受。

我們夫妻之間發生的就只是客觀的事件、原始的數據，背後的意義是由腦中的想法所賦予。對於剛剛發生的事情，我們會有一套告訴自己的故事，而這套建構出來的故事通常會決定自身的感受，會有貝琳達是在關心我、貝琳達是在諷刺我兩種不同的版本。想要超脫個人主義的層次，就要為自己建構出來的故事版本負責。我會請客戶運用「我的解讀是」這樣的句型，像是：我的解讀是你在諷刺我；我的解讀是藏在你憤怒底下的是受傷的情緒。我們沒辦法洞悉別人看不到的東西，也不是什麼客觀事實的權威人士，請記得要聚焦在主觀感受，並保持謙虛的態度。

「不管對不對，但這就是我所經歷的版本，這就是我記憶中的樣子，這就是我告訴自己的故事。」這裡有個小訣竅，使用第一人稱「我」的角度來描述的話，通常不太會得罪別人，而且只要稍加練習，基本上你分享的都會是你自己解讀並建構的經驗感受。

用修復的語言溝通

我想邀請大家使用治療師珍納．賀利（Janet Hurley）的「回饋之輪」，這種溝通的架構包含了四個部分，可以用來整理思緒，讓自己在受傷的時候還是能夠有技巧地好好說話。

一、我記得事情是這個樣子。
二、我的解讀是這個樣子。
三、我的感受是這個樣子。
還有，最重要但是大部分的人最容易遺漏的第四點：
四、這樣的話我會比較舒坦一些。
我想說的是，這就是修復可能會有的內容。

你需要幫另一半來幫你接住自己，需要說明你希望他們可以怎麼做，需要幫他們贏下這一仗。請記得要幫另一半成功，因為兩人站在同一陣線對你才有好處。

在個人主義至上的社會裡，會覺得另一半要嘛自己過來接住你，要嘛他們就是沒有接住你，但如果開啟關係與生態的視角，就會發現關於兩人的感情其實你有話要說。「我要怎麼做，才能幫你過來接住我呢？」這就是非常具有關係思維的問題。兩個人不要再分開思考的最佳解藥，就是一加一的團隊思維。試著從「我不喜歡你這樣跟我講話」，調整為「親愛的，我想聽清楚你在說什麼，可不可以請你把音量變小一點，這樣我才能聽清楚呢？」；試著從「我想要更多性生活」，調整為「我們都值得擁有健康的性生活，我們應該怎麼做比較好呢？」

柔軟的力量：愛與堅強同時存在

當我們終於決定要把話講出來的時候，常常已經吵到吹鬍子瞪眼睛了，所以容易會夾雜著憤怒與權威的口氣。現在，我希望你先放下這兩種口氣，我會教客戶用愛的方式表達自己，教大家練習「柔軟的力量」。

在個人主義與父權體制之下，你可以發展人際連結，也可以擁有強大的權力，但是魚與熊掌不可兼得，請把這點放在心上。因為權力就是踩在別人「上面」，不是站在「旁邊」，所以選擇握有權力的同時，彼此的連結會硬生生斷裂，因為支配的地位無法滋養親密的關係。

在二元性別的父權文化裡，附屬是「陰柔女性」的事情，力量是「陽剛男性」的範疇，這樣的思維裡沒有合作的概念。女性特別需要留意這點，很多時候女性（或是位於光譜中「陰柔」端的人）自順從挪往堅定，只是從「陰柔端」走到「陽剛端」而已，因此，這時女性維護的只有「我」，卻忘記「我們」的存在。換句話說，女性找到自己聲音、握有權勢的樣子，看起來往往就是權勢男性的翻版。據偉大的女性主義心理學家卡若・吉利根（Carol Gilligan）觀察：

> 對許多女性而言，自私與良善依然是對立的概念，因此她們眼中的「我們」其實並沒有包含「我」的存在（或是只願意承認極度淡化的「我」）。這樣的想法十分根深柢固，因此隨著女性主義的進展，會看到有些女性開始變得像是握有特權的男性，以你口中的啟蒙時代剛硬個人主義那種形式，找回「我」的存在與自然權利，這種思維會鼓勵女性要用自私的「我」來替換無私的「我們」。

女性運動走了五十多年，許多女性也獲得了男性一直握有的權利，也變得不怎麼在意關係。不過，我想說的不只這些：重點不是治療師口中的「第一級改變」那樣，只是將家具換個位置擺放，更重要的是「第二級改變」，要從根本結構推動革新。我希望大家能夠打破二元性別的框架，不要侷限在權力與歸屬只能二選一的設定裡，柔軟的力量可以幫「我」說出心裡話，也能讓人珍惜「我們」的關係。

我第一次見識到柔軟的力量是在某個春日午後，那時我坐在朋友艾倫（Alan）家的門廊前面。艾倫做了某件事讓我大發雷霆，這裡就不贅述細節了，總之當下我毫不留情的砲轟他：「我沒辦法假裝什麼都沒有發生那樣，繼續跟你在這邊，我就是要讓你知道……」然後，我開始劈里啪啦痛罵了起來。

艾倫非常生氣。那時我們的小孩正在草坪上玩在一起，他剛釣回來的扁鰺還躺在烤肉架上面。他向我靠過來，雖然沒有提高音量，但是身體卻因為情緒激動而顫抖著。

他說：「泰瑞，我愛你，這是我覺得最重要也最應該要先講的事情，你是我非常要好的朋友，希望我們還可以當一輩子的朋友。」接著，他挺起身體正色說：「雖然這樣，但我還是要說，你來我家作客，在這種家庭聚會的場合，對我發這麼大的脾氣？你明明知道我一直都在努力想要遠離這種負面情緒，而且這裡是我家。你聽好了，我不能控制你，而且我也不想。我不能叫你不要這樣做，可是只要你再這樣對待我和我的家人，我都一定會讓你知道我真的很不喜歡，一點，都，不喜歡。你理解了嗎？」

我坐在那裡，目瞪口呆地看著他。像前面提的，我是吵架型的那種人，「你我意識」的第一個自動反應就是要提槍上陣。假如艾倫劈頭就說：「你以為你是誰啊？」那麼我那青春期的適應型小孩就會露出好鬥的嘴臉，他完全知道該怎麼應付這種場景。可是唉唷我的天，這句「泰瑞，我愛你」把我制住了——當時完全沒料到會是這樣的回應。這裡借用並修改加拿大音樂家李歐納．柯恩（Leonard Cohen）形容的，這招直接穿過警戒的心門，直擊我的心。

艾倫大方說他愛我，讓我覺得剛剛自我膨脹、大發脾氣非常丟臉，那句話把我點醒了，我心想：「對啊，剛剛跟我講話的是艾倫，是『我朋友』耶！」憤怒蒙蔽了我的眼睛，沒有看到彼此的友誼連結，他直白地提起兩個人之間的友愛，深深震撼了我，當下我非常震驚，瞬間卸下所有武裝。那一刻，安全感與被尊重的感受讓我脫下怒氣沖沖的防備，不再那麼自以為是，我甚至為了剛才的失態和糟糕的表現開始道歉。艾倫幾乎是在同一時間表達了他的需求，並肯定了我們的連結，二合一產生的影響力非常巨大，萬一他只堅持訴說自己的需求，或是只訴諸友誼的關係，那麼力道會削弱很多。

亞歷克斯是身材高大的黑人，舉止穩靜，器宇不凡，他的伴侶馬汀是白人，身形較小，一頭金髮，給人隨時都處於動態的敏捷印象，這對伴侶的外表都非常出色。兩人同屬年輕的千禧世代，是十分經典的伴侶組合，但他們棘手的是性事喬不攏，嚴重到套用他們的形容詞是「根本是要對方去死」。基本上，亞歷克斯隨時隨地都想要，而馬汀一直都性趣缺缺。我就像其他盡責的治療師一樣，不只會詢問兩人對於性事各自的立場，還會認真傾聽性在他們心中代表的意涵，是怎麼解讀、怎麼談論性這件事。

如同許許多多的男性，年輕的亞歷克斯是透過性來滿足自身許多情緒需求，這是他覺得別人想要他、肯定他、愛他，並與他建立連結的方式。家庭治療裡面有段陳腔濫調是這樣說的：伴侶甲找伴侶乙講話是為了要哄人家跟他上床，然而伴侶乙把伴侶甲拖上床是為了要人家跟他講話。另外，許多男男女女則像馬汀一樣，需要先有情感連結才能放鬆下來，進而產生情慾。釐清這些原因之後，他們鬆了一口氣，我也覺得這樣很棒。不過，老實說我不太確定自己有沒有幫上什麼忙。

兩個星期過後，兩個人笑容滿面回來找我，急著想要分享喜悅。

上次諮商結束的那晚，馬汀說亞歷克斯就「行動了」，想要「上床」。這次馬汀沒有縮回殼裡，他給了老公一個熱吻，深情地看著他的眼睛說：「我想讓你知道，我覺得你超級性感，我真的非常愛你、想要你，我覺得我們關係很緊密，而且你好棒。只是今天晚上我不想要做，可是我還是想要再講一次，我真的覺得自己很幸福可以……」接下來發生的事情他們都覺得很神奇，亞歷克斯盯著老公，嘴巴微微張開，只說了：「啊，好啊。」亞歷克斯沒有因為老公的「拒絕」覺得受傷，沒有想要硬上，也沒有生氣。因為你看，亞歷克斯可以感受到馬汀是如此深愛著自己，所以馬汀心裡的「不」，亞歷克斯有聽進去。

這就是柔軟的力量。需要說出心裡話的時候，記得話要說得巧妙一點，要明確傳達自己珍惜這段感情、珍愛另一半的心意，盡量照顧到對方的感受。首先，要先讓對方知道你需要修復關係，並問他現在適合做這件事嗎？如果另一半覺得可以聊聊，那麼先謝謝對方，並從感激的語言開始，可以分享對方說過、做過的哪些事情讓你很感激，即使只是謝謝他們願意坐下來談談也可以。接著，說明自己為什麼需要聊聊，通常這樣做都會有不錯的效果：「『因為我想要我們兩個更貼近彼此』，所以我想把話講開。」盡量放在明智型大人、前額葉皮質主導的模式，並「記得愛」，提醒自己，現在在聽你講話的是你愛的人，或至少是你在乎的人，而且無論如何你們需要一起生活。記得愛就是找回重心，你是帶著改善現況期待，在跟自己在乎的人講話，但如果這不是你聊聊的目的，那麼現在的你可能是在適應型小孩的模式。請先不要繼續說！可以沿著街區走一走，把心情寫下來，或是去洗把臉，我們要先整理好自己，關係中的對話才能順利進行。

好，現在你已經調整好自己，另一半也願意專心傾聽，可以開始使用回饋之輪的四個步驟來溝通：發生了什麼事、你的解讀是什麼、你的感受是什麼，最後，你現在想要什麼。

舉例來說，我們家孩子還小的時候，貝琳達應該是有這樣跟我說過：

（一）泰瑞，你說六點前會回家，但是你六點四十五才到家，完全沒有先傳訊息講一聲，我跟小孩都在等著你吃晚餐。

（二）我的解讀是你還是有點自戀，還是覺得你的時間比我們的還要寶貴。

（三）我覺得很難過、很孤單，很害怕這樣會給小孩造成什麼影響，我很受傷、很生氣。

（四）我想要你為遲到這件事跟我和小孩說對不起，而且還需要跟我說你會怎麼做才不會下次又遲到。

有沒有注意到，回饋之輪的每個步驟都只用幾句話就完成了，記得保持簡明扼要。

這邊再分享兩個訣竅，第一，分享感受的時候，記得分享感受就好，不要夾帶想法，這兩塊要分開。「我覺得你好像在生氣」這種講法無法解決問題，比較好的說法會是：「我的解讀是你在生氣，所以我會有這樣的感覺。」我有個男性客戶來自波士頓南方，聽完這些，他改成跟女朋友說：「我『覺得』你真的很爛。」接著他問我：「醫生，這樣有比較好了對吧？」——呃。

人主要有七種感受：喜悅、痛苦、憤怒、恐懼、羞恥、罪惡、愛，分享這幾種就好。

第二個訣竅會需要多一點練習才能做到。那就是分享感受的時候，記得跳過每次都會冒出來的第一種情緒，然後先分享其他的情緒。譬如說，貝琳達和我都是吵架型的人，以膝跳反應來說，我們的第一種情緒都是憤怒。不過，聽聽貝琳達上面是怎麼跟我談遲到的事情，她是把憤怒放到最後才說，而不是劈頭就倒出來。確切來說的話，假如你通常會出現的是生氣、義憤這類戲劇化、張力大的情緒，那麼請記得要放軟下來，向內尋找相對脆弱的感受來主導溝通，問問自己有沒有哪邊很受傷。反過來說，如果最常出現的是縮小、膽怯、不安的感受，那麼請去挖掘內在的力量，問問自己有沒有哪邊很生氣，去找出想大喊「夠了」的那個自己。

原則就是：改變自己的關係姿態，就能改變兩個人的舞姿。從忿忿不平改成覺得受傷，從不痛不癢的抱怨改成大鳴大放的堅定主張，通常都能讓對方做出與以往不同的反應。

試試看吧，嘗試改變你在蹺蹺板這端做的事情，看看會發生什麼事，冒個險讓自己不同的那一面出來指揮，像是用脆弱取代激憤，用堅定取代畏縮，接著往後退一步，觀察有什麼不同。

一旦說出自己的回饋，你的部分就完成了，就可以放手了。如同「匿名戒酒互助會」說的，不要太在意結果。可能星期二那天，另一半是用大度與負責的態度回應你；可能到了星期四，他會說他沒有心情聽你廢話。因此，對你、另一半，以及兩人的關係來說，星期二是美好的一天。至於星期四，對另一半來說，那是糟糕的一天；對兩人的關係來說，那天好壞參半；對你來說，那天還是很棒的，因為你有好好說話。你該做的就是這樣而已，結果是什麼不要太放在心上，該放在心上的是你把自己調整得有多好，以及自己在關係裡的表現。

用寬大的心傾聽伴侶想說的話

好，假設現在你是在聆聽伴侶回饋的那一方，又該怎麼做呢？要禮讓對方。不要擺出防衛的姿態，不要講一句回一句，不要做出適應型小孩會有的行為。做為傾聽的一方，你也需要調好重心，你也需要記得愛。你可以做什麼讓另一半好過一點呢？可以從專注陪伴這點開始，用心傾聽，並讓對方知道他的聲音你有聽到，要反思聽到的內容並做出回應。

如果不知道該怎麼辦，可以重述另一半分享的回饋之輪就好。在我遲到的例子裡，可能我可以跟老婆說：「貝琳達，我聽到的是，已經超過時間了但是我還沒到家，你和小孩都在等我。你得出的結論是因為我很自戀，關於這件事你有很多感受，覺得受傷、覺得生氣，還擔心小朋友會不會怎麼樣，你想要我說對不起，還要我提出改善的規劃。」這樣的回應夠全面、夠完美嗎？還不夠。有些伴侶治療師會要求進行更細緻的反思，但是我們不會。假如今天你是分享的人，聽你講話的另一半遺漏了什麼重要的事情，或是有哪邊完全搞錯方向，請幫助他們正確理解。記得糾正的時候要溫和，接著給他們再次消化的時間，不過，不要雞蛋裡挑骨頭，只要不影響接下來的溝通就夠了。

現在，我們已經聽完對方想講的話，該做出回應了。那要怎麼做呢？請拿出同理心與責任感，該負責的就盡量負責，不要說「可是」，不要找理由或藉口推託，只要說：「沒錯，我有那樣。」簡單明瞭。接受它，面對它，你表現得愈負責任，另一半就愈有機會放鬆下來。假如你真的有意識到、真的完全理解自己做了什麼了，就比較不會重蹈覆轍；假如你不願意承認自己做了什麼，反而試圖轉移話題、否認、淡化，那麼另一半只會更加心冷。

好，現在我們來看看一個滿有意思的現象。假如你是表達需求的那一方，那麼請盡量做到具體明確，這點很值得。請記住，回饋之輪的內容僅限這次發生的事情，就這樣。大部分的人講著講著就會歪掉，於是抱怨愈滾愈大，從單一事件擴展到整體趨勢，接著再延伸到另一半的性格。舉個例子，「泰瑞，你遲到了」（事件）；「你每次都遲到」（趨勢）、「你每次都不準時」（趨勢）；「你真的是有夠自私」（性格）。講話的人從特定事件跳到整體趨勢（「每次都、從來沒有」），再跨到另一半的性格

（「你真的是……」），只會讓聽的人更不知所措，而且每一層指控都只會讓人更加不堪。

萬一講話的人從事件擴大到趨勢，再牽扯到性格，這每一步都只會讓情況更糟，請特別注意。反過來說，如果傾聽的人用更高的層次來處理事情，該認錯的地方就認錯，那麼每一步都會讓另一半更加舒坦。比如，「對，我有這樣，而且已經不是第一次了，我有努力在改掉這個個性上的問題。」狀況好的時候，我甚至會跟貝琳達承認：「對，我遲到了，我讓你和兒子等我很多次了。我知道自己還是有自戀的問題，我會努力改進。」這個道歉的版本聽起來順耳多了。

另一半抱怨的時候，盡量做到聆聽、反思，並承認與事實相符的地方，這些都做到之後，接著就是給予。關於另一半提出的要求（回饋之輪的第四塊：「現在我希望……」），能做到的盡量做到，要以願意付出的東西為主，不要著重不願意的部分，這也是很簡單但很有效益的做法。

回到我的例子，貝琳達會要求：「泰瑞，我要你跟我說對不起，跟孩子說對不起，開始繼續吃藥，每個星期要做三次心理治療，去處理你的自戀情結。」聽到這裡，我會「想要」說，或至少內在的適應型小孩會想說：「這太誇張了吧，我才不要全部照做。」也就是說，面對一連串的要求轟炸，我直覺的反應會是想要爭論。好，重點來了，萬一你的第一反應是爭論，那麼這場對話有很高的機率會以爭論收場。於是，我深呼吸，讓明智型大人來回答：「好的，貝琳達，我現在就跟你和小朋友說對不起。我很認真看待這件事情，也會很認真來處理，萬一我沒有辦法靠自己調整好，那麼我們可以討論接下來要怎麼做，要怎麼尋求幫助。」至於那些我不想要做的事情呢？先放到一邊就好。

假如另一半要求你去做甲、乙、丙三件事，你可以說：「親愛的，我會超級無敵努力做到甲和丙。」盡量放大這個點，投入多一點的幹勁會更好。當然，你會想說那另一半一定會回過頭來質問：「欸，那乙這件事勒？」不過，你可能會很驚訝地發現，假如你多花一點心力在自己願意做的事情上面，另一半大多會願意軟化，有時甚至還會充滿感激。

最後一步，就是開始攜手修復吧。請不要把另一半想努力的心意打折，聽到對方的回應不要說「我不相信你」或是「現在講這些太晚了」，就勇敢地回個「好」字就好了。假如另一半的提議合情合理，不管有多不完美，我們都接受就好；請用寬容的心來面對，不要窮追猛打。請記得，抱怨自己得不到什麼東西與用開放的心態接受提議，可是有著天壤之別。確實，給另一半彌補你、讓你氣消的機會，會比你雙手交叉抱胸、厲聲拒絕他的提議，更需要放低姿態，但是沒關係，不要只想著自己要吵贏，另一半的提議夠好就好，讓自己昇華到「領會愛」的心態。

很久以前，有次我和貝琳達吵了差不多有十二個小時，我就離開家裡跑去咖啡廳。後來，我決定再打一通電話給她，希望可以稍微休戰，我說：「貝琳達，我們現在還好嗎？我該回家了嗎？」

她說：「你真的是可惡到不行欸。」一聽她的語氣，我就知道我們沒事了。

關係生活伴侶治療有句話是這樣說的：「語氣比內容更重要。」語氣會透露大腦的模式，判讀現在是「我們思維」，還是「你我意識」。表面上，貝琳達講的話是在責備、是在罵人，可是從語氣我聽得出來，我是她可惡又可愛的小壞蛋。現在她已經進入到領會愛的狀態，並沒有沉浸在理想的粉紅泡泡，也沒有淡化我的缺點，有的只是全心接受，接受我的過錯以及所有的一切。那我該回家了。

第九章　許孩子一個更美好的未來

我們要如何改善過去遺留下來的問題呢？該如何提供孩子一個比我們這代原生家庭更豐富、更慈愛、少一點個人中心、多一點關係思維的世界呢？即使是自己為了找回關係思維所做的努力，也都不是只為了你自己而已。受人景仰的伴侶治療師海蒂．施萊弗（Hedy Schleifer）會要求客戶帶著孩子的照片來諮商，並把這些照片——放在椅子上，一人一個位置，晤談時，椅子會圍繞著治療師與客戶擺放。

施萊弗會提醒煩心的客戶：「請記得，孩子都在看。」

如果不是希望要給孩子比我們這代還要好的生活，那麼偉大的美國夢到底還算什麼？關於這題，我們最常想到的是要提供下一代更好的物質生活。不過，我會與客戶討論精神層面的向上流動，鼓勵大膽作夢，期許自己能活在比父母，甚至是比祖父母還要幸福、連結還要緊密的世界。

泰德的故事

泰德流連花叢已經很久了，五十二歲的泰德已有過三段婚姻，如今他第一次動了要有固定單一配偶的念頭。我主持的這場男性互助會還有另外五位男士，泰德跟大家分享了這輩子有過的謊話和欺瞞。他高個子，有著散發藍領氣息的俊俏外表，身穿法蘭絨格紋襯衫，身材骨感但風格粗獷。泰德想談論他過去對待女人有多麼過分，包含那些難以下嚥的細節。

但我想聊的是他爸爸。

他問：「你想知道什麼？我跟他不太熟欸。」

「怎麼說？」

「就是，每天吃完晚餐，我爸通常會把椅子靠回去，快速看我們一眼然後宣布：『我要去找個人辦點事。』講完他就出門了。」

「他會去哪裡？」

泰德聳聳肩，苦澀地搖搖頭：「我真的不曉得，去找一些自己也有問題的什麼女人吧，反正我爸什麼都不會說，只是早上要吃早餐的時候他都會出現。」

「那你媽呢？」

他再度搖了搖頭：「大部分的時間她都躺在床上，有時候我媽會哭，我會聽到。」

「那你會在哪裡？」

他回答：「我會跑到床上，你知道的，就是看書，漫畫之類的。」

我咀嚼著這些話，接著才問：「那麼當時那個小男孩他有什麼感覺？就是那個晚上坐在房間裡聽著媽媽在哭的小男孩。」

聽到我這樣問，泰德挺拔粗勇的身體似乎縮了一下，他用很輕、幾乎可以說是很微弱的聲音回答：「我有努力不要去聽。」結果，這輩子他很常會把耳朵關起來，那些被他傷害的女人的聲音，他不去聽；內在良知與罪惡感的提醒，他不去聽；孩子像他自己小時候一樣希望爸爸待在家裡不要出去的請求，他也不去聽。「匿名戒酒互助會」有句老話：「推回去或傳下去。」

有人說引用自己的話太自以為是，但這邊我還是要引用一下。我的第一本書《男人其實很憂鬱》（*I Don't Want to Talk About It*）提到：「家族裡的病態問題會代代相傳，就像是森林大火會燒毀沿途的所有東西那樣，除非某一代有某個人決定鼓起勇氣，回過頭來面對烈焰，才能為前人帶來平靜，並免去後代步入後塵的命運。」泰德這把年紀的傳統大男人可能不會為了自己或是家裡那個「惡婆娘」而去修復關係，不過，他們會為了不要傷害到孩子而願意扛起改變的責任。我很常會問來諮商的男性：「小時候你的爸爸是什麼樣子？」以及「你想要成為什麼樣的爸爸？」，接著我會問：「你願意讓我幫你嗎？」

爸爸再見

我問泰德願不願意嘗試比較不一樣、比較體驗式的方法。他同意了，於是我請他用那雙大手拿起一團衛生紙。

我們這群男人坐的椅子排成了小小的半圓形，我朝邊邊那張沒有人坐的椅子點了一下頭，問：「有看到那張空的椅子嗎？」

他說：「欸有。」

「我要你閉上眼睛，邀請你爸過來坐在那張椅子上，這樣你才能和他對話。」

泰德回覆：「欸，可是他死了欸。」

我說：「沒關係，如果真要說的話，那麼這個練習反而會因為這樣顯得更重要。」

泰德閉上眼睛，挺直肩膀。

我告訴他：「現在大聲邀請他。」

泰德依照自己的節奏，慢慢照做，他穿過闔上的眼皮，看著想像中的爸爸坐到對面的椅子上。

「看到他的時候你有什麼感覺？」

他回答：「主要是胃很不舒服。」

「那是羞恥的感覺，為什麼會反胃呢？那是性羞恥感最常會有的感覺。」

泰德低聲罵了一聲：「靠。」但不是特別要罵誰。他的身體開始輕輕晃了起來，淚珠從緊閉的眼角冒出來，隨著身體愈晃愈厲害，他說：「靠，你知道他怎樣嗎？以前他會帶我去找那些該死的女朋友。」

「什麼？」

「他會叫我在那邊看影片或是玩遊戲等他。」

「那時你幾歲？」

泰德沒有理會我的問題，繼續回想：「那時我坐在客廳裡，還會聽到他們在房間的聲音。」

「那是什麼感覺？」

泰德重新回到小時候的場景，回憶道：「很可怕。」他講話的時候整個人像是被吸回過去那個地方，而他人就在那個客廳：「那些聲音。」他又露出苦澀的笑容，搖著頭說：「我還那麼小，那麼純真，我好擔心他是不是在傷害她。」眼淚沿著他的臉龐流了下來：「我一個人在那裡。」

「泰德，你辛苦了。」

「然後他會出來說：『不能告訴別人喔』。靠腰勒，他說那是我們『男人』間的秘密。」

我心想：「不可以告訴你媽。」

泰德低下頭：「『誰都不行，誰都不能說』，到底誰會那樣啊？誰會那樣要求一個小男生啊？」

我說：「對他說。」

「什麼意思？」

「跟你爸說。」泰德繼續用閉著的雙眼盯著對面的空椅。

「靠腰，爸，你——你——」可是他哭到說不下去，他身子向前彎，用大手托著頭，含淚咆哮：「你怎麼可以那樣？這些是你教我的，爸，這些是你教我的。人家的爸爸教的是打球，你教我的卻是……」他彎下腰悲喊，激動的哭不出眼淚。

我伸出手搭在他的肩膀上，說：「泰德，放下吧，讓自己盡情哀悼就好。」

眼前這個大個子痛哭著，身體劇烈地晃動著。

我與互助會的人在一旁靜靜等待，給他時間感受一波波的海浪拍洗而來。

我問：「所以你爸有性成癮的問題嗎？」

他沒有抬頭，回答：「治療師，我覺得他有。」

「你自己也有。」

「沒錯，治療師，我知道我有。」

「那肚子裡面反胃的感覺呢？」

「滿糟的。」

「泰德，你爸叫什麼名字？」

「威廉。」

我用隆重介紹的語氣說：「泰德與威廉，『性成癮者是也』。」

他睜開眼睛，抬頭看著我。

「泰德，你等於是在做家族企業。」

「我不想要。」

「你想要辭掉嗎？」

「想，我想。」

我們看著彼此好一會兒，最後我說：「那好，你再把眼睛閉起來，看著你爸。」

他照做。

我鼓勵他：「跟他說。」

「跟他說什麼？」

我說：「說什麼都可以，覺得你爸該聽什麼就講什麼，可以想想那個小男生需要你現在幫忙跟你爸說什麼。」

他對我說：「我愛我爸。」

「你愛他嗎？你愛他嗎？那好，就從這個開始講，跟他說，說你愛他。」

泰德挺起寬大的肩膀，用很小的聲音說：「爸，我愛你。」

他強忍著淚水：「我好想你。爸，我真的好想你。」他彎下腰，身體蜷縮成一團，閉著眼睛往上看：「可是老兄，我還是要跟你講，我很確定我打死都不想要變成你那樣。」

我們安靜地讓那段話的效果作用一下。

我用泰德內在的語氣幫他說：「這都結束了。」

泰德說：「爸，這都結束了。」接著他笑了：「我們的『小冒險』結束了。」

「你爸現在怎麼樣？」

「他在聽，就只是聽而已。」

我猜：「他知道，他知道這都結束了。」

泰德深深地「看著」想像中的爸爸，並告訴我：「你知道嗎？我覺得他應該知道。」

後來，在那場互助會上，我叫泰德在心裡把小時候往他身上倒的性羞恥感全部聚集起來，我跟他說：「你爸的行為很無恥，他一直在釋放他自己沒有察覺到的羞恥感，可是那些全都跑到了你身上。」

泰德驚呼：「唉唷天啊。」

「泰德，你的身體吸收了那些羞恥感，就這樣跟了你一輩子。」

他對我說：「沒錯，這是真的，我好想挖一個洞跳下去。他真的讓人覺得很丟臉，像他對待女服務生還有其他人的樣子，還有我媽，我媽就坐在那裡，可是我爸會直接……」

我鼓勵泰德：「跟他說，」並用示範來引導他：「爸，你拖著我進入你齷齪的生活，就是在羞辱我，你的性羞恥感傳到了我的身上，一直跟著我到現在。」

泰德幾乎一字不漏地重複我說的話：「後來我一直在胡亂發洩，想要逃離這種羞恥感。」他面對爸爸，用有力的聲音重複著我說的話。

我說：「就跟你一樣。」

他重複道：「就跟你一樣。」

我說：「我不要再繼續陪你玩了。」

他吐出聲音：「好噁喔。」

我說：「很好，讓自己感受一下。」

泰德開口：「我不要──靠腰，爸，我不要再當你的小共犯了，我已經受夠了自己這樣複製你無恥的上床行為，這樣是在傷害所有我愛的人。」他在我的指導下告訴爸爸這些話。

我在旁邊提詞：「我要把你給我的羞恥感都還給你。」

「我要把你給我的羞恥感都還給你。」

我說：「我也要把資格感還給你。」

泰德搖著頭，現在他已經沒有在哭了，只有毅然決然的決心，他用清晰堅定的語氣說：「爸，我不能再這樣下去了。對不起。」

我引導泰德：「我要把羞恥感還給你。」

「啊？」

「我要你進入腦海中的畫面，把小時候吸收到的那些羞恥感與性衝動，那些身體裡面黏不拉嘰的污穢垃圾，全部揉成一團，然後還給你爸。」

泰德安靜地坐著好一陣子，接著伸出握著什麼東西的雙手，說：「爸，給你，還你，這是你的。」他的眼睛充滿淚水，但是語氣依舊平穩：「這些一直都是你的。」

我告訴他：「過去的你一直都不是真正的你。」我們先停了一下，接著我才問：「現在你還有什麼想跟他說的嗎？」

泰德看著爸爸很久很久，最後終於輕聲地說：「爸，我想你。爸，我愛你。」

我看著他們父子，我們都一起看著他們父子。

泰德說：「爸爸，再見。」

那次晤談已經是七年前的事了。後來，在性成癮匿名互助會（Sex Addicts Anonymous）的導師和夥伴的陪伴之下，泰德到目前都維持得很好，他希望下半輩子還可以繼續保持。我覺得他可以。

擁抱我們內在的孤兒

那麼大家該如何轉化承襲下來的包袱呢？

我們可以去體恤父母缺席的內在自我，那個藏在體內的小男生、小女生，那個因為自己覺得難堪、忍不住想要批判，所以拋棄、封鎖的內在小孩；我們可以去擁抱過去的陰影。之前在第三章，我們已經仔細探討過「反抗」與「模仿」是形塑「你我意識」的兩股力量。

反抗意味著重新揑塑自己，將自己扭曲成當下需要的模樣，才能盡量守住能保有的自由與成熟。你有家長是屬於侵犯型的嗎？那麼你就會砌起保護的厚牆加以反抗。還是有家長是屬於控制型的呢？那麼你就會練出黑帶等級的閃避技能加以反抗。或是說他們很黏你呢？那麼你就會成為照顧別人的專家加以因應。幾十年來，心理學關注的焦點是創傷與受害，同時也觀察到人會藉由反抗來適應境遇。

臨床專家將重點擺在反抗，而社會心理學家則認為模仿與反抗同樣重要。孩子會從生活中學習，看到什麼，我們就會成為什麼樣的人。模仿在自我膨脹、迫害他人的特質與行為上尤其重要，正是這股力量把威廉和泰德綁在一起，家庭治療的先驅伊凡・柏思榮曼義－納吉（Ivan Boszormenyi-Nagy）的形容是「破壞性資格感會多代承襲」。爸爸越界了，恬不知恥的他帶著年幼的兒子去私會情婦，這種行徑非常糟蹋小孩子，而當小泰德處在接收爸爸行為的位置時，等於是受到嚴重的羞辱，會覺得自己很渺小、很骯髒、很孤單，可是在某程度上，這樣的經歷賦予了他虛妄的權力，告訴他男生長大就是會這樣。確實，羞恥是泰德與爸爸親子連結的腐敗核心，但是我們也不能忽略熔接父子兩人的資格感。年幼的泰德是一只空的容器，威廉將自己性愛「冒險」背後的扭曲信念與合理化的藉口，全都灌輸給了兒子，而做為愛爸爸的忠誠乖兒子，後來泰德長成了爸爸的樣子。

模仿與反抗不同的地方在於，孩子往往是在不知不覺中複製家長的言行。我的工作是讓大家看到這層運作，並且斷開這團糾纏在一起的神經元，等客戶明確看到這層運作重演，也承認事情確實就是如此時，我會先考量客戶是怎麼看待他們模仿的家長，再決定怎麼進行下去。

覺醒時刻

二十多年來，埃內斯托的脾氣一直都很大，他說怒火燒得太快，還來不及阻止便燒成一片。晤談時，我問他以前家裡誰最愛生氣，他端出繼母的故事與我們分享，說他很厭惡殘酷的繼母。隨後在我的協助下，他才終於看清楚，在現在這個家裡，他變成了自己小時候最鄙視的那種大人，而認清這點的後座力十分驚人，會立刻撲面襲來，「想到有人是那樣看我的，覺得我就像是，唉，我就覺得很噁心。」這股突然湧上來的噁心感是他早就應該要有的罪惡感，而且夠強烈的話，早就可以阻止他會一直情緒暴走的問題。

人都是這樣的，我們不會對所愛的人施加言語暴力，因為這樣自己會無地自容，這些全都違背內在的價值觀，而健康的罪惡感可以停止我們做出冒犯別人的行為。

從前繼母不當對待埃內斯托的時候，檯面上我們看到的是他被羞辱，可是檯面下，這樣的經歷也是在「賦予他錯誤的權力」，是在告訴他：「等你長大，你也可以這樣用暴力對待人家，這很正常的。」關於這塊，許多治療師並不會正面處理，他們甚至不會正視這個問題。實際上，有太多的臨床專家會聚焦在埃內斯托的羞恥問題，即使他出於自負的攻擊已經快要讓婚姻走不下去，他們還是會輕描淡寫地放過他自我膨脹的問題。

我把關係生活伴侶治療的第一階段稱為「喚醒客戶」，治療師會突然掏出自我膨脹的氣球，啪一聲「彈」出來，這時，治療師會與客戶站在同樣的視角，一起看著氣球。如之前說的，把拇指的指紋給我看，我就能說出拇指的故事，我們會從關係裡看見自己的關係姿態，可能是出軌、憤怒，也可能是焦慮地想要依賴。每次我們重演自己的關係姿態，都是在重新喚起那段相對應的關係，可能泰德之前並沒有發現，他在床上洩欲的時候，其實是他覺得最貼近爸爸的時刻。

我想邀請大家一起動動腦，甚至可以考慮寫日誌。假如你和大部分的人一樣，那麼最容易可以想起來的會是童年時期受到羞辱的經驗，也就是當初自己是怎麼受傷的。現在，試著尋找有沒有什麼特定的事件，或是哪段關係一直在給你虛妄充權，可能是家長把你孩子的地位再往上拉（告訴你：「你是最了解我的人」），也可能是示範帶有資格感的行為（「我比你還要受傷耶」）。

假如發現，自己性格上的反抗特質與關係姿態，最初是從負面的關係中習得而來，類似埃內斯托的童年經歷，那麼在意識到這點的當下，會覺得有如吃了一記重拳，但是若善加利用這層認知會帶來很多好處。而且，這番醒悟有機會產生快速深刻的轉變，再輔以適當的支持，即是恆久澈底的轉變。關係生活伴侶治療師很常聽到埃內斯托這樣的客戶說要痛改前非，認真斷開做了大半輩子的糟糕行徑，看著他們從諮商室的椅子上站起身來，然後那樣的行為就真的消失了。其實，我們對客戶的期望很高，希望他們可以在短時間內煥然一新，老實說大家成功翻轉的程度都十分驚人。

問問自己，現在的你有沒有可能是在重演小時候接觸過的或明顯或內隱的資格感呢？你的行為和誰比較像？是老愛發火的爸爸、滿腹委屈的媽媽，還是愛欺負人到無法無天的兄弟姐妹呢？

假如你的狀況和埃內斯托一樣，都想要與自己看不起但又下意識會模仿的大人切割乾淨，那麼光是意識到這點，不論有沒有治療師的協助，你都可以迅速斷開。不過，假如狀況與泰德比較類似，瘋狂性愛的問題是根植於深愛的家長身上，那麼就需要耗費更大的力氣才能掙脫枷鎖，因為雖然模仿常是在不自覺的狀況下，但是重新搬演那位家長親職失能的戲碼也是保有那段關係的一種形式。

對許多客戶來說，精神上有深愛著但卻失能的家長陪伴，是他們唯一能夠靠近爸媽的時刻，也就是說，複製家長的失能行為有時是自己唯一能夠感受到的親子依附。不過，切開這段親子依存連結的同時，必須給自己時間哀悼，假如今天有人像泰德一樣，告別失能的自己只差最後一哩路，這時悲傷的情緒會傾瀉而出：「爸爸，再見，你得自己一個人了，因為我不會再繼續陪你了。」

你可以找出自己有哪些特質或行為是源自童年虛妄充權的經歷嗎？你是被大人請到比較高的位置，還是有家長樹立了高姿態的典範呢？萬一找不到自我膨脹的慣有模式，非常簡單：去問另一半就好。他們應該有很多話要說！記得保持開放的心態聽聽他們想說什麼。

好，假如你一貫的惡劣行徑就是嵌在你與鄙視對象的那段關係，那麼要醒悟、要看清並不會太困難，通常你會很震驚自己居然不斷在做這種事情，要擺脫這種行為也不會太困難，甚至還有機會完全洗心革面。不過，假如行為是連接到心中理想化、所深愛的父母，所以你才會陷入與他們相同的怨恨、悲傷與絕望，那麼就要小心了，因為改掉習慣的姿態可能會讓人覺得是在背叛，甚至是背棄父母，於是會引發哀慟的情緒，有時甚至會產生罪惡感，會覺得那可是陪自己長大的親愛家人，現在怎麼可以拋下人家，怎麼可以過得比人家還要幸福？

朱莉與喬治娜的故事：真的那樣就太好了

在某次晤談中，喬治娜答應要辭掉一週得花費八十個小時的工作，並設好早上五點的鬧鐘起來和老婆一起做瑜伽，而且要多陪陪朱莉和孩子，她已經十幾年沒有這樣好好陪家人了。朱莉半信半疑。但是她錯了，因為喬治娜是認真的，我可以感覺得出來。朱莉已經唸了好幾年的事情現在喬治娜全都願意照做，只是朱莉用懷疑的斗蓬把自己保護起來，不願意離開怨婦的模式。

好，看到這裡，腦筋動得快的讀者應該可以想到我會問朱莉：「小時候你家怨氣很重的是誰？」我想藉由這個問題釣出她適應型小孩模仿的對象是誰。果不其然，朱莉的媽媽總是一臉哀怨，逢人就大聲埋怨老公的不是，而且講得很難聽，不出所料，年幼的女兒也是她傾訴的對象，而女兒聽了會替媽媽感到難過。

我向朱莉說明：「人跟人之間的所有關係都會在和諧、失和、修復的旋律裡不斷旋轉共舞。」她抬頭看著我，我繼續解釋：「喬治娜剛剛說的就是她願意修復，那她會做到嗎？我想時間會證明一切，不過，假如你願意做個寬容的人，給老婆修復的機會，那麼朱莉，這就代表你需要放下那個不開心的媽媽。」

朱莉嘴巴上說：「真的那樣就太好了。」一邊卻大哭了起來，內心很明顯五味雜陳：「我想要那樣。」她哭得更厲害了。

再見，媽媽。再見，爸爸。我認為這就是許多心理學家口中說的「心理個體化」，亦即「分離」的真正意涵。離開名為父母的母體，活出自己的版本，就是在整理他們傳承下來的東西，有意識地去留意要將正面的傳統與自豪的信念傳承給後代，至於內心那些源自反應模式、適應型小孩、自己「你我意識」的負面傳統，現在可以跟它們好好說再見。

個人主義的劇本總認為脫離原生家庭才能長大成人，尤其是需要與母親分開，而我想用新的典範來替換這套劇本，那就是親子關係需要重新調整，孩子才能變為成熟的大人，因為新的親子關係需要擴展空間，才能跟得上孩子愈長愈大的感情容器，只不過，沒有誰需要離開誰。大家都知道，從歌劇《帕西法爾》（*Parsifal*），到卡通「小鹿斑比（*Bambi*）」，小男孩冒險的起點都是母親的死亡——但是劇情大可不必如此。各位媽媽，請抱緊你們的兒子，但不要緊到不能好好成長就好。

家族裡的病態問題會一代燒過一代，除非最後有人願意鼓起勇氣，回過頭來面對烈焰，否則難以終結代代相傳的大火。這到底是什麼意思呢？

意思是要去面對，要去把問題挖出來、把話講開來，要勇敢去愛，最後，要去把許許多多內在小孩的權力收回來。

當我們學會好好處理自己的內在小孩，而不是隨便把他們丟給另一半，我們就會蛻變為成熟的大人。內在小孩開始躁動時（也就是創傷被觸發時），我們要張開雙手擁抱他，並把他抱到腿上，聽聽那個自己想說什麼——不要忘記同理心和愛心——最後，再把內在小孩黏乎乎的手從方向盤上面拿下來。我們要把內在小孩的權力收回來，「開大車的不該是你，應該是我，明智型大人才對。」

我和貝琳達吵架時，我內在的心眼真的可以看到小泰瑞，是個大概只有八歲的內在小孩，是我所有內在小孩的複合體。然後，我會在腦海中把他移到身後，好讓他可以抓著我襯衫的後面。我會和他商量：現在氣沖沖的貝琳達會衝著我們來，請讓我這個大人站在小泰瑞的前面，「我會用大大的身體，還有強壯的背來保護你，我會像超人那樣，甩開披風吸收貝琳達炸過來的能量，你就不會被打到。還有，小泰瑞，我希望你讓我去處理貝琳達，你不可以出手，因為我會做得比你好。」

用愛、傾聽、體恤的心來面對內在小孩，面對因為受傷、為了適應而長成的那個自己，最後，還要把他們從主導的位置請下來。我知道這些聽起來都像是不可能的任務，所以說到底要怎麼做呢？

德蕊與胡安的故事：不准你兇我老公

黑色的頭髮抓成尖尖刺刺的造型，一身刷破緊身牛仔褲與白色T恤襯出更加蒼白的膚色，德蕊看上去三十歲，但有著十五、六歲的風格，給人的第一印象是強悍、性感，我先把這兩個特質備存起來，之後有需要再繼續深入。

旁邊是她的另一半胡安，年近四十，拉丁裔，皮革筆記本攤開放在大腿上，拿著鉛筆專心地等著記下重要的訊息。我瞄了一眼，發現準備用來寫筆記的是格線印刷的方格紙，萬一他文思泉湧，想要記下什麼公式或是快速整理什麼表格，都不成問題。後來在晤談的過程中，我才知道胡安是工程師。

我在猜他們是不是互補型的一對，她負責情調，他負責穩定；我在猜德蕊等等是不是要抱怨老公都不溝通，都不懂得珍惜。這時，我腦海裡已經跑出自己幫忙胡安打開心房的畫面了。

義大利偉大的治療師吉恩弗蘭可．切欽（Gianfranco Cecchin）會說：「要去愛你的假設，要對它充滿熱情，可是不要就這樣下結論了。」結果事實證明，我的直覺根本大錯特錯。根據兩人的說法，有問題的不是胡安，而是德蕊。在對方幾乎沒有或甚至是完全沒有挑釁意味的狀況下，德蕊的脾氣就會自己上來：她會在餐廳像潑婦罵街那樣大吵大鬧，會在家裡戲劇化地奪門而出、用力甩門、亂丟東西，還會用難聽的話羞辱別人。

我試著問她：「你很難搞吧。」

她點頭如搗蒜：「嘿啊。」不分言語還是肢體暴力，許多施虐者和德蕊一樣，都是很依賴愛情的人；許多反應激烈的伴侶和她一樣，界線概念很差，也不太會保護自己，脾氣一觸即發，很容易就惱羞成怒，也很容易覺得受到冒犯。每次只要胡安想跟她拉開距離，像是試圖切斷兩人的連結，或是幫她眼中的敵人講話，好讓老婆冷靜下來，她就會陷入極度沮喪的情緒，一兩分鐘後，緊接而來的可能會是持續好幾個小時的尖聲攻擊。

我問她：「大喊大叫那樣嗎？」

「嘿啊。」

「亂砸東西、亂丟東西那樣？」

「有時候會。」

「還會罵人？」

她身子往前，回答我：「有，有，全部都有。換句話說，就跟我媽對我的方式一樣。」

我往後靠，深吸一口氣。

德蕊說：「她現在還是這樣對我，雖然我們很少碰面。」

我起個頭：「她會罵你——」

德蕊接口：「賤貨、婊子、蕩婦，還有其他的。」

我吐了一口氣：「我很難過事情是這個樣子，那這樣持續有多久了呢？」

她的聲調毫無起伏，用事情就是這個樣子的語氣回答：「一直罵到我十四歲離開家裡。」

我停了一分鐘，好充分理解背後代表的意思。

德蕊繼續說：「所以說，每當我覺得胡安有點想要拉開距離，或是我覺得他快要不順我意的時候，我就會——」

我推測：「我猜你會覺得被他拋棄。」

「嘿啊，拋棄和背叛。」

我開始說：「所以說，你身體裡面有個小女孩——」

德蕊搶先描繪出來：「對，五歲，她受傷了，這塊我已經諮商處理很多年了，但是現在的問題是另一個小女孩。」

「哪一個小女孩？」

「十五歲的那個。」

「噢，愛生氣的那個。」

她說：「對，很賤又愛惹麻煩的那個。」

「你有處理過這塊嗎？」

德蕊搖頭表示沒有。

「你有跟她講過話嗎？」

她又搖頭。

我看著她好一會兒，問她老公：「胡安，我可以先處理這塊嗎？」

他熱切地表示拜託請幫幫他老婆。

於是，我看著德蕊，她也看著我，等著我開始。

我跟她說：「你不太喜歡她。」

她問：「不喜歡誰？」

「十五歲的那個自己。」

她痛苦地大笑：「對，我不太喜歡她。」

「這樣很可惜，想聽聽為什麼嗎？」

她點頭。

我說：「因為，是她救了你。」

德蕊立刻回答：「噢，這我知道，只是說——好，我十五歲的時候，就——遭遇過——」這時她停下來，深吸一口氣，才繼續講完：「各式各樣的性虐待。」

「聽到這些我感到很遺憾。」

「高中畢業要上大學那段時間，我就已經睡過……我想我應該是在找什麼東西，可能是『老爸』之類的角色，誰知道，反正那個女的就是……」德蕊的臉皺成一團。

我說：「付出了很大的代價，她付出了很大的代價，是非常不成熟的小女生。」

她沒有反駁我：「至少那樣說是沒錯，總之，事實就是我看不起她。」

「那個女生嗎？」

她的嘴唇扭在一起：「對，那個女生。」

我說：「嗯嗯。」

感覺上，我和德蕊互看了很久很久。

我說：「我想見見她。」她呻吟抗議，但我繼續敦促：「你可以問她一下嗎？」

我請她閉上眼睛，往下看進自己的體內，找到那位住在裡面的十五歲小女孩。

德蕊開口：「我根本不確定她會不會——」

「我來擔心就好，現在先閉上眼睛。」

雖然很不情願，但是她還是有照做，努力想像出十五歲的那個自己，請她從身體裡面走出來，和我們一起待在諮商室。

「她看起來怎麼樣？」

德蕊花了很長的時間才回答：「我不知道，她看起來……很抽離，好像沒有靈魂。」

「對，德蕊，這就是她。現在告訴我，看到她你有什麼感覺？」

她搖搖頭，忍不住濕了眼眶：「我討厭她。」

我指示她：「問她有沒有什麼話想跟你說。」

她只猶豫一秒，接著立刻扮了個鬼臉並點頭說：「她說：『我才不需要你來這邊對我品頭論足，有這樣的父母，我已經算很盡力了，你這個賤人！』」她一直點頭，好像是在說：「嗯，她講的確實有幾分道理。」

「你看到了嗎？」

她點頭說有。

「那德蕊，為什麼？為什麼你不肯放過十五歲的那個自己？」

她沒有直接回答問題，而是先停下來整理思緒，接著哽咽地說：「因為，因為她——」

「她怎麼樣呢？德蕊。」

「她沒有……她沒有堅守承諾，她——」

「她怎麼樣呢？德蕊，因為她不夠像大人嗎？」

德蕊回答：「她沒有那個勇氣。」現在眼淚真的掉下來了。

「沒有那個勇氣……？」

她哭喊著：「去把他們從她身上推開，把他們推開！」她蜷起身體哭泣。

胡安伸手想要安慰她，可是我用噓聲制止了他，因為我需要她感受到百分之百的衝擊。

「所以我們現在知道你是在氣什麼了。」

她疑惑地抬頭看著我。

「德蕊，我覺得那個女生需要讓自己生氣，才能找到把他們推開的力量，才能找到保護自己的力量。」

聽到這裡，她低下頭。

我低頭靠近她，說：「可是她力氣不夠大對嗎？你知道為什麼她力氣不夠大嗎？因為親愛的，她才十五歲。」伴隨著她哭泣的聲音，我繼續說：「因為她只是個孩子。」

德蕊低頭不語地坐著好長一段時間，現在她還是看著地板，靜靜地說：「那她可以不要說我『賤』啊。」

雖然她看不到我，但我還是笑著說：「啊，這點很棒，德蕊，那我們跟她說，跟她說你想聽她講話，可是——」

坐在沙發上的德蕊身體往前，沒有理會我這個干擾，凝視著青少年版本的自己。她點了點頭，雙手垂在兩腿之間，眼睛看著遠處的某個地方，最後她開口：「是時候了，是時候了。」

「跟她說你現在有什麼感受。」

德蕊讓身體靠近想像中的自己，悲傷的感受席捲全身：「你從來就都不想要——你知道嗎？你不應該要經歷這些的，就是……這一切……的一切，你根本就不應該要經歷的。」

「她有說什麼嗎？」

德蕊點頭，等了一下才說：「她握住我的手。」

我有點激動：「她握住你的手？德蕊，握住她的手，緊緊握住，她需要你，她跟五歲的那個你一樣，都需要你。」

德蕊跟自己的適應型小孩說：「對不起，我真的覺得很對不起。」她哭得更厲害了，開始抽泣了起來。

我引導她：「放下吧，去感受悲傷，然後就讓它過去。你覺得對不起是因為……？」

她回答：「全部的事情，你從來就都不想要——」

「那她有什麼回應？」

她跟我說：「她也在哭，我想我們應該就是一起在哭。」

「很好，這樣很好，陪著她，抱著在難過的她。」

過了一會兒，我幫德蕊增加一些強度，模仿她內心的聲音說：「你經歷的所有事情我都很抱歉。」

德蕊重複我說的話：「對。」

我試著推進：「對不起，這些年對你那麼囟。」

德蕊猛地把頭往後仰，不高興地笑著。

我再說一次：「對不起。」

「我有聽到。」德蕊不講話，我耐心等待。過了很久，她終於願意開口：「對不起，對不起，我丟下你一個人，對不起，你一直都是一個人。」

「現在她是一個人嗎？」

「這是什麼意思……？」

「你有在陪她嗎？」

她低頭看著自己緊緊交握的雙手，慢慢地吐出：「有，我有，我有在陪她。」

「那她現在呢？」

德蕊聳了聳肩：「她有堅持住。」

「很好。」

「她……」

「嗯？」

德蕊對我說：「她說對不起之前罵我賤。」

我露出大大的笑容：「還有一件事我希望你跟她說。」

「好。」

「跟她說生氣的時候可以來找你，你會抱她、愛她，可是她不可以再跟胡安生氣了，不可以再那樣了。」

我很驚訝，德蕊居然咧嘴笑了。

「她是在……」

德蕊說：「她知道，她在點頭。」

「真的？」

「嘿啊，她在笑。」

我說：「噢，哇嗚，但你要知道，我們是在給十五歲的小孩設下限制喔，雖然他們可能還是稍微會反抗一下，可是內心深處其實是鬆一口氣的。」

現在我們兩個都笑開了，她說：「她確實是有那個本事大鬧一場。」

我順著她說：「很好，這樣吵吵鬧鬧可以讓你保有情感上的活力。」

「可是我覺得現在是時候了，我想她應該可以開始好好呼吸了。」

我輕輕地說：「對，我想也該吵完了。」

德蕊點頭同意，但還是盯著那張小女孩坐的椅子，沒有急著要切斷連線。我問：「現在你還有什麼想跟她說的嗎？」

德蕊搖頭，我們一起又等了一下。

我再次開口：「她還有什麼想跟你說的嗎？還有她跟你講話可以不用再那麼怒氣沖沖、耿耿於懷了。」

德蕊笑著點頭，進度超前地說：「她說謝謝。」

「告訴她不客氣。」

我們全都安靜地坐著好一會兒，接著我引導德蕊：「現在，在腦中把她縮小，小到可以放進手掌心的大小，再把她放回心裡，讓她可以安心和你待在一起。然後等你準備好，就可以張開眼睛，我有東西要給你看。」

她慢慢張開眼睛。

「你還好嗎？」

她點頭：「我很好，我感覺很好。」

我指著胡安，說：「你看他的表情。」胡安安靜地坐在原地，用同樣的姿勢握著鉛筆，可是已經淚流滿面。

一開始德蕊以為老公在笑，所以自己也不確定地輕笑了一聲。

我重新引導她：「不是喔，你看他的表情，那是因為你才有的表情，他是在心疼你。」

她轉過來看我：「他以前都只會露出害怕的樣子，只要他看到我開始——」

我打斷她：「德蕊，你看你老公，我們講的是現在。」

她對自己點點頭，有一瞬間看起來只是個孩子，她握住胡安的手，說：「我真的——」

胡安打斷她：「沒有，我愛你心裡面的那個小女孩，我愛你戰鬥的精神，我想要抱抱她，我會去抱抱她，我真的很難過她必須——」他哭到說不下去，我看到方格筆記紙上噴到了一滴眼淚。「我真的——」

我可以感受到他們兩人之間那股很強的吸引力。

我問德蕊：「你想要抱抱嗎？」她抬頭看著我，我問：「你想要他抱抱你嗎？」

她點點頭，對著老公張開雙手。

胡安有點不好意思地笑了，他放下筆記本，拿下夾在衣服上的麥克風，順了順頭髮，然後靠向老婆。他們抱在一起輕輕晃著，兩個人都流下了淚水。

德蕊喃喃地說：「真的很對不起。」

他說：「寶貝，沒關係，我在這裡。」

要推回去，還是要傳下去。德蕊與前任有個女兒，現在快要十三歲了，在遇見胡安之前的那幾年，女兒一直是德蕊的夥伴兼死黨，默默守著媽媽。我告訴德蕊，希望她女兒不用再承受媽媽的怒火了，德蕊欣然同意：「我們需要開個家庭會議。」胡安在旁邊發出不情願的聲音，但是他說如果老婆願意試試看，他也願意嘗試。德蕊說：「我們要宣布新政府的就職典禮。」

胡安咧嘴一笑，順著老婆，假裝一本正經地宣讀：「我們接受非暴力抗爭。」

德蕊警告說：「暴力我們絕不姑息，你同意嗎？」

他用力點頭說好。

「那『她』同意嗎？」我問的是德蕊年輕版的自己。

德蕊停下動作，微微歪著頭傾聽內心，然後她笑了，並宣布結果：「勉勉強強、不情不願地同意了。」

我趕快接話，以免有人要大動作舉手說不：「沒關係，這樣我們可以接受。」

有人形容關係生活伴侶治療師「每次在協助伴侶相處的時候，就是在解構父權體制」，這真的讓我受寵若驚。當我們與伴侶真正踏入親密關係的境界，就意味著跨出父權體制的框架。這本書中的討論我都有提到有毒的個人主義文化，只是這股力量是如何影響人的性格，又包含哪些面向呢？文化不是什麼沒血沒淚的抽象概念，它主要會透過人做為載體來傳播，譬如說，文化會透過德蕊媽媽那張不饒人的嘴巴，把正常的性需求與放縱的濫交混為一談；文化會藉由某些客戶爸爸的聲音，在小男孩三歲生日當天，隆重地邀請家裡的人來見證兒子把心愛的毯毯丟進火裡，因為現在你已經長大囉。

孩子還小的某一天，我親眼看到有毒個人主義的傳播鏈真實上演。

當時我是去看兒子比冰上曲棍球，看到有個爸爸（還好他是另一隊的）正對著愁眉苦臉的兒子嘶吼，他大概九歲。這位爸爸當著觀眾席所有人的面，嚴厲斥責兒子打得不好，還繼續罵到小朋友哭了出來。接著，小男孩頹然跌坐在觀眾席，一屁股坐到等在一旁的媽媽身邊，她低聲安慰了幾句，想要抱住兒子，但就在那時，男孩身子往後靠，一手重重地朝媽媽臉上揍去。

受傷的人也會去傷害別人，而暴力、父權、有毒個人主義就是這樣傳播下去。那位媽媽好心想要安撫兒子，可是她有為小孩站出來，叫老公不要太超過嗎？我隱約覺得應該沒有。在觀眾席上，女性擔綱沉默的角色，男性擔綱暴力的角色，小男孩在眾人面前上演了一齣拒絕且鄙視脆弱的血淋淋戲碼，那是不屑的儀式行為，要昭告天下他可不是什麼媽寶。結果，如此情節便繼續一代傳一代。

孩子會抬頭看著自己的家長，並思考：「我應該要像誰好呢？」要當打人的槌子，還是挨打的砧座？要當加害者，還是受害者？其實，這是沒有贏家的選擇題，可是話雖如此，你又會怎麼選呢？

那個九歲的男孩內化了爸爸的輕蔑態度，模仿了他的暴力行為，當時的他已經開始瞧不起「軟弱」這件事了，因此，他對幸福人生的定義是奠基於兩種不實的幻想，也就是刀槍不入與支配一切的錯覺。可是，我們是人，我們都有脆弱的地方，都沒比誰優越。問題是，個人主義的社會卻讓大家自以為能夠金剛不壞，能夠控制別人。

早在好幾個世代以前的歐洲和美洲，小鄉鎮裡的村民習慣彼此照應，鄰里間的凝聚力劈開了啟蒙時期剛硬個人主義底下那純粹的自私、那對個人權利的堅持。可惜好景不常。那個九歲小男孩是怎麼長成聽到有人叫他戴口罩就大發雷霆的大人呢？是誰不顧鄰居的健康，只想緊緊抓住自身的權利呢？是哪個男人聽不進別人叫他做什麼，連家人都說不得？怎麼會這樣呢？就是因為當時爸爸的厲聲指責對他灌輸了這樣的文化觀念。

在議場的走廊上，在男童緊握的拳頭裡，在爭吵不休的婚姻中，在寂靜無聲的婚姻中，正是猖獗的個人主義在囂張地揮著刀斬斷人際連結，心理、家庭、社會關係無一倖免。於是，我們只是驕傲地站在這個世界上，用自衛與暴力活成了一座座的孤島，任由個人主義的怒浪恣意妄為，在社群、國家、客廳裡，不斷衝擊著保衛人類親密需求的海堤。支配的妄想會吞噬掉愛，鄙視脆弱的態度會侵蝕情感連結，而適應型小孩就像是電腦硬碟，會內化並儲存上述所有文化訊息，偏偏輸入訊息的正是我們仰望，甚至是深愛的大人。結果每當情緒上來，適應型小孩就會釋放內在全部的鄙視能量，看不起自己、看不起別人、看不起規則，無情地踐踏現在的生活。

逃離漫天大謊

我們自己要怎麼擺脫潛藏在巨大謊言核心、譜寫著自大與自卑個人劇本的鄙視心態呢？畢竟輕蔑就像是空氣一樣無所不在，而答案是：我們「不可能」只靠自己。除了極少數的例外，人的創傷大多與關係有關，也就是內心因為受傷而破裂了。因此，創傷的療癒會需要動用關係的力量，才能縫合我們之間撕裂的傷口；我們需要學習靠近彼此，必須從傾聽與回應開始，去面對自己內心大吵大鬧的聲音，才能撫平創傷。不過，要記得是針對當下做出回應，所以要先學會不要被過去的傷痛綁架，人可以從創傷中學習，也可能受到創傷壓制，端看我們是怎麼處理創傷的課題。

光是穩住明智型大人的自己，就已經完成最困難的那一步了。萬一抓著方向盤的是適應型小孩，那麼記得深呼吸，喘口氣，出去走走休息一下，並提醒自己，經營親密關係不是每天下功夫就好，而是每分每秒都要付出才行。

此時此刻的你，會怎麼選呢？是展現脆弱靠近彼此，還是罩上保護殼拉開距離？是貫徹做自己的權利，還是負起責任一同思索可行的解決辦法？你會選擇你自己，還是我們兩個呢？如同德國神秘主義導師湯瑪斯・修伯（Thomas Hübl）所說的，在這些抉擇時刻，急迫是敵人，呼吸是朋友。所以，親愛的讀者，請慢慢來，放慢腳步，才追得上自己；放慢腳步，想想另一半的生命經歷，先把對錯擺一邊，先把「客觀」擺一邊，先把你自己還有以你為中心的想法擺一邊。

經營健康的良好關係，可能意味著需要拉自己一把，在為自己發聲的同時不要忘記彼此的愛；也可能意味著要學習從高位退下來，軟化態度。不過，不論是往上還是往下移動，都代表需要展現更多的脆弱。想要真正掌握關係科技，希望熟練度要有點出來，差不多需要好好練習個一到五年，但請不要氣餒，因為這些關係技能與新的思維都具有非常強大的影響力，基本上都足以覆蓋當前文化的核心觀念，而且即使運用得超級笨拙，都還是足以翻轉自己的人生與關係。還有你知道嗎？你今天就可以開始超級笨拙地練習囉。

我們可以從這裡開始，先下定決心要善待人家、要尊重人家。開口之前，先問自己：「我要說的話有做到最基本的尊重嗎？對方會不會覺得我沒有尊重他呢？」親愛的讀者，我希望各位現在就來一起保證：「無論如何，我都不會放任自己說出或做出不尊重別人的事情，對誰都不行，除非有動手自衛的必要。假如有人對我不敬，我也不會靜靜承受，我會請他們調整跟我說話的方式，如果這樣沒有用，我會停止與對方的接觸並且離開，總之不會自己默默吞下來。從現在開始，不管是自己對別人，還是別人對自己，我都要向不尊重人的舉動說不，我不需要這種行為。現在，我要培養柔軟的力量，在為自己發聲的同時，也不會忘記要表明珍惜彼此關係的心意。」

請記得，嚴厲一無可取，因為態度嚴厲完全不會比堅定去愛還要有幫助。溝通的時候，把心裡怨懟的刺丟掉，基本上，整天不滿地抱怨東抱怨西，事情並不會有什麼進展。從研究很清楚可以看到：生氣、憤慨之類的強烈負面情緒只會引發生氣與退縮的反撲。

有時，感情裡的溝通可能會需要勇敢提出主張，才能引起另一半的注意，想爭取自己想要的東西，記得要先展現出堅定不移的柔軟力量。這點至關重要，在這溝通的第一階段，你需要拿出捋虎鬚的勇氣。不過，另一半開始聽見你的聲音，而且願意嘗試改變之後，就要停止只想到自己的個人思維，記得要切換到好隊友的團隊思維，要去幫助另一半，告訴他們自己喜歡什麼，對方有努力你也要有獎勵的回饋。對話時，拿出自己最好的那一面，去尋找並連結另一半最好的那一面。愛需要民主，我們與他人的互動需要民主，我們與自己的對話也需要民主。

可以先試著喚起內在的公民精神，拿出「素養與美德」，開啟「我們思維」；可以先從下定決心，努力實踐全然尊重的生活心態開始。

比方，結婚三十五年，也算是走到比較成熟的年紀，我和宇宙做了個約定：今天如果是不友善的言行，不論是別人與別人的互動、別人與我的互動，還是我與自己的互動，我全都會當成耳邊風。可能你要講的話確實是有道理，而且就算表達得不是很好，我還是都會努力傾聽，但是我沒有太多餘裕能夠處理不客氣的表達方式，所以為了大家都好，請思考你要怎麼和我溝通會比較好，而我也會這樣要求自己。如同醫師誓詞說的那樣，我們先求不要造成傷害。

讓我們一起從拒絕瞧不起人的態度開始，讓對方明白他們沒有資格這樣對別人。我想邀請大家在人際關係與自我互動的過程中，都要勇敢向暴力說不。因此，下次被觸發的時候，記得先深呼吸，召喚出內在的明智型大人，不管需要等個一分鐘或是二十分鐘都沒關係，接著，我們開始來使用關係技巧：

讓肯定與感激的心態帶領自己。

說明自己想要的東西（例如，「因為我想要我們兩個更貼近彼此，所以我想把話講開」）。

可以的話，盡量套用回饋之輪的溝通架構，或是至少把範圍控制在表達自己的感受與想法，不要越界去批評對方。

指點對方一條修復的途徑，說明他們可以怎麼做來讓你比較舒坦。

接著，就是最困難的一步，那就是不要在意結果，因為不論另一半的反應是好是壞，你都已經做得很好了。

專心修練自己的關係思維可以大幅增加感情走下去的機會，這裡的目標並不是說每次我們都能得到自己想要的結果，學習去消化彼此的不完美，以及你想要但另一半給不了的缺憾；學習擁抱現在所擁有的，練習為此刻感到滿足、感到欣慰。這些都是成熟的親密關係技巧，不只能夠讓關係脫胎換骨，最終還能自我療癒、自我升級。

第十章　成為完整的我們

「我家有三張椅子，一張給自己，一張給朋友，一張給社會。」

——美國作家亨利．大衛．梭羅（Henry David Thoreau），《湖濱散記》（*Walden*）

只因為一句話。

我差點只因為一句話，就讓客戶想要走人。原本看起來是很棒的初次晤談，一切都很順利，但是後來差點需要中途喊停。究竟發生了什麼事呢？

查爾斯是五十五歲上下的黑人男子，身材不高但精實，灰白的短髮，戴著眼鏡，渾身散發著傑出的學者氣質。他在當地備受推崇的大學擔任學院院長，經常會對學生揚起一邊的眉毛，冷冷地看著他們開始支支吾吾，學校有時會要求他「要用有建設性的方式讓學生產生敬畏之心」，這是他自己的形容。查爾斯從來不會大小聲，因為完全沒有必要，在學校的他不怒自威。可是，只要一回到家裡，他整個人會直接鬆掉，變成卡通「小熊維尼」（*Winnie the Pooh*）裡垂頭喪氣的驢子屹耳，老婆黛安對於老公居家形象的形容十分簡潔，那就是「愛耍軟爛、愛發牢騷、愛擺臭臉」。

我打趣說：「那這樣很適合開法律事務所呀。」可是顯然沒人覺得好笑。

黛安也是黑人，看上去至少比老公年輕十歲，身材高挑緊實，穿著金色無袖上衣與灰色裙子。她開始描述夫妻在家裡的互動情形，她說最近幾年查爾斯老是沒精打采，動不動就擺起臭臉，求歡「被斷然拒絕」（這是查爾斯的用詞）就擺臭臉；黛安和女性朋友電話講太久沒理老公，也擺臭臉。聽起來查爾斯的關係姿態一直都像是個「這也不滿、那也不滿的顧客」。

積怨多年下來，黛安生氣了，她氣老公眼裡只有他自己；不管她做什麼，好像永遠都不夠、永遠都不對。查爾斯說他有支持老婆社區幹事的工作，可是歸根結柢，假如她沒辦法立刻滿足他想要的東西，就必須面對悶悶不樂、滿腹牢騷的老公。

某日下午，黛安與查爾斯聘請的藝術老師天都還沒黑就一起喝了點小酒，這位老師英俊年輕，讓人感到很放鬆，很自然會想要分享心事，當時她差點就要一吐婚姻中遭遇的挫折，只是最後她沒有這麼做。好，跟別人分享心裡話，那然後呢？當下黛安認為自己氣查爾斯好像氣得「太過了」，於是她當機立斷回家找老公，並告訴他剛才的狀況，還說：「我們真的應該要來好好處理一下婚姻的問題了。」

因此，黛安找到我。查爾斯不曉得自己到底做錯了什麼，他不是好人嗎？他不是好老公嗎？他真的不懂黛安講的「問題」是什麼。

黛安與查爾斯的故事：是該好好處理一下了

黛安把手臂放在她和老公一同坐著的沙發邊上，伸展大長腿，她對我說明：「泰瑞，你想在查爾斯身上找的關鍵字，應該就是『憂鬱』，是那種沒那麼嚴重但已經持續大半輩子的長期憂鬱。」

查爾斯做了個鬼臉：「噢拜託，看看我的成就，再看看我的出身。」

但她依然堅持剛剛的說法：「這很可能就是我在講的東西。」

「你小時候的經歷是不是不太順？你是哪裡人？」

他回答：「北費城。」

「嘿，是紐澤西州的肯頓。」我舉起手，他看著我的眼神變了。

黛安提到，某天，想對外傾訴的想法敲醒了自己，在她回家告訴查爾斯這件事的時候，她也才明白原來自己還想要更多東西：對婚姻、對查爾斯，她都還抱有更多的期待。雖然查爾斯說他願意一起努力，可是這場初次晤談他表現得死氣沉沉，不能說是非常有說服力。

最後，當他拖著沉重的步伐跨出諮商室時，我差點就沒能忍住捏捏他肩膀以示鼓勵的手，但是實際上我只說：「開心一點，事情會好轉的，要多笑。」就是這句話，差點讓他不願意再回來繼續治療，就是因為我叫他要開心一點，要多笑。

經過一個星期，查爾斯還是努力回來繼續諮商，可是他非常生氣，而且我感覺得到，生氣的背後是受傷。

我們大家甚至都還沒坐好，他就主動提起上次我「臨走前扔下的那句話」，接著他緊盯著我說：「好，我知道你沒有惡意，但是你知道這幾十年、這幾百年有多少人叫我們黑人要多笑嗎？叫我們要想辦法在地獄裡面自得其樂嗎？」他的身體微微顫抖，而我可以感覺到自己臉紅了起來。

普立茲新聞獎得主伊莎貝爾・維克森（Isabel Wilkerson）在其優異的著作*Caste*（暫譯《種姓結構》）一書中寫道，在奴隸市場上，外表開心溫順的奴隸可以比陰沉哀傷的奴隸賣出更好的價錢。賣方會鞭打男性奴隸，目的是要逼他們笑，甚至還得跳舞，更要眼睜睜看著家人被拆賣到不同的地方，承受妻離子散的悲劇。

我開口：「我能理解為什麼那樣會觸發你。」

查爾斯阻止我繼續說下去：「觸發，嘿，不要把這個怪到『我』身上。」現在他身上完全沒有屹耳的影子。

我繼續說：「對不起，是我不夠敏銳，我不是故意要給你有上對下的感覺。」

黛安想要幫我解套：「他會生氣是因為你的語氣聽起來跟我很像。」

查爾斯不為所動：「從她嘴裡講出來那些討人厭的話，今天換成是你講，就很可能是出於偏見或無知。」

他是在說我有種族歧視嗎？我有嗎？我之前講的話有沒有種族主義的意味呢？先撇開脈絡不談的話，單看字面我覺得自己沒有種族歧視的意思，但問題是這裡的語境並沒有脫離脈絡，我們也不能不去看整個社會背景的脈絡。考量美國過去種族之間的歷史，雖然我講的話沒有惡意，但確實是不夠有種族意識，查爾斯不是美國以前那種畫上不同膚色妝容，上台用刻板印象取笑其他種族的滑稽演員，所以他完全可以決定自己體驗到的是什麼感覺。

我感覺到自己想要開始辯解：「查爾斯，我不知道，我不確定要不要用『偏見』這個講法，但可以確定的是——」（但我心想「為什麼？我需要辯解什麼？」）

他打斷我的解釋：「我可以先問幾個問題嗎？」不等我回答他便逕自問了起來：「你有讀過很多要如何幫有色人種諮商的文章，甚至是書籍嗎？」

「嗯，我——」

「你有去找真的懂這個議題的人諮詢過嗎？」

我不確定自己到底應該要感到生氣還是不好意思。實際上，我時不時都有努力想要跟上這塊，只是我不敢說自己是專家。

我們三個就這樣尷尬地坐在一起。最後，就在我因為一句話搞砸與查爾斯的關係之後，我決定拿出我教客戶講的一句話。親愛的讀者，我也希望各位可以把這個句型加到你的詞彙庫。

我問查爾斯：「請問我可以做些什麼來修復我們的關係呢？」

查爾斯聽到後笑了。

黛安輕聲呻吟：「喔喔，又來了。」同一時間，他當教授的老公把手伸進西裝外套的內袋，掏出一張摺得整整齊齊的紙，並交給了我。

我一邊打開一邊詢問：「這是……？」

他愉悅地回答：「這是『入門』的閱讀清單。」突然之間，我可以體會學生為什麼會結結巴巴的了。謝天謝地，大部分是偏向文學類的：美國作家詹姆斯．鮑德溫（James Baldwin）、非裔美籍民運人士麥爾坎．X（Malcolm X），還有一些我不認得的書名和篇名。但其實，清單上沒有包含的東西更多，像是關於種族與治療的書籍與文章，特別是跨種族的治療情境。我答應查爾斯會認真去了解相關主題，不論清單有沒有涵蓋。

我說：「不過，既然你提了，我也想知道與白人治療師合作的感覺是什麼？」

他一邊搖頭，一邊瞥了黛安一眼，問我：「不然你覺得我現在是在做什麼？」語氣並沒有不客氣。

說出真相的勇氣

種族主義可說是美國社會結構的骨幹。當我還在念書的時候，種族主義講的是以前南方糟糕的奴隸制度，可是後來前總統林肯（Lincoln）解放奴隸，現在人人都是自由之身了！就讓清教徒移民和萬帕諾亞格部落的美洲原住民同桌享用感恩節大餐吧！這就是美國！

然而，族群不睦的證據就擺在我們眼前，有人用賄賂、槍枝、細菌戰爭，從原住民族手中將美國搶了過去。感恩節講的正是美洲原住民慷慨教導白人移民要如何在新大陸生存的故事，只是後來不曉得為什麼就客客氣氣的自行消失了，平平靜靜地將腳底下的土地割讓給了歐洲人。實際上，清教徒移民與萬帕諾亞格部落的原住民在普利茅斯曾經有過短暫的結盟，只是後來合作關係急速惡化，演變為雙方歷史上最黑暗、最血腥的衝突。

美國白人利用種族屠殺穩固對土地的掌控權，接著便又引進了另一批人來付出血汗。奴隸制度不是什麼脫離常規的存在，美國前十位總統都曾擁有奴隸，種族主義也不是美國史上異常突出的一頁，美國白人自認神授予他們征服北美的「天定命運」教條裡就充斥著種族主義，種族主義「就是」美國歷史。而今天的美國，奴隸制度已經變形為大規模監禁，目前美國有兩百五十萬名囚犯，雖然黑人只占總人口數的百分之十三點多一些，但在受刑犯的比例上卻將近百分之四十。那麼勞動狀況呢？受刑人一年的勞動價值是二十億美元。美國「憲法第十三條修正案」賦予所有人自由的權利，「但不包含」被定罪的人，而隨這條例外展開的是可恥的歷史，蓄意全面地想將犯罪與有色人種畫上等號，法律與秩序則由白人來代表。從主打保守路線爭取南方白人支持的「南方戰略」，到影射黑人受刑人威利．霍頓（Willie Horton）的負面競選，都可以看到美國右翼已經從乍聽合理、實則意有所指的狗哨種族主義，演變為公開表態、手段惡毒的白人至上主義。因此，可以說是種族主義將川普（Trump）送進白宮，是種族主義讓川普的支持者闖入國會大廈，是種族主義助長了許多右翼保守人士極度的仇恨惡意。

從私刑虐待到日常生活裡的微歧視，以及高血壓與早逝等健康問題，種族主義會對受壓迫的族群造成不可言喻的傷害。而身為白人心理治療師，我關注的還有歧視方會為歧視其他種族付出什麼樣的代價。

在《死於白色》（*Dying of Whiteness*，中文書名為暫譯）一書中，精神醫學教授強納森．梅茲（Jonathan Metzl）分享了一則關於兩個南方州的故事。肯塔基州有歐巴馬健保，但田納西州沒有歐巴馬健保。二〇一六年，梅茲認識了崔佛，他家就住在無法享有歐巴馬健保的田納西州，但若他是住在開車往北三十五分鐘就能抵達的肯塔基州，那麼就能吃到延長壽命的藥物，還能進行迫切需要的肝臟移植手術。有人問崔佛支不支持歐巴馬健保，他嗤之以鼻：「我才不要把納稅錢拿給墨西哥人或是寄生社會的『福利女王』。」梅茲指出，崔佛寧願死也不願意背叛白人群體。然而，崔佛的生命正逐漸凋零，加上本身患有殘疾，不過他有在領取健康照護與社會安全提撥，可能還有請領政府的糧食補助，所以假如今天跟崔佛講話的人是我，我會告訴他「你也是」福利女王。

種族主義是美國社會核心的毒瘤，而父權體制也是，這兩者都是巨大謊言的產物、個人主義的錯覺，誤以為一個人可以從本質上高人一等或是矮人一截。精神醫師海瑟．霍爾（Heather Hall）曾寫過一篇精彩的文章，認為將種族主義的精神動力解構之後，看到的會是失調的自戀人格。自戀這種世代失調的問題是根植於誤解，真正的自尊會由內而外顯現，但是有人卻誤解成應該要由外而內，錯把映現出來的模樣視為內在自尊，以為自己的價值是來自外在的表現與擁有的東西，或是取決於他人的尊嚴。請記得，希臘神話中死後化作水仙的少年納西瑟斯（Narcissus）並不是死於太過自愛，實際上恰好完全相反，俊美的他愛上了自己的倒影，於是整天彎腰嘆氣、顧影自憐，最後是因為不吃不喝才走向生命的盡頭，殺死納西瑟斯的是對美貌上癮的他自己。

比人家好，還是比人家差；地位上升，還是地位下降；更加優越，還是更加低微。這裡的低微指的不只是某一個面向而已，不是說耕作的表現、打網球的技巧，或是寫作的成就比較不好，而是你做為人比別人低一等的意思。順著如此思考路徑，「你我區別」會擴大成為「我們與他者」的分群心態，因為在個人至上毒如邪教的思想裡，光是作為跟大家一樣的個體還不夠，這樣不行，人必須要突出、要獨特、所有表現都要超出平均才行。這種心態會讓人迅速陷入自己不只是一般人的心態，容易會覺得自己優於整個群體、整體人類，會認為原住民、移民、猶太裔、拉丁裔、亞裔、

LBGTQ（女同性戀、雙性戀、男同性戀、跨性別者、酷兒或性別認同疑惑者）、身心障礙者、有色人種等等全都不如我，這樣是在藉由剝奪別人的個體性來確立自己的個體性。

向上流動與付出的代價

查爾斯用這種方式提出要求（特別是性方面的需求），只要不順他意就生悶氣（當作報復），反而讓他在感情裡變成一個冷漠疏離的角色。做為黑人，他是社會以種族主義施加集體膨脹壓力的承受方；可是做為丈夫，他是婚姻裡自戀的那一個，是會要求老婆、報復老婆的施加方。雖然在家裡他鮮少會顯露怒氣，可是那股鬱悶、被動攻擊的超低氣壓，其實就是他用陰晴不定與暴躁脾氣在懲罰黛安。

這種男性特別會出現的行為，我老婆貝琳達形容是在「發出臭氣」——雖然你一個字也沒說，可是周遭的人都會很頭痛，因為被動攻擊的子彈就是你不做的事情、你稀少的付出。在外面，查爾斯是代表成熟、平衡、領導的靈魂；在家裡，如黛安形容的，他從有智慧的國王，變成了愛撒氣的王子。

我心想，整天都要維持智慧國王的形象一定很辛苦。接著，我想起了查爾斯的種族，於是我調整自己的看法。他必須當個睿智王者，一整天、每一天都不得鬆懈，鐵定很辛苦，問題是他已經這樣多久了呢？

於是，我詢問查爾斯從北費城街頭一路走到新英格蘭董事會的心路歷程。他分享著自己的學術成就、出色的體育表現、在團體中擔任領導的角色。我很好奇是哪個環節讓他變成了現在的巨嬰。伴侶治療師彼此間有個公開的秘密，那就是許多有權人士會在伴侶關係中退化，像是美國前總統雷根（Ronald Reagan）會叫老婆南西（Nancy）「媽咪」，而握有權勢的伴侶通常會用小兒的語彙幫對方取暱稱，這往往會是他們之間的秘密暗語，甚至是兩人才懂的語言。在外面，查爾斯必須要字斟句酌，他一直如此，也一直需要如此，所以我才特別想知道是哪邊把他寵成了中二巨嬰。

我對查爾斯說：「你讓我想起了家族治療史上很有名的一場諮商。」他們夫妻抱持謹慎開放的態度抬頭看著我。我繼續說：「奧地利的保羅．瓦茲拉威克（Paul Watzlawick）也是開創家族治療的前輩，他單堂諮商的療法很有名。故事是這樣的：

有名非裔美國人從華盛頓特區過來找他諮商，年紀和你差不多。你們兩個很像，都是非常優秀的人，出身貧寒，成績優異，都是傑出的學者，各方面表現都很亮眼。他現在在華盛頓是非常有力的遊說人士，老婆愛他，三個孩子上的都是私立學校，家裡開的是名貴豪車。他過著完美的生活，只是有個小地方不太好，他飽受焦慮症所苦，嚴重到會身心耗弱的程度。」

「據說瓦茲拉威克聽完驚呼：『你當然會很焦慮！你被自己不完美的心魔糾纏，連你已經這麼有成就了都沒有辦法完全擺脫這層陰影。有種基本特權是你從小到大，一直到現在都未曾擁有的，可是即使是鎮上背景最差的白人小孩，也都享有這種滿滿的特權。你知道我講的是什麼嗎？就是可以失敗、搞砸、跌得鼻青臉腫的特權。』」

我看著查爾斯與黛安夫妻。

查爾斯對我說：「我可以懂，只要走錯一步——」

我同意他的感想：「就會萬劫不復。」

查爾斯詢問：「所以呢？」

我說：「然後，瓦茲拉威克叫他回去做一個練習，目的是要讓他知道即使今天搞得一敗塗地，人還是可以存活下去。華盛頓特區有家知名的牛排酒館，專門接待有頭有臉的菁英階級，瓦茲拉威克請客戶進去這間高檔餐廳，一屁股坐下就堅持要點墨西哥起司玉米辣捲餅，必須大聲嚷嚷非點這道菜不可，煩到人家把他趕出餐廳才行。」

查爾斯催促：「然後呢？」

我說下去：「然後，他照做了，他表現得非常奧客，餐廳真的把他從前門丟了出來，幾位親友就在門口等著他，一起見證他被餐廳下逐客令，大家都為他鼓掌，再一起到當地第二有名的餐館吃午餐，慶祝他的解放里程碑。」

查爾斯的臉皺了起來：「所以你是要我想辦法讓自己從某個地方被趕出來——」

我說：「然後你老婆會賞你一頓好吃的墨西哥起司玉米辣捲餅！」

黛安一本正經地更正：「他老婆不做飯的喔。」

我繼續鼓勵：「好吧，我是說，她會幫你點一份好吃的墨西哥起司玉米辣捲餅。」

查爾斯開口：「我太不確定我們現在在講什麼。」

我對他說：「我想講的是，大家都有需要當小孩的時候，小時候你可以盡情地做個孩子嗎？」

他搖頭。

「你的需求，你的情緒，都有人好好回應並接住嗎？」

查爾斯補充說明：「家裡有特殊需求的小孩需要我爸媽照顧，而且我哥會吸毒，但他現在戒了啦。」

雖然知道答案，但我還是問：「那你就是家裡的乖孩子對吧？」

查爾斯點頭。

印象中他提到自己努力爬到院長的位置，也是叱咤球場的美式足球員，依據我的評估，查爾斯是「英雄型的失落孩童」。投身家庭治療三十多年，匿名戒酒互助會率先提到的三種家庭角色吸引了我的關注，這樣的分類與特質再簡單不過：英雄孩童、代罪羔羊孩童、失落孩童。

我向黛安和查爾斯說明：「英雄是好孩子，代罪羔羊是壞孩子或是生病的孩子，就是給家裡添麻煩的那位。」

查爾斯算是同意：「有點不一樣，但你講的就是我哥和我姐。」

「你姐是麻煩的那個，你哥是比較壞、比較叛逆的那個嗎？」

查爾斯同意：「差不多就是那樣。」

我試探著推測：「而你是那個自己照顧自己的孩子。」

查爾斯更正我：「應該是說，我是大家讚美的那個。」

我說：「好的，我依照受到忽視的原因，將失落孩童再分為兩種。大人不管你，有可能是因為你不乖，不值得在你身上花費心力，這種是『代罪羔羊型的失落孩童』；大人不管你，也可能是因為你很乖，而他們忙著在處理其他事情，或是心思都在其他人身上——」

查爾斯插嘴補充：「忙著處理我哥的事。」

「——他們會覺得，嘿，放你自己一個好像沒什麼問題，這種是『英雄型的失落孩童』，就是大人忽視的乖寶寶。」

查爾斯抱怨：「我真的不喜歡硬是這樣被分類——」

可是我打斷他，冒險猜猜看：「你的比賽爸媽看過幾場？親師會去過幾次？」

查爾斯火氣上來：「嘿，我爸得兼兩份工，才能讓我媽待在家。」

我跟他說：「我不是在責怪任何人，只是就事論事，查爾斯，你能夠依靠的只有你自己。你小時候的情感需求沒有被滿足，尤其是家裡沒辦法照顧到你這塊，你有好好地長大了，只是內在的需求黑洞沒有被填滿。」

坐在椅子上的查爾斯略略移動身體。

「那個愛嘟嘴的小男生幾歲？就是那個讓黛安抓狂的小男生？」

查爾斯一臉警戒，聳聳肩說：「我不曉得。」

我繼續追問：「想一個數字。」

「那應該七、八歲吧。」

「好，現在進到心裡，看著那個小男孩，他現在在哪裡？他在做什麼？」

查爾斯回答：「沒什麼特別的，我是說，他在房間裡面，他最常做的事情就是念書、做功課。」

我幫忙補充：「一個人。」

查爾斯抗議：「這個我不確定，一個人，可能吧，可是——」

我用假設的語氣說：「可是你不會覺得一個人很孤單。」

「不太會，我在家裡就是這樣。」

「這樣很正常。」

「對。」

「自己一個人。」

「家裡是有其他人啦——」

我更正：「情感上只有自己一個人，心理上只有自己一個人。」

查爾斯慢慢思考這題：「這個嘛……」

我推測：「你不覺得自己一個人，因為這樣的狀態很正常。」

查爾斯認同：「通常就是那樣。」

我藉著這股勢，深入下去：「不對，你那時候不覺得孤單，基本上你不太會覺得孤單。」

「確實不太會。」

「可是後來黛安的行為讓你覺得她不在乎你。」

「好啊，你就是要繞回來就對了。」

我問：「難道這不是真的嗎？基本上你不太會覺得孤單，可是有一天黛安拒絕你，你就開始出現孤單的感覺了對吧？」

「可能有那種感覺吧。」

我猜：「然後就全都跑出來了，你內心的孤單感受，那個七歲小男孩的孤單感受就全都跑出來了。」

查爾斯同意我說的話：「我老婆就是覺得我表現得像是七歲小孩。」他拍了拍手，說：「好，那就這樣吧，現在該怎麼辦？」

「可以的話，我想跟你們分享我和老婆貝琳達在我家小朋友四歲時，我們跟他說的話。」

查爾斯抬起頭。

我緩慢嚴肅地說：「請把話講出來。」

「怎樣說？」

「可以走到老婆身邊，告訴她：『嘿，我想要抱抱。』」

查爾斯往後靠，覺得很有趣，轉頭問黛安：「你可以想像我這樣做嗎？這樣你可以嗎？」

黛安笑了，用這不用思考吧的語氣說：「總比像個小孩子那樣故意大步跺來跺去還要好吧。」

可是，查爾斯認真地看著她確認：「你可以接受我示弱嗎？」他的語氣感覺真的很脆弱，這是我第一次在他身上看到脆弱的表現。

黛安劈里啪啦的說：「你以為我不曉得你很軟弱嗎？親愛的，我們身上都有軟弱與強壯的那一面。你以為你騙得了誰啊？」

查理斯看起來不怎麼買帳。

我說：「你知道嗎？不願意找老婆討拍的那個人，就是被老婆拒絕後要她付出代價的那個人。」

查爾斯不滿的嘟囔抗議，只是他自己好像沒那麼堅定了。

我跟查爾斯說：「苦口的良藥來囉，準備好要聽了嗎？」

他點點頭。

「你真的不能因為得不到自己從來沒有開口要求的東西而生氣。」

「可是我真的提出要求的時候——」

我迅速補充道：「我講的不只是性，查爾斯，你需要的不只是性，還有更多的情感需求。許多男人都像是只用一顆音符演奏的曲調，沒有安全感的時候，就想要上床，覺得孤單的時候呢？還是上床，那麼感到害怕的時候呢？」

查爾斯說：「好了，我懂你要講的模式了。」

黛安轉頭問老公：「那麼，寶貝你會跟我談嗎？談談你是什麼樣的人、談談你有什麼感覺？」

查爾斯用強調的口吻回答：「我『感覺』我想要靠近你，你知道的，身體上的靠近。」

她問：「有『其他』感覺嗎？」

我用讓他放心的語氣說：「有的，『還有』其他感覺。」

「是有啦，覺得被你們聯合起來對付。」他問：「這算感覺嗎？」

我半開玩笑地用恭喜的語氣說：「算『是』喔。」

他扁了扁嘴，看著黛安，問：「所以說如果我去找你……」

她說：「可以，查爾斯。」

「真的給你看我脆弱的那一面……」

「可以，查爾斯。」

「分享我的感受……」

「可以，查爾斯。」

「我們會變得更親近嗎？我是說更親密嗎？」

黛安吐出一口氣：「老天。」

我告訴她：「好，先等一下。」並告訴查爾斯：「假如你改掉之前的行為，假如你真的試著去辨識自己除了性慾之外的感受和需求，假如你不要再用非語言的怨氣給她壓力……」

查爾斯問：「那會怎樣？」

我回答：「你可能會很驚訝地發現，自己會變得更有魅力。」

黛安趕緊插嘴：「我可沒有要保證什麼喔。」

我對查爾斯說：「這不是在做等價交換，不要再抱怨了，不要再給壓力了。」

查爾斯說：「這邊我懂了啦。」

我指責道：「可是你一直都不懂，一般來說，長大的男人會比七歲的小男生還要有性的魅力。」

查爾斯認真地看了黛安一眼，對她說：「你是因為我很強大才愛上我的，這是你說的。」

「查爾斯，我愛上的是全部的你。你對我是藏不住的，我知道你想要隱藏的是什麼，而且我也看得到你在隱藏。」

他有點氣惱：「你看到了什麼？我想要把什麼藏起來？」

她伸手捏住他的下巴，把老公的頭轉過來面對自己，回答：「我看見你了，傻瓜，我看見那個小男孩了。」

查爾斯皺起眉頭。

她對他說：「我喜歡那個小男孩，我愛那個小男孩。」

查爾斯想要哄她：「但是——」

她往後靠，沉默了好一會兒：「可是有時候真的很難。」

他問：「什麼意思？」

我插話：「查爾斯，意思是說，她跟你說不要的時候，你要跟她分享那個受傷的小男孩有什麼感受，但不可以把小男孩直接丟到她家門口讓她處理。」

查爾斯花了很長一段時間，才將眼神移到老婆身上，平靜地問：「你是真的愛我，對嗎？」

黛安點頭：「可是很難相信吧。」

他對她說：「有時候很難。」

黛安說：「很多時候都很難。」他們凝視著對方。

查爾斯眼睛沒有離開她，說：「是有時候。」

我有觀察到他們看著彼此時溫柔的神情，於是開口問查爾斯：「那現在呢？你現在相信了嗎？」

查爾斯盯著老婆看了好久，現在眼睛還是沒有離開黛安，他用輕柔的語氣回答：「現在都沒事了。」

假如刀槍不入與支配一切的形象是全體男性需要適應並成為的樣子，那麼對美國黑色或棕色膚色的男性來說，這已經不是調適就好而已，這是關乎生存的必要行動，但是享有社會特權的白人治療師卻說得如此輕鬆：「放心，就展現自己脆弱吧。」

著有《種姓結構》的新聞人維克森有次搭飛機去演講，她隔壁坐著一位還不到七、八歲的白人小女孩，小女孩非常驚訝，沒想到頭等艙居然會出現維克森這樣的有色人種。隨後，小女孩的困惑變成了錯愕，錯愕又直接變成了不滿，最後女孩的媽媽安慰說：「沒關係，我們換位置，你坐靠走道這邊，我來坐她旁邊。」

各位讀者，我想請大家先暫停閱讀，體會一下那是什麼感覺，那是「髒鬼碰不得」的感覺，而維克森的書裡有一整段描述的正是這種彷彿一碰就會被傳染的嫌惡心態。

一九五〇年代初期，美國的辛辛那提市基於壓力，開始拿掉市立游泳池白人專用的規定，於是白人把釘子與碎玻璃丟進泳池裡。一九六〇年，黑人民權運動人士直接進到公立泳池游泳，希望能就此打破種族隔離，可是就在游了幾趟起來擦乾身體的時候，他看到泳池的水被排光，隨後再注入新的一批水。

我怎麼能拿出治療師的身分，在明知這樣的羞辱或是更糟的待遇隨時隨地都可能會再爆發的狀況下，挑戰客戶要他展現更脆弱的那一面呢？可是我還是這樣做了，而且我必須這樣做，因為親密關係的重點就是要親密，會需要分享脆弱，會需要我們釐清並表達自己的渴望與需求，會需要彼此交流感受，即便我們現在在吵架、在冷戰，都還是要努力做到這點才行。

經過一段時間的調適，查爾斯學會必要時他會在外面跳進競技場，擔任格鬥士的角色，可是回到家裡，要記得搖身一變做個好情人；他學會盡量在要不到東西的時候少一點抱怨，反而要更去照顧黛安的需求，去探索怎麼做可以幫老婆暖機，讓她有性福感。這段時間，夫妻兩人一週固定會有一次性行為，有時候是兩次，對查爾斯來說「還可以」，黛安覺得「很夠了」。

不久之後，他們結束治療，並跟我道謝，我祝他們一切都好。

他們起身要離開時，我跟查爾斯說謝謝他在諮商一開始就幫我「增加種族意識」。他伸出手，跟他握手的我心中百感交集，每次有人從我這裡「畢業」，我都很常會有這種又高興又感傷的複雜滋味。

他告訴我：「你要記得繼續保持笑容喔。」

我心想：「自作聰明的傢伙。」可是我並沒有真的說出口，把終結對話的角色留給了他。

自我膨脹傷人又損己

把自己定位在關係生態的外面與上面，猶如活在巨大謊言的泡泡裡，做著自己優於某些群體的幻夢，藉由剝奪他人的個體性，從而穩固自己的個體性。邊緣化一個人的第一步通常是奪走他們做為個人的認同元素，如奴隸不配擁有自己的名字；受刑人頭髮要剃光，不能穿原本的衣服；猶太人的身分只剩下手臂上刺的數字。同時，我們會進行自我催眠，告訴自己我們屬於特權階級，我們不是黑皮膚，不是窮人家，不是同性戀，不是女性；我們會憑空想像出一座地位階梯，認為下面的人就是低自己一等，於是一邊踩著下面那些人的臉，一邊死命抓著踏板不放。

站在這座假想的階梯上需要付出巨大的代價，踩與被踩都逃不掉，因為我們不只會踐踏別人，還會踐踏自己，會覺得自己某些方面還可以接受，可是有些地方卻難以忍受，萬一沒有達到心目中想要的樣子，我們會狠狠地用負面的話語抨擊自己。因此，我們會活得非常辛苦，內心世界與外在世界都不會好過，這邊讓人難以面對的事實是：儘管我想要清楚強調，針對非特權族群的系統性折磨、剝奪、羞辱遠比有毒的特權思維還要嚴重，但是假如我們社會有心想要修補存在已久的裂痕與傷痕，那就必須先意識到有毒的個人主義文化會無差別中傷所有的人，上層與下層階級都無法倖免。另外，近期研究也指出，財富會降低人的同理心，請各位好好想一想，現在還會覺得有錢是好事嗎？畢竟，想要繼續有錢有權的話，我們需要削弱同理心，在情感上叫自己解離，在心理上做出人以群分的區隔，甚至需要開始使用錯誤的思維。

念大學時，有陣子我很迷原子彈之父J．羅伯特．歐本海默（J. Robert Oppenheimer）。讀到「曼哈頓計劃」的時候，我不斷問自己：「他怎麼受得了自己？明知道自己駭人的發明會危及整顆星球，他怎麼還可以繼續把這樣的暴行帶到世界上？」翻閱許多的文章與傳記之後，我發現了驚人的答案：原來關於後果他並沒有想太多。當時，我們國家正在打仗，有人對他提委託要求，而如同過去數千年來的前人一樣，歐本海默覺得這就是他的工作，而他也完成了分內的事。後來，歐本海默付出的代價正是他不准自己去多想的事情，正是他用解離來分裂自己的後果。解離可謂創傷反應的核心母題，受創的人之所以會解離，是因為在很多時候，他們必須這樣做才能保全自己。至於加害者會不會也需要解離呢？這樣是不是表示，要一個身心健全的人去傷害另一個人，其實沒有想像中那麼簡單呢？

一旦我們允許自己不去思考，這樣的豁免權就會讓人變得十分危險。嚴重特殊傳染性肺炎（COVID-19）疫情期間，三十八歲的魯迪先是與性工作者進行沒有保護措施的性行為，接著回家與家人吃飯。我在諮商的時候問他，當時有沒有意識到這樣做會帶給妻小什麼樣的風險？魯迪只是聳聳肩：「我跟自己說不會中標。」我心想「這完全就是自我膨脹。」他說：「老實說，我沒怎麼在想這件事。」有時候腦中想個不停我們會感到很厭膩，可是拒絕思考的後果其實更加嚴重。

暗中作祟的優越感

莎士比亞筆下的悲劇人物馬克白要刺殺國王之前，他祈求道：「星子啊，請收起星火，勿讓光亮照出我黯黑幽深的欲望。」可見優越感會在漆黑中偷偷作祟，自我膨脹的人也往往看不到本身自負的問題，但是，棲身在疏離冷漠的高位不僅會傷害別人，還會傷害有自我膨脹問題的本人。近來，創傷心理學指出「道德感傷害」的問題，這也屬於「創傷後壓力症」（post-traumatic stress disorder, PTSD）的一種，意思是加害者的心理狀態會受到殺傷力相當大的攻擊，譬如說，士兵犯下超出內心道德底線的殘暴行為，那麼他的道德良心也會受到自我譴責，而在戰場上，男性會對無辜的百姓做出強暴、謀殺、殺戮等行為，都是類似的例子。

出於自我膨脹而犯下罪刑時，原有的健康罪惡感會被懼怕與權力取代，於是會將受害者去人性化，來減輕自己的罪惡感。精神醫師海瑟．霍爾（Heather Hall）寫道：「惡毒至極的施虐者會堅稱，受虐者有承認他們自己活該被虐待……而受虐者會發現，幫忙施虐者減輕罪惡感，說出是的，是我自己活該這些話，是他們唯一能夠盡量減少痛苦的方法，而這就是施虐者對於受虐者靈魂的最後重擊。」

即使是做到這個地步，罪惡感還是會揮之不去。一九九七年，心理學家納因・阿克巴（Na'im Akbar）提出「創傷後奴隸症候群」（post-traumatic slave syndrome）的說法，來描述父母曾受人奴役，會對子女造成什麼負面影響，而且負面影響還會跨世代延伸到後輩子孫。近年來，我們對於表觀遺傳學開始有了愈來愈多的認識，更能觀察到這一代的創傷會如何影響下一代的ＤＮＡ，而且影響的還可能不只是下一代而已。關於白人那些殘酷到難以用言語形容的種族犯罪行為，我能否在一絲一毫都不能淡化的前提下，來探討白人世代承襲的道德感傷害呢？美國白人身上會不會集體背負著前幾代沒有感受到的羞愧與精神創傷呢？那些歷經好幾世代的歷史重演與內在否認，是不是依舊會傳到我們後輩身上成為包袱呢？關於白人所犯下的種種暴行，我能否在完全不減譴責力道的前提下，提出種族主義反噬內在心靈的力道恰好就是來自否認與扭曲的血淚機制呢？就是來自歧視者想將被歧視者去人性化，結果卻同時也將自己去人性化的心態呢？

至於性別議題，雖然幾千年來男性對女性施加的傷害如今還是存在，但是我會要求男性與女性都要站在同一陣線，因為認識父權體制是什麼，對大家都好；合力掙脫加諸在男女身上的枷鎖，對大家都好。同樣的道理，我們都是自己關係生態系裡面的組成元素，要把這點放在心上，對大家都好；就此告別優越與卑屈之分、羞辱與膨脹之別、受害與加害之名的巨大謊言，對大家都好。做為社會文化的一分子，我們一同承受著尚未癒合的集體創傷。

面對叫大家以一個群體去傷害另一個群體的解離心態與心理區隔，我們要大聲說不，才能開啟集體療癒的階段。

美國作家山姆・金恩（Sam Keen）在一九九一年的經典著作*Faces of the Enemy*（暫譯《我們眼中的敵人》）裡仔細描述了「他者化」的過程，不論敵人是誰，人都會用一些方法或說法，來一點一滴抹掉敵方的人性，而大量文獻也詳細記載了要怎麼讓士兵將槍管裡的子彈全數餵進敵軍的肉身。據觀察，不管是他者化的效果，還是戰時服從度的比例，人類的每場戰役似乎都顯得愈來愈得心應手。但是，問題還是沒變：人可以在殺人的同時依舊感受到人性，依舊可以與對方建立共感的連結嗎？現在，我們有請陪審團。

實際上，許多人在心中對自我的精神狀態都有過類似的心理歷程，我們會將某部分的自己歸類為他者，面對自己無法接受的那一塊，會加以驅逐、對抗、折磨。傳統上，受到父權思維影響的女性會將為自己說話與自私的念頭排擠到他者的位置，而男性則會將自身的脆弱面貼上他者的標籤。佛洛伊德提出的潛抑作用揭開了心理學發展的序幕，這種作用代表人類會想要放逐我們認為不夠文明的內在想法。不過現在，我們應該要拉開帷幕，去擁抱自身與他人碰觸不得的那一塊。

個人主義會藉由抽離分裂來自我合理化。對於受迫方來說，壓迫無所不在；對於壓迫方來說，壓迫會在暗影中潛行。捫心自問，我們當中有多少人會用種族主義的眼光看待自己？二〇二〇年有研究顯示，即使研究對象會對某些行為貼上種族主義的標籤，而且也承認自己有那些行為，但是他們還是不會承認自己是種族主義者。受測者承認自身帶有種族主義的行為，但又同時否認自身帶有種族主義的特質，他們絞盡腦汁做出這些判斷的心理過程讓我非常好奇。請記得，個人主義是建立在關係脫節之上，而脫節的代價就是失去連結。就個人層面而言，西方社會的大家幾乎都有自己優於這些人，但是不如那些人的想法；就團體層面而言，西方社會的大家幾乎都有自己群體優於這些群體，但是不如那些群體的想法。這些大家都沒有直接攤開來說，但事實上人際脫節這種新的流行疾病在整個西方社會快速蔓延，所有的人都嚐到了苦果，我們正感受到前所未有的孤獨。

大家需要先意識到那些從自己與他人身上切割出去、那些我們看不起的次等部分是什麼，整個國家、整體社會才能一起慢慢療癒。看看自己身邊，打著個人主義旗幟要捍衛自由與權利的社會，正在造成社群分裂，有人在疫情期間要求保有不戴口罩的權利；有些左翼女性疾呼要從溫良恭儉讓中解放出來，可是現在反而變得渾身是刺；有客戶接受近十五年的心理治療，會認為這段治療的意義是在於自我進步。從上面這三個例子，我們都能觀察到個人主義會大過人際關係，現在我們處在最冷漠疏離、最自以為是的時代，孤獨肆虐有如漲起的潮水，即將吞噬大家。

美國公共衛生署長維偉克．莫西（Vivek Murthy）著有非常發人深省的書《當我們一起：疏離的時代，愛與連結是弭平傷痕、終結孤獨的最強大復原力量》（*Together: The Healing Power of Human Connection in a Sometimes Lonely World*），裡頭回顧了眾多研究，發現有百分之二十二的美國成年人表示，他們經常或總是會有孤獨或是社交孤立的感受；美國四十五歲以上的成年人中，每三人就有一人感到孤獨；有份全國問卷顯示，有五分之一的填答人表示，自己幾乎沒有或是從來沒有過貼近他人的時刻。而且，國外的研究也呼應了上述的研究發現。

法國作家阿勒克西・德・托克維爾（Alexis de Tocqueville）曾旅居美國，他筆下對一八三〇年代美國的形容是：「個人主義這種平靜且經思量的氛圍使公民將自己與廣大的群眾同胞區隔開來，縮回親友的圈子裡，由於得以安然待在小小的同溫層中，大家更樂得放手不管，讓社會大圈圈裡的其他人去自己照顧自己。」不過，時間推到將近兩百年後的今天，社會結構破碎且分立，親友小圈圈可能已經稱不上富足穩定，據社會學家羅伯特・普特南（Robert Putnam）觀察，現在有愈來愈多人是自己一個人去打保齡球。

或許種族主義本身就是一個巨大的謊言，自以為能區分白黑尊卑，不過，同樣的動力關係也出現在陽剛陰柔、異性戀同性戀、富人窮人的對照裡頭。特權的毒藥就像是沒有刀柄的刀刃，揮著刀的人也會割到手。

修復改正的第一步就是要先看到問題，要與自己的特權建立正確的關係；要去感受到這種心態無所不在的保護網；要去承認自己內化的種族、厭女等各種偏見；要願意去面對自己下意識帶有的成見。可是更重要的是，「必須要認知到，覺得自己在本質上優於其他人，對雙方來說都是令人非常不舒服的心態。」

有人在路上超我車，超完還放慢速度，逼得我也得放鬆油門，這時我當然會很不爽：「他以為他是誰啊？駕照用雞腿換的喔！」但是，我會立刻找回自己，調整呼吸，讓漲滿全身的鄙視態度緩和下來，告訴自己要從上面的階梯走下來，要讓自我膨脹消消風。我不是為了那個超我車的人這樣做，我是為了我自己，提醒自己我就是在充斥著輕蔑與不屑的家庭中長大，所以會將這種態度內化，多年來我都這樣對待自己，對待與我交往的人，還不只一次把關係搞得烏煙瘴氣。可是，這次不行，今天我的生活裡不需要有「鄙視」這兩個字，我想努力在日常裡實踐民主精神，實踐「對等」思維，沒有誰比誰好、誰比誰不好這種事，我要大聲向疏離與高冷說不。

個人主義是建築在被放逐的群體身上，普遍來說特權階級會長期飽受罪惡感的齧咬，加上非特權族群所遭受辱及人格的迫害，全都成為個人主義的溫床。想要改善這種現象，就需要壓制個人主義，因為我們一邊告訴自己我們比其他人有資格做人，一邊做出失去人性的行為。有時候，將巨大謊言套到別人身上還不夠，許多人更會將矛頭指向自己，我們太習慣花時間去計較究竟是更好還是更糟，忙著嚴厲抨擊自己不完美的地方。

我們應該趕快從巨大謊言這場可怕的噩夢中醒來，趕快從羞辱自卑與自我膨脹的虛幻世界回到現實世界，找回連結與「對等」。在人我層面意識到你我沒什麼上下關係，可以攜手一起走進親密關係；在自我層面實踐個體的民主精神，可以更靠近我們自己。同時，有機會迎來長長久久的幸福關係。

要在日常裡實踐愛

請記得，如果對自己夠誠實的話，其實我們都渴望擁有親密關係，而且觸及人心的人類連結具有療癒、充實的力量，是生命中唯一能夠為我們帶來真正幸福的元素。不過，親密關係不是與生俱來就擁有的東西，親密關係需要去實踐、去經營，而且透過學習，我們可以做得更好*，可以學習在為自己站出來的時候，用更好的溝通方式維護自己的權利，用愛來提出自己的主張，表達珍惜彼此感情的心意；可以學習放下追求「客觀」現實的陷阱，轉而去關注另一半受傷或渴望的主觀感受，打開耳朵去傾聽，真的用體恤大度的心去傾聽，不要只為了防衛或是只想到自己；可以學習說：「對不起讓你這麼難過，現在我可以說些什麼或是做些什麼，對事情會比較有幫助呢？」這些話通常能夠指點你一條修復的道路，而不是轉向更加疏離、更加火爆的荊棘路。

藉由練習保護自己，為自己發聲，我們可以穿過蛻變的金色之門，昇華到不再只顧「我我我」的境界。不過，這並不代表大家不能保有自我。傳統思維教導女性要把「我們」擺在「自我」前面，但是「我們」並不是真正的感情關係，親密關係不是什麼完全無我的融合狀態，親密關係就像是「我」與「我們」合跳著一支永不停歇的舞曲，「我自己」和「你自己」都是關係中至關重要的元素，而個體渴望會轉以關係需求的形式呈現出來。有些時候，可能我們會把個人需求擺在前面，會要求：「不行，拜託不要再這樣對我了，我比較喜歡你那樣對我。」有些時候，可能我們會選擇退後一步，給予另一半他們想要的東西，並問自己：「何不就這樣呢？我會少一塊肉嗎？」因為你知道釋出慷慨的善意是會有回報的，換句話說，當你愈能用生態的整體視角看待關係，就愈能看到不證自明的道理，那就是如果我們願意有技巧地調整自身的行為，願意好好守護身處其中的關係生態，其實對自己是愈有利的。為什麼呢？因為親愛的讀者，你就住在裡面呀，你呼吸著裡頭的空氣，仰賴著裡頭的大氣環境。覺醒吧，覺醒吧，開始好好經營。

＊想要學習更多關於感情關係的技巧，歡迎前往作者網站TerryReal.com，參考裡面的「新婚姻守則」與線上課程「讓我們繼續相愛」（Staying in Love）。

結語　在光的碎片之間修復感情

慈姐，聖母
川河之神，汪洋之靈
請別讓我承受分離之苦
請將我懇切的呼喊傳到您的跟前

——英美作家T・S・艾略特（T. S. Eliot）
《聖灰星期三》（*Ash Wednesday*）

個人主義灌輸我們的觀念，就是人類是擁有支配力量的分立個體，而生態思維與關係思維則是邀請我們用其中一分子的視角來看待自己，沒有所謂的支配與被支配。可是，不再分立是什麼意思？真正成為我們所居世界的一分子又是什麼意思？

葛雷格里・貝特森（Gregory Bateson）與瑪格麗特・米德（Margaret Mead）是人類學家夫妻檔，而貝特森是公認的家族治療之父，他在一九七二年的經典著作《朝向心智生態學》（*Steps to an Ecology of Mind*）裡，戳破了人類是獨立存在的妄想，戳破了人類脫離自然、脫離他人的謬論，並形容這是「人類認識論上的錯誤」。

根據貝特森的說法，我們可以用酒精、迷幻劑等藥物來短暫修正這種不幸的錯誤認知，這也說明了為什麼服用這些東西可以讓人愉悅。多年來，許多研究都顯示，迷幻藥可以減輕末期病患對於死亡的恐懼，背後的原因就是這些藥物能夠讓很多人跳脫肉身與個體的限制，看見生命的美好。

做心理治療的時候，我常會覺得自己很像是推銷心理界線的業務員。心理界線薄弱或是匱乏的伴侶容易會受到反應模式的影響，情緒與關係的波動會比較大，可是透過練習，他們可以修築心理界線，強化玻璃心，不會動不動就出現很大的反應。

至於另一種類型的伴侶喜歡窩在高牆後面，尤其是那種釋放量或吸收量過低的情感高牆，反而需要練習去「刻意接收」，有意識地放鬆並呼吸，告訴自己要收下送到面前的訊息。

健康的心理界線就像是健康的自尊一樣，會剛剛好處在中庸的位置，不會太過開放、太過疏鬆，也不會太過封閉、太過嚴密，因此，我們如何接收或是排除外在的評價是很大的心理課題。雖然有些界線不明的互動屬於病態關係，像是愛情成癮以及家庭裡失衡的「糾結」（enmeshment）問題，但是有些界線模糊的狀態不僅再正常不過，甚至還可能帶來絕妙的體驗。實際上，許多時候我們都會放寬自我與他者的界線，像是在情慾流轉的時刻，在科學直覺大爆發的時刻，在藝術創作揉合工藝與靈感的奇妙時刻，我們都會放鬆界線，而神秘主義的合一境界大概就是其中最極致的體驗。

明智型大人與成熟的心態

如果我們不但能理解自己屬於一個完整有機的關係系統，還能真正體會這層意涵，那會是什麼樣子呢？當我們從適應型小孩的模式走進明智型大人的思維，就代表已經看清個人主義、傲慢自恃，以及權力與控制的錯覺。到了這個境界，有些人會放掉企圖控制的心態，順應自然歷程帶著自己往前走，置個人生死於度外；有些人則會尋求全新的視角。具傳奇地位的精神分析師卡爾・榮格（Carl Jung）就觀察到，治療成癮有賴性靈解方，因為想靠沉醉來填補的空洞在本質上就是存在主義的空洞。這點我同意，心理學家就認為，基本信任感這種能力通常應該在二到三歲的時候建立，此後就可以樂觀地相信宇宙大抵上是懷抱善意的，車到山前必有路。

可是萬一到了三歲、四歲、八歲的時候，體型是自己兩倍大的大人卻經常會惡意相向，處處嫌棄你，那麼最後還會剩下多少的基本信任感呢？

心理治療師很喜歡叫客戶要「放下」，可是放下了，然後呢？

我們要先看到游泳池裡面有水，才會願意跳下去，對於兒時經歷過創傷的人來說，信任不是說有就有的東西，而且依照我的估算，有創傷的人數在百萬以上。

我開始定期冥想大概到了三十年的時候，經常會有自己被打開的感覺，自我與他者的界線不再那麼緊繃，而且就像人家形容的，我和宇宙會合而為一，那真是很興奮、很解放的體驗。之後，我又繼續冥想了十年，大概就在那個階段，我才開始覺得自己是被愛的，我活到六十幾歲才找回基本信任感的能力。性靈上的修行引領我看到自己徜徉在自然的懷抱，體驗活著的感受，找到智慧與慈善，以及愛。有些像是藝術家、神秘主義者、優質伴侶之類的人，在個人主義的自我放鬆之後，在讓自己與自然融合之後，會聽到自然回應的聲音。反過來說，假如對自然抱持置身事外、為萬物之首的態度，那麼就是放棄了體驗直探靈魂的謙卑領會，便聽不見神聖之音想要告訴我們的訊息。

我想，或許人類演化的下一步並不是往前直衝，而是要反璞回歸老祖宗的智慧；或許明智型大人自我的最終智慧並不是來自個人智識，而是要從人類世紀累積的集體智慧中汲取。

這股力量有許多名稱，像是「氣」、「道」、「佛性」，如果你對橫跨幾十年的《星際大戰》（*Star Wars*）系列科幻電影有點認識，那麼這裡還要再加上「原力」。另外，有些佛教禪宗會以「大心」來稱呼，形容的是大千世界、微塵眾集結而成的一合相；反觀「小心」這種普通意識會將個人置於之外與之上的位置，會形成苦難的溫床，無論我們多麼努力想要抓住什麼東西，生命中的萬事萬物依舊會保有恆變無常的特質。倘若以「小心」觀世界，終究只會經歷一次又一次的失去，但這不是我們唯一的選擇，我們還是可以選擇生滅：意思是說轉小為大，讓自我中心、冷漠疏離的那個自己安息，再以真實的狀態覺醒重生。如同禪師鈴木俊隆（Shunryu Suzuki Roshi）的文字：

活出佛性代表每分每秒小我都在死去，我們會在失去平衡的時候死亡，但同一時間我們也在自我發展、自我成長。舉目所見，變化無所不在，萬事萬物都在失衡，而萬事萬物之所以美麗，是來自偏離平衡的狀態，但失衡的背景卻又總是完美和諧地交織在一起。世間萬物都存在於佛性之中，在完美平衡的空間裡不斷脫離失衡。

這是達到天人合一、精神澄明的狀態，而脫去個體軀殼的最高境界是老子《道德經》裡描述的「清靜為天下正」。

不過，清靜無為之道不代表領導者可以完全缺席，實際上領導者並不會消失，而是「道」會藉由他的口來說話。關於這番道理，我最喜歡的是藝術方面的譬喻，畫家熟習技藝，不斷揮動畫筆，持續拓展並精進技法，然後有一天，靈感充盈他的身體，為作品注入生命。請注意，畫作的偉大之處並不在於畫家，但假如他認為那都是自己的功勞，只會變成倨傲自負的人。不過，這位畫家並不是只擔任助產士的角色而已，偉大的藝術家可以因為懷抱技藝而自豪，但是不能忘記對借他之手化抽象為實體的靈感懷抱感恩的心。藝術作品是通力協作的成果。

我認為人與自然的關係也應該帶有藝術的巧妙，人類沒有凌駕於自然之上，也沒有屈居於自然之下，我們是對等的夥伴。羅馬尼亞歷史學家默西亞．埃里亞德（Mircea Eliade）在一九五六年的傑作《鍛與鍊》（*The Forge and the Crucible*，中文書名暫譯）中，探討了古時人類相當早的科技：金屬加工。他從跨文化的角度切入，探詢西方中世紀鍊金術的起源，也就是西方科學的前身。埃里亞德選擇金屬加工做為科技原型，希望藉由相關的神話故事與敘事記載，一窺人類與科技的早期關係。

埃里亞德的發現深具意義，他觀察到在中東、印度、中國的許多文化裡頭，鐵匠與冶工不是神聖的薩滿，就是罪犯，有時候他還會看到這兩種觀點同時存在於文化背景相同的社會。當時大家普遍認為，鐵匠與冶工是從地球的子宮裡提取土地孕育的元素，而在他所研究的文化社群中，大多還認為宇宙會不斷讓自己更臻完美，也就是說，黃金、珍貴寶石、金屬都是地下蘊藏的資源「胚胎」，這些結構是胚胎發展的最終階段。因此，將礦石「轉化」為黃金與珍貴寶石，代表鐵匠與冶工做到了時間會做的事情，加速了大地成熟的進程。有些文化將鐵匠與冶工視為助產士，有些文化認為他們是褻瀆物質的破壞分子，還有些文化則是多種觀點並存，那麼關鍵的決定因素是什麼呢？區分智慧與犯罪的標準是什麼呢？

答案可能會讓大家非常驚訝，是聖人還是罪人取決於「鐵匠與冶工的內在狀態」。

一心只想著利益與報酬，將個人意志強加於自然物質的鐵匠與冶工會被視為小偷，是某種強暴犯；性靈修為夠成熟的鐵匠與冶工能與更大、更完整的存在攜手無間，因此會被奉為聖賢或法師。鍊金術不僅是一門科學，還是反思神性的形式，而神性的內在與外在息息相關。早年，發掘基礎原理的科學家會在科學觀察與實驗的記錄書頁中穿插神秘主義的短篇文字，包含義大利的喬丹諾・布魯諾（Giordano Bruno）、英國的法蘭西斯・培根（Francis Bacon），連發現萬有引力的艾薩克・牛頓（Isaac Newton）也會這樣做。就定義來說，假如實際操作的金屬工匠可以找到內在和諧，那麼他就擁有轉換並優化大地物質的能力，順著邏輯回推，假如鍊金術士可以在實驗室裡轉換物質並加以升級，那麼他就擁有達到性靈啟蒙境界的能力。換句話說，金屬轉化與心智轉化為一體同理。

我自己的背景是猶太傳統，而「修復世界」（*tikkun olam*）這個古老的猶太思想可說是相對應的觀念，這個概念認為人類的實體世界支離破裂，神聖之光的碎塊受困於不全的細片之中，散落在宇宙各處，唯有人類才能藉由自身蛻變的行動，來修復破碎的世界。

科技是福還是禍？就取決於使用者的心與魂，我們可以有意識地決定要如何自處，選擇用行動重建世界，或是親手將世界推向黑暗與紛擾的深淵。問題很簡單，就是我們想要以什麼方式在這顆星球上存活呢？是要用「你我意識」企圖主導一切？還是要用「我們思維」共生共融呢？

早在六千多年以前，被尊為道教始祖的偉大思想家老子便寫下了十分睿智的文字：

昔之得一者，天得一以清，地得一以寧，神得一以靈，谷得一以盈，萬物得一以生，侯王得一以為天下貞。其致之，天無以清將恐裂，地無以寧將恐發，神無以靈將恐歇，穀無以盈將恐竭，萬物無以生將恐滅，侯王無以貴高將恐蹶。故貴以賤為本，高以下為基。是以侯王自稱孤、寡、不穀。

我承認自己特別喜歡最後這句：「故貴以賤為本，高以下為基。是以侯王自稱孤、寡、不穀。」領導者自謙為孤家、寡人，並自以為不善者，便已是肯定了高下貴賤是相生相應的共存*。

悲憫的共感姿態才是能夠領略整體、召喚出明智型大人的那個我們，更有智慧、心胸更寬廣的那個自己必須要包納並用朋友的方式對待「你我意識」與適應型小孩創造的零和世界，最後再將這個小世界包進大世界裡。不論我們是在房間裡用更多的愛對待彼此，是在陪孩子玩遊戲，是在同溫層外面學著釋出更多尊重，還是在腦中努力用更友善的方式與自己對話，都要記得對內在被驅逐的自己、對外在遭排擠的他人敞開雙手。當我們戳破個體性的巨大謊言，開始關照受傷的地球與鄰人，就是在與受傷的自己重建關係，這是我們該做的事、該完成的使命，而且夠幸運的話還可以寫成命

＊編按：本句為譯者補充。

運的詩篇。不過，假如我們沒能成功做到這些，可能將會付出極大的代價。

「個人」是那些承襲財富的白人男性所建構出來的概念，但是後來我們對於大腦的機制有了愈來愈多的認識，發現人腦其實非常愛社交，從而明白獨立個體只是個錯誤的預設。實際上，人類的大腦會一齊連動運轉，而不是分開各自運轉。一旦我們想起那些被我們切割的人，一旦我們去傾聽那些權利受到剝奪的人想說什麼，包含女性、原住民族、有色人種，那麼個人主義基底的巨大謊言是如何自戀、如何荒謬，都將表露無遺。

若想要建立新的典範，就必須開啟生態、關係的視角，必須要從排他轉向兼容，必須化分立為相依，必須放下主導的控制欲，開始與他人、與地球、與內在自我齊心協作。大自然不會主動提供獎賞或是祭出懲罰，可是會讓我們看到後果，因此，我們現在採取行動的決定會至關重要，我們如何思考、如何看待自己在這個世界上的位置都至關重要。現在，面對自己與另一半、孩子、鄰居、自我的關係，我們可以選擇要去修補救贖，還是要去侵犯摧毀，就掌握在大家手中。

【謝辭】

一本在講關係的書怎麼可能單靠一個人就能完成？沒錯，我不是一個人。

我要感謝葛妮絲．派特洛（Gwyneth Paltrow）以及她生活風格品牌Goop團隊慫恿我踏上這段瘋狂的旅程。品牌大師傑弗里．帕爾曼（Jeffrey Perlman）協助我構思對於個人主義的批判。感謝理查．潘恩（Richard Pine），他付出的遠不只是經紀人，每一條想法、每一則標題、每一顆文字都有他陪著我。還有默默散發超能力的唐娜．洛弗羅多（Donna Loffredo），謝謝你擔任我在企鵝蘭登書屋（Penguin Random House）的編輯，我從來沒看過有編輯會像她這樣捲起袖子，親力親為參與一本書的誕生，我們一章一節、一字一句，一起斟酌出這本書的樣貌，唐娜，你真是神隊友。感謝琪琪．柯羅沙茨（Kiki Koroshetz）用許多貼心的文字鼓勵我。另外，我要特別衷心感謝布魯斯．史普林斯汀（Bruce Springsteen）願意分享他深刻的心得，以及真誠的陪伴。

我想向所有教導過我的老師鞠躬致意，可惜族繁不及備載，但是我一定要跟創傷與復元的先驅派雅‧梅樂蒂（Pia Mellody）致敬，因為翻開我的書，處處都能看見她的影子。感謝歐嘉‧史福斯坦（Olga Silverstein）教我解開死結的方法，包含我自己的心結。同時，我要謝謝「劍橋家族治療機構」（Family Institute of Cambridge）的同仁，你們一直是激勵人心的存在。

卡若‧吉利根（Carol Gilligan）是我永遠的同事兼朋友，感謝有你持續擴展我的視角與思維，沒有你的話這本書就不是現在這個樣子了。謝謝珍芳達（Jane Fonda）提醒我要去檢視自己的政治根本與承諾。

我要對茱莉安‧泰勒‧舒爾（Juliane Taylor Shore）致上萬分謝意，不僅對於關係生活伴侶治療擁有深刻聰穎的見解，本身還是非常優秀的神經生物學講師，你就是我們這個領域值得依託的證據。親愛的艾瑪‧克萊門（Emma Clement），謝謝你協助研究與筆記，這些都是非常寶貴的支援。親愛的布萊恩‧史皮爾曼（Brian Spielmann）與理查‧陶賓格（Richard Taubinger），你們真是網路世界的魔法師。親愛的麗莎‧沙利文（Lisa Sullivan），是因為有你的努力，才讓這一切可以好好運轉下去。親愛的傑克‧賽爾（Jack Sayre），謝謝你喚醒我努力書寫的作家魂，當然除非那時我真的該下班回家了。親愛的里奇・西蒙（Rich Simon），你依然活在我的心中，謝謝你的鼓勵，謝謝你覺得我是非常特別的作家。

親愛的朋友，謝謝你們要忍受我這個人，偶爾還願意對我講的事情假裝很有興趣：迪克・施瓦茨（Dick Schwartz）、珍妮・卡坦扎羅（Jeanne Catanzaro）、杰特・西蒙（Jette Simon）、麗茲・多恩（Liz Doyne）、湯馬辛・麥克法林（Thomasine McFarlind）、梅爾・布柴茨（Mel Bucholtz）、埃絲特・佩雷爾（Esther Perel）、傑克・梭爾（Jack Saul）、史考特・坎伯（Scott Campbell）、多琳與鮑勃（Doreen and Bob）、傑伊與法蘭絲瓦（Jay and Francoise）、丹尼絲與史蒂芬（Denise and Stefan）、柴克・泰勒（Zach Taylor）、理查・麥克米倫（Richard Macmillan）、大衛・霍克納（David Hochner），以及許許多多在寫書期間給予支持的朋友。

在此，我想向這麼多年來願意信任我的男男女女以及非二元性別的客戶致上最深的敬意，能夠與如此勇敢的大家一起在打穀場上努力，在痛苦與蛻變的冶煉爐裡一起努力，是我的榮幸，我何其有幸，能夠陪各位走這一段改變的道路。

最後這段最重要，我要感謝賈斯汀（Justin）和亞歷山大（Alexander）：你們總是能用歡笑讓我感到充滿生氣。還有，我最親愛的老婆貝琳達，你是我最重要的老師，你是我心跳的動力，你是我呼吸的空氣，謝謝你願意給我機會，用三十多年的時間，讓我自己愈來愈進步。

心懷愛與感激
泰瑞．瑞爾 Terry Real
麻薩諸塞州牛頓市

國家圖書館出版品預行編目(CIP)資料

我們,一起練愛 / 泰倫斯.瑞爾(Terrence Real)著;陳映廷譯.
-- 初版. -- 臺北市:遠流出版事業股份有限公司, 2025.01
面; 公分
譯自:Us : getting past you and me to build a more loving relationship.
ISBN 978-626-418-066-5(平裝)

1.CST: 戀愛心理學 2.CST: 婚姻 3.CST: 兩性關係

544.37014 113018974

我們，一起練愛

Us: Getting Past You and Me to Build a More Loving Relationship

作　　者——泰倫斯・瑞爾 Terrence Real
譯　　者——陳映廷

主　　編——許玲瑋
中文校對——魏秋綢
行銷協力——林庭如
封面設計——謝佳穎
排　　版——立全電腦印前排版有限公司
製　　版——中原造像股份有限公司
印　　刷——中康彩色印刷事業股份有限公司

發 行 人——王榮文
出版發行——遠流出版事業股份有限公司
地　　址——104005 台北市中山北路一段11號13樓
電　　話——（02）2571-0297
傳　　真——（02）2571-0197
著作權顧問——蕭雄淋律師
YLib 遠流博識網 http://www.ylib.com

A3378
ISBN 978-626-418-066-5
2025年1月15日初版一刷　定價520元